부자의 사고법

나폴레온 힐, 100년을 관통하는 성공 철학

NAPOLEON HILL'S
GOLDEN RULES

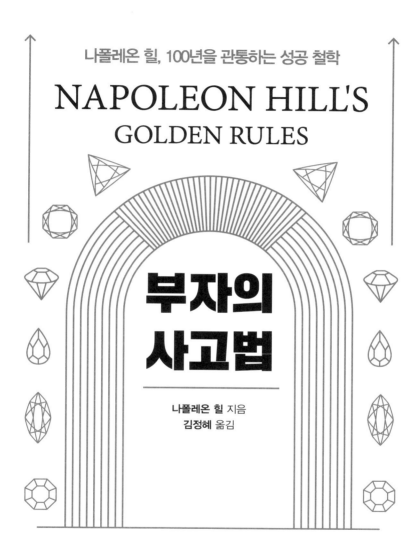

부자의
사고법

나폴레온 힐 지음
김정혜 옮김

흐름출판

나폴레온 힐의 잃어버린 글을 찾아서
: 이 책 출간을 기념하며

이제까지 전 세계 수백만 사람들이 나폴레온 힐의 글을 읽었고, 그의 글에서 도움을 받아 더 나은 삶을 개척했다. 당신도 그들처럼 힐의 가르침을 실천하고 있든, 아니면 이 책이 힐과의 첫 만남이든, 이제 당신은 새로운 가능성의 문 앞에 섰다. 특히 인간의 잠재력에 관한 많은 교훈을 담고 있는 이번 책을 통해 부를 쌓고 성공의 열매를 얻기를 바란다.

이 책은 80여 년 전 힐이 발행했던 두 잡지에 소개된 글들을 엮은 것이다. 힐은 1928년 데뷔작인 《성공의 법칙》을 발표하기 전 몇 년간 《힐의 골든룰 매거진Hill's Golden Rule Magazine》과 《힐의 매거진Hill's Magazine》을 발행했다. 이 책을 통해 세상에 처음 소개되는 교훈들은 힐이 인간 잠재력에 관해 그 두 잡지에 연재했던 글들이다.

힐은 1883년 버지니아주 와이즈 카운티의 깊은 산골 동네에서 태어났다. 그곳은 아주 외진 지역이라 가난한 소년에게 많은 기회를 제공하지 못했다. 힐은 열 살 때 어머니를 여의었고, 1년 후 아버지는 마사라는 미망인과 재혼했다. 마사는 비록 의붓어머니였지만 10대 소년이었던 힐에게 다시없을 축복이었다. 의사 집안에서 태어난 마사는 시쳇말로 가방끈이 길었다. 당시 힐은 여느 10대 소년처럼 에너지가 넘쳤고 곧잘 말썽을 부렸지만 마사는 그런 힐에게 애정을 느꼈다. 마사는 힐에게 평생토록 영향을 미쳤던 영감의 원천이었다. 훗날 힐은 미국의 제16대 대통령 에이브러햄 링컨이 자신의 모친에게 그랬던 것과 비슷한 방식으로 마사에게 감사를 표했다. "내가 어떤 사람이든, 아니면 어떤 사람이 되고자 하든, 그것은 오로지 사랑하는 새어머니 덕분이다."

힐은 열세 살 때 마사의 도움으로 타자기를 장만했고, 이후 지역 신문을 위해 기사 쓰는 것을 계기로 전문 '글쟁이'가 되기로 마음먹었다. 2년 과정의 고등학교를 졸업한 뒤에 경영대학에 진학했고, 대학을 졸업한 뒤에는 한 탄광 회사에 취업했다. 그 회사의 소유주는 루퍼스 아이레스라는 변호사로, 버지니아주 법무부 장관을 역임했고 남부 연맹의 장교였으며, 한때는 미국 연방 상원의원 후보이기도 했다. 또한 아이레스는 힐이 일했던 탄광 회사 말고 금융 회사와 목재 회사도 운영하던 기업가였고, 힐은 아이레스가 그 지역에서 가장 큰 부자라고 생각했다. 그러던 중 갑

자기 법률 분야에 매력을 느낀 힐이 남동생인 비비안에게 함께 조지타운 법학대학원에 진학하자고 설득했고, 형제는 실제로 조지타운 법학대학원에 나란히 합격했다. 힐은 신문에 기사를 써서 둘의 학비를 댔는데, 비비안은 대학원을 무사히 마쳤지만 힐은 중퇴했다.

그 뒤 힐은 테네시 출신의 연방 상원의원이었던 밥 테일러가 소유한《밥 테일러 매거진Bob Taylor Magazine》에 들어갔다. 그곳에서 성공한 사람들의 이야기를 취재하는 일을 맡았는데, 앨라배마주의 모빌이 항구로 성장하는 이야기도 그중 하나였다. 그리고 마침내 그는 그의 인생을 바꿔놓을 평생의 은인을 만나게 된다. 철강왕으로 유명한 기업가이자 자선 사업가였던 앤드루 카네기Andrew Carnegie였다. 본래는 카네기 소유의 45칸짜리 대저택에서 짧게 인터뷰할 예정이었지만 인터뷰는 사흘 간 이어졌다. 카네기는 힐에게 성공한 사람들을 인터뷰해서 성공 철학을 집대성한 다음 그 철학을 사람들에게 가르치라고 자극했다. 카네기와의 만남으로 힐의 인생 항로가 급격하게 바뀐 것이다. 그는 새로운 모험, 성공한 사람들의 세상에 들어가 그들의 비밀을 알아내는 여정을 시작했다.

카네기는 젊은 힐의 든든한 후원자가 되어주었다. 힐은 그의 소개로 '자동차왕' 헨리 포드, '발명왕' 토머스 에디슨, '코닥 필름의 창업자' 조지 이스트먼, '석유왕'이자 미국 역대 최고 부호인 존 D. 록펠러 등 당시 내로라하던 성공한 많은 사람들을 인터뷰할 기회를 얻었다. 힐은 성공 법칙을 찾기 위해 20년에 걸쳐 500차례의 인터뷰를 진행했고, 마침내 1928년, 그간 자신이 발견한 성공 원칙들을 망라한 첫 번째 저서를 선보였다.

힐은 1970년 87세의 나이로 세상을 떠날 때까지 성공 철학을 집대성하는 데에 평생을 바쳤다. 그가 발로 뛰며 수집한 성공 원칙들은 세상에 처음 나왔을 때나 그가 세상을 떠나고 몇십 년이 지난 오늘날에나 변함없이 깊은 울림을 준다. 1928년에 출간된 그의 데뷔작《성공의 법칙》은 총 8권으로 구성되었고, 힐은 매달 2천 달러에서 3천 달러의 인세를 받기 시작했다. 그가 유년기를 보낸 산골 동네, 와이즈 카운티의 게스트 리버를 방문하기 위해 롤스로이스를 구매했다고 하니 그의 인세가 얼마나 큰돈이었는지 짐작될 것이다.

힐은 1930년에《나폴레온 힐의 성공으로 가는 마법의 사다리》라는 '작은' 책을 발표했다. 2년 전에 발표한 8권짜리《성공의 법칙》의 축약판 격이었지만 돈을 버는 "독특한 40가지 사업 아이디어"라는 부분이 새로 추가되었다. 그 40가지 아이디어 중에는 운전자들이 직접 주유할 수 있는 24시간 셀프 주유소, 절도를 예방하기 위한 열쇠 없는 자물쇠, 무방부제 생야채 주스가 나오는 음수대 등도 포함되어 있었다. 당시가 1930년이었다는 사실을 명심하라. 그런 기발한 아이디어를 생각해내다니 힐은 대단한 공상가였다.

힐이 통찰력이 뛰어난 공상가였다는 사실에 추가적인 증거가 필요한가? 어려울 것 없다. 오늘날 출간되는 자기계발서의 상당수가 사실상 힐이 80여 년 전에 조사하고 집필했던 성공 철학의 현대판이라고 봐도 과하지 않다. 가령 '끌어당김의 법칙law of attraction'을 마치 새로운 성공 원칙인 양 소개하는 책이 아주 많다는 사실이 그것을 반증한다. 힐은 이미 1919년《힐의 골든룰 매거진》3월호에 그 "새로운" 원칙을 소개했고, 이 책에서는 4장 보복의 법칙에서 만나볼 수 있다. 또한 요즘에는 힐의 저서 중 하나 이상을 언급하는 책은 널리고 널렸다. 뿐만 아니라 힐의 이름은 단연코 인류 역사를 통틀어 모든 자기계발서 작가나 연설가 중에서 가장 자주 소환된다. 개중 힐의 발언을 그대로 인용하는 사람도 있고 약간 변형해서 주장하는 사람도 있다.

1937년 힐은《생각하라 그리고 부자가 되어라》를 발표했는데, 이것은 그의 최고 역작으로 꼽힌다(국내에서는《놓치고 싶지 않은 나의 꿈 나의 인생》《나폴레온 힐 부의 비밀》등의 제목으로 출간되었다. —역주). 당시는 대공황이 한창이던 시절이었는데도 불구하고, 권당 2.5달러였던《생각하라 그리고 부자가 되어라》는 발행된 해에만 세 번이나 품절 사례를 기록했다. 지금과 같은 대중적인 홍보와 광고가 없던 시절이었다는 점을 감안해야 한다. 그야말로 초대박이었다. 지금까지《생각하라 그리고 부자가 되어라》

는 전 세계에서 6천만 부 이상 팔렸고 요즘에도 매년 100만 부 가량이 새 주인을 찾아간다. 힐의 모든 저서는 판매 부수가 10만 부를 거뜬히 넘고, 대부분이 100만 부 이상 팔렸다. 또한 출판계 용어로 '선반 수명(이것은 해당 도서에 대한 수요가 있고 주요 서점들에서 재고를 유지하는 기간을 말한다)'이 1~2년이면 베스트셀러보다 더욱 인기 있는 도서로 분류된다. 이것을 염두에 두고 힐의 저서들을 생각해보라. 힐의 첫 책인《성공의 법칙》은 1928년에 출간된 후 꾸준히 팔리고 있고,《생각하라 그리고 부자가 되어라》는 1937년 이래로,《생각하라! 그러면 부자가 되리라》는 1945년을 시작으로,《부자의 생각을 훔쳐라』는 1960년 이후로,《마음의 평화로 부자되기》와《당신 안의 기적을 깨워라》는 각각 1967년과 1971년부터 지속적으로 독자들을 만나고 있다. 요컨대 힐의 저서들은 시대를 초월하는 스테디셀러로 세상에 첫 선을 보였을 때보다 지금이 더 많이 팔린다.

– 돈 M. 그린Don M. Green, 나폴레온 힐 재단 사무국장

부와 성공의 날개를 달아라

: 이 책을 가장 유익하게 활용하는 방법

나폴레온 힐이 W. 클레멘트 스톤William Clement Stone과 공동 집필한 베스트셀러《부자의 생각을 훔쳐라》를 포함한 힐의 몇몇 저서에는 각 책을 가장 유익하게 활용하는 방법이 실려 있다.

당신을 찾아온 놀라운 힘을 활용하려면 먼저 그 방법을 받아들이고 현실에 적용할 준비가 되어야 한다.

성공 원칙들은 말하자면 공공재다. 즉 교육 수준, 인종, 성장 배경 등과는 상관없이 이 세상 모두에게 공평하게 유익하다. 하지만 자신이 실패할 운명이며 무엇을 해도 실패를 피할 수 없다고 믿는다면, 이 책만이 아니라 백약이 무효다. 당신은 절대로 실패의 굴레를 벗어날 수 없다. 선택은 당신의 몫이다. 당신이 어떤 운명을 살지는 오직 당신이 결정할 수 있다.

· R2A2 공식

R2A2 공식은 무엇을 해야 하는가는 물론이고 어떻게 해야 하는가를 알려준다. R2A2 공식으로 당신의 성공을 보장해줄 두 가지 필승 원칙이 있다.

1. 당신이 보고 듣고 읽고 경험하는 것으로부터 원칙과 기법 그리고 수단을 인지하고Recognize 연관시키고Relate 동화시키고Assimilate 적용하라Apply. 그리하면 당신의 목표를 달성하는 천군만마를 얻을 수 있다. 이것이 바로 R2A2 공식이다. 보다시피 R2는 인지하고 연관시키는 것을, A2는 동화시키고 적용하는 것을 말한다.
2. 가치 있는 목표를 달성하려면 스스로에게 자유자재로 동기를 부여할 수 있어야 한다. 그런 다음에 자신의 생각을 지배하고 감정을 통제하며 운명을 스스로 결정해야 한다.

단, R2A2 공식을 사용할 때는 두 가지를 따라야 한다. 목표를 항상 염두에 두고, 유익한 정보를 받아들일 준비를 하라.

이 책에서 당신의 목표와 관련 있는 의미와 단어를 만나게 되면, 그런 모든 의미와 단어에 관심을 집중하라. 오직 당신만을 위해 쓰인 책처럼 생각하며 읽어라.

중요하다고 생각하는 문장이나 내용이 있으면 밑줄을 쳐라.

잠재력 있는 유익한 사업 아이디어의 영감이 떠오를 때마다 여백에 기록하라.

　R2A2 공식을 적용할 때, R2보다 행동과 관련 있는 A2가 더 중요하다는 사실을 꼭 명심하라. 많은 사람들이 허둥대다가 A2 단계를 간과하는 경향이 있다. 구슬이 서 말이라도 꿰어야 보배다. 아무리 유익한 법칙도 행동으로 실천하지 않으면 아무 소용없는 그림의 떡이다. 모든 자기계발서가 그렇듯 이 책 속에 담긴 아이디어도 실천하지 않으면 책값만큼의 가치도 없을 것이다.

- 나폴레온 힐 재단

차례

1장

당신이 누구인지 결정하는 조건

사회적 유전
&
신체 DNA

NAPOLEON
HILL'S
GOLDEN
RULES

한 인간이 타고난 신체 구조와 조건은 그 부모의 공동 작품이지만 정신mind은 다르다. 정신은 자신의 **의지대로** 만들 수 있다.

모든 인간은 유전 형질과 환경이 합쳐진 산물로, 신체적인 특성과 성향 중 일부는 부모로부터, 나머지는 조부모와 증조부모로부터 물려받았다. 즉 체격, 머리카락과 눈동자 색깔, 피붓결 등과 같은 신체 특성과 구조, 조건의 상당 부분은 유전적인 것이며 당신이 통제할 수 없는 원인들이 빚어낸 결과물이다. 이것은 당신의 의지와는 아무 상관이 없다.

하지만 사회적 유전이라고도 불리는 '환경'을 통해 발달하는 특성은 다르다. 그런 특성은 당신 마음대로 변화시킬 수 있다. 다만 열 살이 되기 전에 체화된 것은 예외다. 이미 당신 안에 깊이 뿌리를 내린 것이므로 고치거나 바꾸기가 힘들다. 의지력을 충분히 발휘한다고 해도 쉽지 않을 것이다.

태어난 순간부터 다섯 가지 감각 기관을 거쳐 당신의 정신에 들어오는 모든 감각 인상sense impression은 사회적 유전 형질의 일부를 구성한다. 이를테면 당신이 부르거나 듣는 노래, 읽는 시, 공부하는 책, 눈으로 보는 광경 등에서 얻는 모든 감각 인상이 당신의 사회적 유전 형질에 녹아든다는 이야기다. 다양한 삶의 경험을 통해 받아들인 성향이 당신의 성격을 결정한다. 그중 가장 영향력 있는 경험은 대략 네 가지로 나눌 수 있다. 첫째는 부모로부터 받는 가정교육이고, 둘째는 교회, 주일학교, 성당, 사찰 같은 종교시설에서 얻는 종교적 가르침, 즉 교리敎理이다. 셋째는 공립이든 사립이든 학교 교육이며 넷째는 일간 신문, 월간 간행물, 책 등을 통해 얻는 정보이다.

당신의 믿음은 당신의 정신에 도달하는 감각 인상에 기초해 만들어진다. 믿음의 대상이 무엇이건 다 그렇다. 요컨대 당신의 믿음이 옳고 그른가 하는 것은 그런 감각적 인상이 참이냐 거짓이냐에 달려 있다. 만약 학창 시절에 다음의 것들을 배웠다면 당신은 운이 좋은 사람이다. 이를테면 '정확하게 사고하는 방법' '인종, 종교, 정치 등에 따라붙는 편견을 극복하는 비결' '오로지 사실이 각인시키는 인상만 포착하는 기술' '진실에서 비롯하지 않은 감각 인상을 피하는 방법' 같은 것들 말이다. 그럴 수만 있다면 주위 환경으로부터 성격 발달에 가장 도움이 되는 인상만을 추출해서 당신이 원하는 성격을 가질 수 있을 것이다.

　신체적 유전 형질과 다르게 사회적 유전 형질은 바꿀 수 있다. 게다가 기존의 아이디어를 대신할 새로운 아이디어를 만들 수도, 기존의 거짓을 대체할 진실을 만들어낼 수도 있다.

　사회적 유전을 통해 정신 상태를 적절한 방향으로 인도한다면, 왜소하고 허약한 신체라도 위대한 정신을 담는 그릇이 될 수 있다. 그 반대의 경우도 마찬가지다. 아무리 강인한 신체여도 사회적 유전을 통해 나약하고 소극적인 정신이 깃들 수 있다. 결국 정신이란 우리 뇌로 전달되는 모든 감각 인상이 합쳐진 것이다. 그러므로 감각 인상이 진실에 기반을 둬야 하는 것은 물론이고, 그런 인상이 편견과 증오 같은 불순물에 물들지 않도록 하는 것이 중요하다.

　우리의 정신은 비옥한 토양과 같다. 감각 인상을 통해 씨앗이 정신에 들어와서 뿌리를 내려 싹을 틔우고, 정신은 그 씨앗의 상태에 부합하는 결과물을 내놓을 것이다. 콩 심은 데에 팥이 날 수 없는 것과 같은 이치다.

　사회적 유전의 네 가지 원천을 통제한다면, 이상적인 국가상이나 인간상을 단 한 세대 만에 완전히 바꾸거나 심지어 새로운 이상적인 관념으로 대체할 수도 있다. 사회적 유전의 네 가지 원천은 앞서 소개한 대로 가정교육, 종교적 가르침, 학교 교육, 신문과 정기 간행물 그리고 도서 등이다.

이상적 관념, 생각, 아이디어는 어떤 것이든 이 네 가지 근원을 통해 일방적으로 주입할 수 있고, 그것이 정신에 깊이 뿌리를 내리고 나면 완전히 뿌리 뽑거나 변화시키기는 힘들다.

사회적 유전과 관련해 반복할 가치가 있는 핵심 요점은 다음 두 가지로 간추려진다.

첫째, 누군가가 영원히 간직하기를 바라는 이상적 관념이나 습관이 있다면, 가능한 한 그 사람의 정신에 그 같은 관념과 습관을 그의 정신에 심어줘야 한다. 정신에 깊이 뿌리를 내린 생각은 그 안에 영구적인 집을 짓는다. 또한 그 같은 생각은 그것을 주입시킨 환경보다 더 강력한 환경이 그 생각을 무력화시키거나 아예 제거하는, 극히 이례적인 경우를 제외하면 그 사람과 평생 동고동락한다. 이것이 바로 사회적 유전이 가지는 원칙이다. 오감을 거쳐 정신에 전달되는 모든 감각 인상은 이 사회적 유전을 통해 선천적인 신체 구조와 확연히 구분되는 특성을 개인에게 주입하고 발달시킨다.

둘째, 심리학의 가장 근본적이고 중요한 원칙 중 하나는 인간의 정신이 무의식적으로 작동하는 원리와 관련이 있다. 우리의 정신은 부족하거나 금지된 것 또는 획득하기가 힘든 것을 본능적으로 원하는 경향이 있다. 가령 A라는 사람이 B를 가질 수 없도록 만들면, 바로 그 순간 A의 정신에는 B를 갖고 싶은 욕구가 싹튼다. 어떤 행동을 금지당할 때도 마찬가지다. 그 순간 그 사람은 금지된 그 행동을 강렬하게 하고 싶어진다.

인간의 정신은 어떤 행동을 억지로 강요받는 것을 싫어한다. 그러므로 특정한 생각을 누군가의 뇌리에 주입할 때, 그 생각이 그 상대의 머릿속에 영원히 둥지를 틀게 하려면, 상대가 그 생각을 환영하고 쉽게 받아들일 수 있는 방식으로 제시해야 한다. 판매 상황을 예로 들면, 판매원은 잠재 고객이 해당 상품이 필요하다거나 사고 싶다는 생각이 외부에서 주입된 것이라는 사실을 거의 깨닫지 못하게 만들 필요가 있다. 유능한 판매원은 이 원칙을 잘 알고, 연습을 통해 그런 식으로 상품이나 서비스의 장점을 제시하는 것이 습관화되어 있다.

위의 두 원칙은 어떤 분야에서든 리더가 되고 싶은 사람이라면 누구나 고려해봄직하다. 성공적인 리더십은 이 원칙들을 잘 사용하는 데에 달려 있기 때문이다. 판매원, 의사, 변호사, 설교가, 작가, 교육자, 상공업 분야의 관리자 등 당신이 어떤 일을 하든지 위의 두 원칙을 공부하고 이해하며 사람들의 정신에 개입할 수 있는 방식으로 사용한다면, 당신의 능력은 몰라보게 강력해질 것이다.

거듭 말하지만 당신은 유전과 환경이라는 두 가지 요소가 빚어낸 창조물이다. 당신이 어떤 신체 조건으로 태어날지는 통제할 수 없다. 그러나 당신의 강점을 발전시키고 약점을 극복할 수는 있다. 또한 당신에게는 당신의 환경, 생각, 목적, 삶의 목표 등을 변화시킬 **힘이 있다.** 그것은 오롯이 **당신**에게 달려 있다. 그렇게 **하고 싶은가?** 그렇다면 그렇게 **할수 있다.**

2장

성공적인 삶을 위한 도구

자기 암시

NAPOLEON
HILL'S
GOLDEN
RULES

자기 암시의 뜻은 글자 그대로 자기 자신에게 의도적으로 암시를 주는 것이다.

영국의 저명한 명상 작가이자 '인생 철학의 아버지'로 불리는 제임스 앨런James Allen의 세 번째 저서 《생각하는 대로》를 보면 자기 암시에 관한 통찰 깊은 교훈을 찾을 수 있다. 앨런은 그 책에서 누구나 자기 암시를 통해 스스로를 변화시켜 '새사람'이 될 수 있음을 보여준다. 이번 2장의 주된 목적은 제임스 앨런의 저서와도 맥을 같이하는데, 사람들이 자기 암시와 관련된 세 가지 진실을 깨닫고 이해하도록 자극하는 데 있다. 그 세 가지 진실이란 다음과 같다.

첫째, 사람은 스스로 선택하고 집중하는 생각에 따라 '자신이 생각하는 대로 된다'. 둘째, 정신은 내적으로는 인격, 외적으로는 환경이라는 두 옷감 모두를 만들어내는 최고의 직공과 같다. 셋째, 이제까지 우리의 생각이 무지와 고통, 슬픔을 직조했다면 앞으로는 깨달음과 행복이라는 무늬를 엮어낼 수 있다

자기 암시의 원리는 훈계나 설교가 아니며, 도덕이나 윤리에 관한 논문도 아니다. 자기 암시의 비결을 드러내는 이번 2장은 다음의 주제, '부와 성공을 이루는 마법 사다리의 첫 번째 발판이 어째서 자기 암시에 달려 있는가?' '자기 암시를 삶의 중요한 경제적 문제들을 해결하기 위한 유용한 도구로 만들려면 어떻게 해야 할까?'에 대한 과학적 논문에 가깝다.

먼저 첫 번째 질문, '성공과 자기 암시가 어떤 연관이 있는가'에 대해 답하자면, 자기 암시의 교훈이 아래의 세 가지 사실에 기초하고 있다는 것을 주목해야 한다.

1. 신체의 모든 움직임은 생각이 통제하고 감독한다. 생각은 뇌가 보내는 지령이며, 뇌는 다시 정신의 지배를 받는다.
2. 정신은 두 개의 영역으로 나뉜다. 의식이라고 불리는 영역(깨어 있는 동안 신체 활동을 지시하고 관장한다)과 잠재의식의 영역(잠자는 동안 신체 활동을 통제한다)이다.
3. 의식 영역에 존재하는 모든 생각thought이나 아이디어idea는 어떤 무엇과 "연관된 느낌"을 유발하는 경향이 있고(어쩌면 잠재의식 영역에 속하는 생각과 아이디어도 동일한 효과를 낼 것

이다.) 확고한 생각을 물리적 현실로 전환하는 과정에서 적극적으로 신체 활동을 하도록 만드는 경향이 있다. 가령 당신이 자신감과 용기를 키우고 싶다면, "나는 나 자신을 믿는다. 나는 용기 있는 사람이다. 나는 어떤 일이건 성공적으로 해낼 수 있다"라는 문장이나, 이와 유사한 긍정적인 자기 주문을 계속 되뇌어보라. 또는 이 문장에 담긴 핵심 개념을 끊임없이 상기해도 자신감과 용기를 기를 수 있고, 나아가 원하는 결과를 얻을 수 있다. 이것이 바로 자기 암시라고 불리는 힘이다.

다음으로는 부와 성공으로 이어지는 마법 사다리의 첫 번째 발판을 적절히 사용하는 방법에 대해 알아보자. 가장 먼저 할 일은 당신의 생애를 바치고 싶은 일을 찾는 것이다. 이때 당신의 활동에 영향받는 모두에게 유익한 일을 선택하도록 각별히 신경써야 한다. 그 일을 찾을 때까지 노력을 멈추지 마라. 그리고 평생을 바치고 싶은 일을 찾았다면, 다음 단계로 넘어가자. 그 일을 명확히 설명하고, 꼭 하겠다는 일종의 서약서를 작성한 다음, 그것을 확실히 외워 기억 속에 각인시켜야 한다. 거기에서 나아가 하루에도 몇 번씩, 특히 잠자기 직전에 그 서약서를 반복해 외운다. 단어 하나도 빠뜨리면 안 된다. 또한 그 일의 목적이나 전반적인 삶의 명확한 목표를 달성하는 데에 필요한 힘, 사람, 물질적인 자원 등을 당신에게 끌어들인다고 스스로에게 확신을 줘야 한다.

당신의 뇌가 정확히 자석처럼 작용한다는 사실을 명심하라. 달리 설명하자면, 당신의 뇌는 정신을 지배하는 생각, 내면에 가장 깊이 자리 잡은 이상理想, 이 둘과 조화를 이루는 사람들을 당신에게 끌어당기는 자석과 같다는 말이다.

물은 저절로 수평을 이룬다. 자연을 포함한 우주 만물은 끼리끼리 모이게 되어 있다. 이런 유유상종의 현상을 촉발시키는 법칙이 있는데, 그것이 바로 '끌어당김의 법칙'이다. 우주의 모든 행성이 중력의 법칙을 따라 각각의 위치를 유지한다는 것이 불변의 진리인 것처럼 끌어당김의 법칙도 영원한 진실이다. 생각해보라. 만약 끌어당김의 법칙이 없으면 떡갈나무를 구성하는 수많은 세포가 몸통에서 떨어져 나와 버드나무 세포와 섞일지 누가 알까? 그렇게 떡갈나무와 버드나무의 특성이 반반씩 혼합된 잡종 나무가 만들어질지도 모른다. 그러나 그런 현상이 자연 발생한다는 이야기는 들어본 적이 없다.

이 법칙은 인간 사회로도 연결이 된다. 사람들은 대부분 자신과 비슷한 경제 수준이나 취향, 성향, 가치관 등을 가진 상대에게 호감을 느끼고 '동류'인 무리에서 안정감을 느낀다. 이런 끌림은 물이 흐르는 것만큼 자연스러운 이치다.

다시 말하지만 비슷한 것(사람)끼리 모인다. 부인할 수 없는 보편타당한 진리다.

이번에는 끌어당김의 법칙을 조금 비틀어 보자. 우리가 자신의 생각과 이상에 부합하는 상대를 원하는 게 사실이라면, 당신이 무엇을 어떻게 해야 하는지는 명백하다. 당신의 생각과 이상을 강력히 통제하고 지배함으로써 사람들을 당신에게로 끌어당기는 "자석"으로 만들어야 한다.

정신의 의식 영역에 존재하는 생각이 당신을 각성시켜 그 생각의 본질에 일치하는 신체 활동을 하도록 만드는 것이 사실이라면, 당신은 당신 정신에 뿌리 내릴 생각을 신중하게 선택해야 한다. 훗날 그렇게 할 때의 이점을 분명히 볼 수 있을 것이다.

위의 두 문단을 주의 깊게 읽고 그 안에 담긴 의미를 깊이 생각하고 확실히 이해해야 한다. 지금 우리는 인간이 만들어내는 모든 유의미한 성취의 기초가 되는 과학적 진실의 토대를 다지고 있다. 진부한 표현이지만 기초는 중요하다. 당신은 이제 의심, 좌절, 불확실, 실패 등으로 점철된 황무지에서 탈출하는 길을 닦기 시작했고, 그 길의 구석구석까지 익숙해져서 손바닥 들여다보듯 훤히 알아야 한다.

생각이 정확히 무엇인지는 아무도 모른다. 그러나 철학자는 물론이고, 인간의 생각에 대해 공부하고 연구해본 모든 과학자가 동의하는 바가 있다. 생각이란 강력한 형태의 에너지로서 신체 활동을 지배한다는 것이다. 좀 더 설명해보면, 오랜 시간에 걸쳐 반복해서 생각하는 모든 아이디어는 정신에 깊이 뿌리를 내려 영구적인 집을 짓고, 의식적으로든 무의식적으로든 신체 활동에 계속 영향을 미친다.

요컨대 자기 암시는 생각이라는 수단을 통해 정신 속에 뿌리를 박고 고착화되는 아이디어다. 또한 자기 암시는 본인이 선택하는 양식에 맞춰 말 그대로 스스로를 개조시키는 도구가 될 수 있다.

• 어떻게 자기 암시를 통해 인격을 함양할 수 있는가?

우리는 자기 암시를 잘 활용하면 원하는 인격을 가질 수 있다. 이는 내 경험이 확실히 증명한다. 나는 지난 5년여의 노력을 통해 사실상 새롭게 태어났다. 지금부터 내 비결을 이야기할 테니 귀 기울여주길 바란다.

내 비결을 설명하기에 앞서, 인간의 공통된 성향부터 상기시키고 싶다. 우리는 자신이 이해하지 못하는 것은 물론이고, 자신이 경험하든 직접 관찰하든 스스로 만족할 만큼 증명할 수 없는 모든 것에 대해서는 의심하는 경향이 있다. 또한 의심이 많거나 증거가 없으면 믿지 않는 성향은 나이와는 무관하다. 나는 30대로 젊은 축인데도 불구하고 인류 역사상 가장 위대한 몇 가지 발명품이 탄생하는 것을 보았다. 자연의 '숨겨진 비밀' 중 일부가 '밝혀지는' 것도 목격했다. 게다가 지난 60년간 과학이 얼마나 눈부신 성과를 이루어냈는지도 잘 안다. 무엇보다도 과학은 우리가 진실을 볼 수 없도록 드리워졌던 장막을 걷어냈다. 또한 인류의 발전과 진보에 유익한 많은 것을 우리에게 선물했다. 이는 단순한 억측이 아니라 틀림없는, 상당한 정확성에 근거하고 있다.

1920년 기준으로 최근의 역사만 봐도 백열등, 자동 식기기, 인쇄기, 엑스선, 전화기, 자동차, 항공기, 잠수함, 무선 전신 등이 발명되었다. 심지어 요즘 들리는 소문에 따르면, 토머스 A. 에디슨이 망자의 영혼과 이승의 인간이 소통할 수 있게 해줄 장치를 발명 중이라고 한다. 그는 그런 일이 가능하다고 믿는 모양이지만 나는 잘 모르겠다. 하지만 행여 내일 아침에라도 에디슨이 그 장치를 완성했고 망자들의 영혼과 소통했다는 발표가 나온다면, 다른 사람은 어떨지 몰라도 나는 비웃지 않을 것이다. 우리는 지난 시간동안 "불가능한 일"이 현실이 되는 것을 충분히 목격했고, 그 결과 인간의 정신에 대해서 어떤 기대가 형성되었기 때문이다. 인간의 정신이 패배를 모르는 불굴의 의지로 죽기 살기로 덤벼들면 완전히 불가능한 것은 거의 없을 거라는 말이다.

그렇다면 '육해공'의 영역에서 불가능이 실현된 몇 가지 예를 들어보자.

발명가 조지 웨스팅하우스George Westinghouse는 1867년 압축 공기를 이용하는 철도용 제동 시스템을 개발했다. 근대의 역사가 정확히 기록되었다고 가정할 때, 당시 최고의 철도 전문가들은 달리는 기차를 공기를 이용해 멈출 수 있다는 그의 아이디어에 코웃음을 쳤다. 그런데 어떻게 되었는가? 그 사람들이 멀쩡히 살아 있을 때 뉴욕주 의회는 철도 회사들이 이 장치를 사용하도록 의무화하는 법을 통과시켰다. 만약 그 법안이 만들어지지 않았더라면, 오늘날같이 빠르고 안전한 기차 여행은 꿈도 꿀 수 없었을 것이다.

미국의 공학자 로버트 풀턴Robert Fulton은 1807년 배가 바람을 안고 항해할 수 있는 증기 기관을 발명했고, 그 사실을 나폴레옹 보나파르트에게 보고했다. 그러나 나폴레옹은 풀턴의 면담 요청을 일언지하에 거부했다. 만약 나폴레옹이 풀턴을 만났더라면 프랑스의 운명이 달라질 수도 있지 않았을까? 특히 프랑스의 수도가 오늘날 영국 영토에 위치하게 됐거나 영국이 아니라 프랑스가 '해가 지지 않는 제국'이 되었을지도 모를 일이다. 그러나 나폴레옹은 넝쿨째 굴러온 호박을 차버렸다. 일찍이 그런 장치를 한 번도 본 적 없던 나폴레옹은 검증되지 않은 신기술을 가지고 한가하게 노닥거릴 시간이 없다며 그의 보고를 묵살했다. 심지어 한술 더 떠서, 배는 바람을 거슬러 항해할 수 없다고, 이제까지 바람과 해류에 맞서 항해한 선박은 한 척도 없었다고 덧붙였다.

다음으로 하늘에서 이루어진 혁신을 보자. 천체물리학자 새뮤얼 랭글리Samuel Pierpont Langley가 1896년 유인 항공기를 발명했다. 그의 항공기 실험을 위한 예산을 요청하는 법안이 의회에 상정되었던 것을 정확히 기억한다. 하지만 그 예산 요청은 곧바로 거부되었고 랭글리는 허무맹랑한 몽상가에 "괴짜"라고 조롱받았다. 사람이 기계를 타고 하늘을 나는 것을 아무도 본 적이 없고 그것이 가능하다고 믿지 않았다.

그러나 시대가 변하고 있다. 오늘날 우리는 자신이 이해하지 못하는 힘이라도 점점 더 너그럽게 받아들인다. 아니, 최소한 후대의 조롱거리가 되고 싶지 않은 사람들은 그런 낯선 힘에 좀 더 열린 태도를 보인다.

이번 장의 최종 목표는 장막에 가려져 숨겨진 삶의 이면을 드러내고 당신에게 도움이 되는 몇 가지 원칙을 소개하는 것이다. 특히 이 원칙들의 경우, 관련 지식이나 경험이 없는 대부분의 사람들은 자신이 직접 시도해서 그 효과를 확인하기 전에는 받아들이기 힘들 것이 틀림없다. 그래서 나는 본격적인 여행을 시작하기 전에 당신에게 명확한 실제 사례를 알림으로써 일종의 면역주사를 놓아야만 했다. 공기 제어 장치며 유인 항공기며, 결국에는 현실이 된 과거의 "불가능"들을 상기시킨 것은 그런 이유에서였다.

이제 본격적인 여행을 떠나보자. 결론부터 말하면 당신은 인류의 모든 시간을 통틀어 가장 믿기 힘든 놀라운 경험과 조우할 것이다. 솔직히 그 경험은 기적이라는 말 외에 표현할 길이 없다.

그리고 미리 경고하자면 그런 기적은 아무에게나 찾아오지 않는다. 긍정적인 인격을 구성하는 자질을 개발하는 방법과 수단을 열심히 찾으려는 사람에게만 도움이 될 것이다.

내가 자기 암시의 원리를 이해하기 시작한 것은 몇 년 전이었다. 당시 나는 한 시대를 이끌었던 위인들의 훌륭한 자질을 본받고 싶었고, 그런 자질을 내 성격적 특성으로 만들기 위한 계획을 세웠다.

먼저 잠자리에 들기 전에 눈을 감고 상상의 나래를 폈다. 내 앞에 커다란 회의 탁자가 놓여 있다고 생각하면서 상상의 눈으로 그것을 관찰하는 습관을 들였다(오해할까 봐 노파심에서 이야기한다. 내가 상상의 눈으로 보았던 회의 광경은 내가 내 정신에 일부러 '심어 넣은' 이미지였다. 내가 잠재의식에 내리는 지시나 직접적인 명령, 아니면 내 잠재의식이 상상력을 발휘할 때 사용할 청사진이었다는 말이다. 게다가 내가 보았던 것은 초자연적인 신비나 미지의 영역에 속하는 어떤 것과도 관련이 없었다). 그런 다음, 인격적으로나 삶에서 내가 닮고 싶은 자질을 지닌 사람들을 '초대해' 그 상상의 탁자를 채웠다. 이것이 내가 자기 암시를 통해 그런 특성을 나의 인격에 의도적으로 주입하는 방법이었다.

그렇다면 내 상상 속 자문단 회의의 주인공들은 누구였을까? 에이브러햄 링컨, 미국의 시인이자 사상가 랄프 왈도 에머슨 Ralph Waldo Emerson, 소크라테스, 아리스토텔레스, 나폴레옹, 미국

독립 선언서의 기초자이자 제3대 대통령 토머스 제퍼슨, 작가 겸 출판인이자 철학자였던 엘버트 허버드Elbert Hubbard, 예수, 미국의 저명한 노예 폐지 운동가이자 설교가 헨리 워드 비처Henry Ward Beecher 등이 대표적인 인물이었다.

내가 이런 상상 회의를 여는 목적은 명백했다. 이 회의를 회의 참석자 각자에게서 내가 가장 존경하는 인격적 자질을 본받아 내 것으로 만드는 과정이라고 생각하며, 그 생각으로 내 정신을 단단히 세뇌시키고자 했다. 이때 그렇게 각인시키는 수단이 자기 암시였다.

매일 밤마다 최소 한 시간씩 이런 상상의 자문단 회의를 열었다. 솔직하게 말하면 오늘날까지도 이 습관을 이어오고 있다. 뿐만 아니라 탐나는 인격적 특성을 지닌 사람을 만날 때마다 그런 자질을 닮기 위해 그를 내 상상 회의에 초대한다.

그렇다면 나는 그런 인물 각자에게서 어떤 자질을 본받고 싶었을까? 먼저, 링컨에게서는 투철한 목적의식, 피아 구분 없이 모두에 대한 공정한 정의감, 대중의 행복과 삶의 질 개선이라는 이상적인 목표와 그에 대한 헌신, 선례를 과감히 깨고 상황이 요구할 때 새로운 선례를 만드는 용기 등을 본받아 키우고 싶었다. 나는 상상 회의에 집중하면서 링컨에게서 깊이 존경했던 이 모든 특성을 내 인격으로 만드는 일에 착수했다. 방법은 단순했다. 그 회의 탁자에서 보았던 광경을 청사진으로 사용해 내가 바라는 인격적 특성을 개발하라고 내 잠재의식에 단도직입적으로 명령하는 것이었다.

나폴레옹에게서 모방하고 싶었던 성격적 특성은 네 가지였다. 첫째는 불굴의 끈기였고, 둘째는 불리한 상황을 유리하게 역전시키는 전략적 역량이었다. 또한 그의 자신감은 물론이고 사람들에게 영감을 주고 사람들을 이끄는 놀라운 리더십도 갖고 싶었다. 마지막은 자신의 역량과 주변 사람들을 조직화하는 능력이었다. 진정한 힘이란 오직 노력을 지능적으로 조직화해서 적절한 곳에 집중시킬 때에 나오기 때문이다.

에머슨에게서는 그가 가진 미래에 대한 놀랄 만큼 예리한 통찰력을 빌리고 싶었다. 사실 그런 통찰이야말로 그의 전매특허였다. 또한 흐르는 개울, 노래하는 새, 웃는 아이들, 파란 하늘, 별이 빛나는 밤하늘, 푸른 초원, 아름다운 꽃 등으로 발현되는 자연의 섭리를 해석하는 그의 재능도 닮고 싶었다. 그가 인간의 감정을 해석하는 능력과, 원인에서 결과를 도출하고 결과에서 원인을 역추적해서 알아내는 사고력도 내 것으로 만들고 싶었다.

그렇다면 엘버트 허버드는 내게 어떤 영감을 주었을까? 그에게서는 그의 손끝에서 탄생하는 언어의 힘과 시대정신을 해석하는 탁월한 능력을 원했다. 아울러 나도 허버트처럼 머릿속으로 떠올린 생각을 정확히 글로 표현하고 싶었다. 또한 누구도 의미나 진위 여부를 의심하지 못할 만큼 유기적인 방식으로 글을 풀어내는 작가적 역량도 못내 부러웠다.

　마지막으로, 내가 비처에게서 높이 샀던 특성은 대중 연설에서 청중의 마음을 사로잡는 힘과 청중을 자유자재로 요리하는 그의 유려한 말솜씨였다. 그는 확신에 찬 강력한 연설로 청중을 웃기고 울렸을 뿐 아니라 환희, 기쁨, 슬픔, 활력처럼 자신의 감정을 청중이 공감하게 만들었다.

　나는 상상 회의 탁자에 둘러앉은 그들을 마주보았고, 한 사람씩 돌아가며 몇 분간 내 모든 관심을 상대에게 집중시켰다. 동시에 나는 배우고 싶은 각 인물의 인격적 특성을 내 것으로 만드는 중이라고 스스로를 세뇌시켰다.

　내가 인격을 형성한답시고 이런 상상 놀이를 하는 게 불쌍해서 울고 싶다면 지금 당장 울어도 좋다. 비웃고 싶다면 지금 당장 혀를 차며 조소해도 괜찮다. 속에서 냉소적인 감정이 끓어 올라서 지금 당장 어떤 식으로든 그 감정을 표출한다고 해도 상관없다. 때는 지금뿐이다. 이제부터 내가 하려는 이야기를 듣고 나면 그럴 기회가 영원히 없을 것이기 때문이다. 오히려 당신은 반드시 시간을 들여 주의 깊게 살피고 추론해야 한다. 아니, 아마도 당신은 저절로 그렇게 하게 될 것이다.

　상상의 자문단 회의를 시작하기 전에도 나는 대중 앞에서 강연할 기회가 많았다. 그러나 대부분의 강연이 처참한 실패로 끝났다. 그런데 이 훈련을 시작하고 일주일 후에 있었던 강연부터는 좀 달랐다. 나는 청중에게 아주 깊은 인상을 주었고, 덕분에 동일한 주제의 강연을 다시 해달라는 제의도 받았다. 그날부터 오늘 이 순간까지 내 강연 실력은 나날이 성장하고 있다.

작년 한 해동안 나는 미국 각지의 유명 클럽, 시민단체, 학교, 특별 회의 등으로부터 강연 요청을 많이 받았는데, 그중 특히 인상 깊었던 강연이 있다.

1920년 5월 중순의 어느 날, 한 광고 클럽이 주최한 모임에서 "성공으로 가는 마법의 사다리"를 주제로 강연을 해야 했다. 펜실베이니아주 피츠버그에서 열린 그날의 강연에는 미국의 일부 거물급 사업가들은 물론이고 카네기 철강회사, 종합 식품회사 하인즈 피클 컴퍼니, 조지프 혼 백화점 등을 포함해 피츠버그 지역에 기반을 둔 여러 유명 기업의 간부들이 참석했다. 그들 모두는 능력이 뛰어났고, 상당수는 대학 학위도 가지고 있었다. 게다가 어떤 주제에 대해 합리적인 이야기를 들으면 그 가치를 단박에 알아보았다. 강연이 끝났을 때 나는 뜨거운 박수갈채를 받았다. 나중에 일부 참석자들의 말에 따르면, 이제껏 그 클럽에서 주최한 어떤 강연보다 내 강연이 더 큰 박수를 받았다고 했다. 심지어 내가 피츠버그에서 돌아온 직후 세계 광고 클럽 협회는 그 강연을 기념해 감사 메달까지 주었다. 메달에는 "1920년 5월 20일, 나폴레온 힐에게 감사드리며"라는 문구가 새겨져 있었다.

이것을 내 자만심의 발로라고 오해하지 않기를 바란다. 내가 인명, 날짜, 장소 등 관련 사실을 정확히 밝히는 것은 내 나름의 타당한 이유가 있어서다. 내 자랑을 하려는 마음은 눈곱만큼도 없다. 오히려 내가 헨리 워드 비처에게서 얻은, 정말 존경하는 자질을 명백하게 알려주고 싶은 마음뿐이다. 나는 그 자질을 깊이 동경했고, 그 자질을 갖기 위해 노력했다. 내가 그 자질을 내 것으로 만들었던 비결은 바로 상상 자문단 회의에 있었다. 나는 두 눈을 감고 자문단의 일원으로서 회의 탁자에 앉은 가상의 비처를 자세히 관찰했다. 그리고 내가 비처와 같은 능력을 기르면서 사용한 원리가 바로 "자기 암시"였다. 먼저 나는 내가 비처와 동격이라는, 심지어 비처보다 뛰어나다는 생각으로 내 정신을 가득 채웠다. 쉽게 말해 나 자신에게 암시를 걸었다. 그와 같은 능력을 가지는 것 말고는 다른 어떤 결과도 만들어질 수 없는 환경을 조성한 것이다.

상상 자문단 회의의 효과는 거기서 그치지 않았다. 나는 이 훈련을 시작하고 얼마 지나지 않아 무관용과 편협함을 버리고 관용의 태도를 실천하게 되었다. 또한 불멸의 존재가 된 링컨을 모방해서 이제는 나에게 호의적인지 적대적인지 따지지 않고 모두를 정의롭게 대할 수 있었다. 더군다나 내 입에서 나오는 말뿐만 아니라 내 펜 끝에서 탄생하는 단어에도 새로운 힘이 차오르기 시작했다. 특히 확신을 갖고 설득력 있게 나 자신을 글로 표현하는 능력이 점점 발전했고, 그것이 내 눈에도 확실히 보였다. 맞다,

이것은 내가 아주 깊이 존경하던 엘버트 허버드의 자질이었다.

이는 비단 내 개인적인 생각이 아니다. 바로 몇 달 전 상상 자문단 회의를 주제로 강연하던 중에 재미있는 일이 있었다. 시카고의 모리스 패킹 컴퍼니의 간부였던 마이어스가 《힐의 골든룰 매거진》에 실린 내 글을 읽고, 고인이 된 엘버트 허버드가 선명하게 떠올랐다고 말한 것이다. 심지어 그는 며칠 전 어떤 동료에게 내가 허버드만큼 대단할 뿐만 아니라 이미 그의 수준을 뛰어넘었노라 말했다고 덧붙였다.

이번에도 노파심에서 당부한다. 이런 사실을 대수롭지 않게 치부하지도, 내 자랑질이라고 폄훼하지도 않길 바란다. 만약 내 글이 허버드의 글만큼 뛰어나다면, 그 중심에는 자기 암시가 있었다. 거듭 말하지만 나는 허버드처럼 되고 싶은 열망이 아주 컸다. 그래서 나는 그와 대등해지겠다는, 가능하다면 그를 능가하겠다는 목표와 목적으로 내 정신을 가득 채우기 위해 의도적으로 자기 암시를 사용했다. 그리고 실제로 그렇게 되었다.

물리적 충돌로 해결할 수 있는 도덕적 사안은 없다. 인류가 이 사실을 배울 때까지 지구상에 영원한 평화는 찾아오지 않을 것이다.

• 삶의 목표를 명확히 정의하는 것의 가치

가령 당신이 고층 건물을 세운다고 하자. 어떻게 하겠는가? 건설 계획을 꼼꼼히 세우고 모든 세부 사항에 관심과 정성을 한가득 쏟을 것이 자명하다. 삶의 핵심 목표도 다르지 않다. 그런 목표의 세부 사항을 정리하는 데도 건물을 세울 때와 똑같이 정성과 관심을 쏟아야 한다. 삶에서 이루는 성취는 그것을 달성하기 위해 세운 계획 이상으로 더 구체적일 수는 없다. 따라서 목표를 달성하기 위한 계획은 가능한 한 세부적이고 명확해야 한다.

명확한 삶의 목표가 얼마나 중요한지에 대해서도 내 경험을 이야기해보려고 한다. 지금으로부터 1년 반쯤 전, 연초에 작성했던 삶의 핵심 목표 서약서를 수정했다. 단순히 "수입"이라는 단어로 시작했던 문단을 이렇게 바꿨다.

─────── 나는 1년에 10만 달러를 벌 것이다. 내가 설립한 경제 경영대학교의 교육 프로그램을 정상적으로 운영하려면 10만 달러가 필요할 것이기 때문이다.

삶의 목표를 "수입"에서 "10만 달러"로 바꾼 그날부터 반년도 지나기 전에 희한한 일이 생겼다. 어떤 기업의 총수가 내게 사업적인 제안을 했는데, 연봉이 10만 5200달러였다. 근무지가 시카고에서 상당히 떨어진 탓에 연봉 중 5200달러는 내가 근무지를 오가는 경비로 책정된 금액이었다. 결론적으로, 그가 제안한 실질적인 연봉은 내가 목표 서약서에 구체적으로 명기했던 액수와 정확히 일치했다.

나는 당연히 그의 제안을 받아들였고, 다섯 달도 지나지 않아 조직 하나를 세운 것을 포함해 여러 자산을 창출해냈다. 전부 합치면 새로운 자산 가치는 2000만 달러가 넘는 것으로 추정되었다. 그러나 나는 약속받은 10만 달러의 연봉을 받지 못했다. 그 기업이 나를 속였기 때문이었다. 죽도록 일만 하고 돈은 받지 못했으면서 굳이 이 이야기를 꺼낸 것은 삶의 목표를 명확히 하는 것과 관련해 당신이 관심 가져야 하는 중요한 두 가지 사실과 관련이 있기 때문이다.

첫째, 나는 목표 서약서에 적었던, 다음 해의 달성 목표 소득과 정확히 일치하는 액수를 제안받았다.

둘째, 비록 그 돈을 손에 쥐지는 못했지만 나는 그 금액을 벌었다(솔직히 말하면 그보다 몇 배나 더 벌었다).

이제는 내 서약서에서 "1년에 10만 달러를 벌 것"이라고 말한 부분을 살펴보자. 당신 스스로에게 물어보라. 내가 "'1년에 10만 달러를 벌되 **받을** 것'이다"라고 말하는 것과 무슨 차이가 있을까?

내가 목표 서약서에 그런 식으로 적어두었다면 결과가 조금이라도 달라졌을까? 솔직히 잘 모르겠다. 그러나 어찌 생각해보면 엄청난 차이가 생겼을지도 모를 일이다.

목표 서약서와 같은 원리를 통해 우리가 삶에서 획득할 수 있다고 믿는 것을 우리에게 끌어당기는 우주의 법칙이 존재할까? 평등과 정의와 명확히 수립된 계획에 기반을 두고 달성 가능한 것이라고 가정할 때, 우리는 우리가 요구하는 것을 얻게 될까? 당신은 어떻게 생각하는가?

나는 자신의 목표를 달성하기 위해 조직적으로 노력하는 사람 앞에 불가능은 없다고 확신한다. 세상의 무엇도 그가 목표를 달성하는 데 걸림돌이 되지 못한다. 내가 그에 대한 산증인이다. 나는 조직적으로 노력함으로써 내가 열망하던 삶에 도달했다. 그것도 아주 신속하게 목표를 달성했다. 따라서 이제 나는 누구라도 그렇게 할 수 있음을 안다.

봉사와 희생은 가장 커다란 성공의 문을 열 수 있는 비밀번호다.

지난 한 해 나는 대중 앞에 나설 기회가 있을 때마다 다음의 사실을 주장했다. 세어보지는 않았지만 아마 족히 천 번은 될 것이다. 영향을 받는 모든 사람에게 내 생각을 확실히 알리고 싶은 마음이 그토록 간절했다. "유익하고 공정하며 견실한 계획을 명확히 세우는 데에 시간을 들이고, 그런 다음 그 계획을 끝까지 실행할 수 있다는 자신감을 키우는 사람에게 패배란 없다."

이제까지 나를 보고 무언가를 맹신하거나 미신적이라고 비난한 사람은 없었다. 또한 나는 어떤 "기적"에도 깊은 인상을 받은 적이 없다. 그렇다고 세상에 기적 같은 일은 없다고 생각하는 것은 아니다. 솔직히 지난 20여 년간 내 자신이 발전해온 과정에서 특정한 원칙들이 기적 같은 대단한 결과들을 만들어냈다. 무엇보다 내 정신이 발전하고 성장하는 것을 지켜보았다. 게다가 평소에는 원인을 이해할 수 없다면 어떤 기적에도 감흥이 없는 편이지만, 내 정신이 발전하는 과정에서 근본적인 이유를 알 수 없는 많은 일이 벌어졌음은 인정해야만 했다.

외부로 드러나는 나의 신체 활동은 내 정신 속 생각과 언제나 본질적으로 조화를 이룰 뿐만 아니라, 그런 생각에 정확히 부합한다. 오해하지 마라. 모든 생각이 전부 그렇다는 뜻이 아니다. 그 같은 생각은 다음의 세 종류 중 하나에 해당해야 한다. 내 정신을 지배하는 생각, 내가 의식적으로 받아들인 생각, 내 신체 활동을 지배하기 위해 내 정신에 내가 일부러 심어 넣은 생각이다.

나 자신의 경험을 통해 단언할 수 있는 두 가지 사실이 있다. 첫째, 인격은 기회의 문제가 아니다. 즉 우연일 필요가 없다. 오히려 일종의 '주문 생산' 방식으로 만들 수 있다. 이것은 미리 수립한 일련의 계획에 따라서 집을 짓는 것과 같은 이치다. 둘째, 누구나 놀랄 만큼 단기간에 자신의 인격을 다시 만들 수 있다. 자신의 인격을 재창조하려는 결의와 바람이 얼마나 강한가에 따라서 짧게는 몇 주, 길면 몇 년 만에 새사람이 될 수도 있다.

> "행복만이 유일한 선이다. 행복하게 되는 때는 바로 지금이다.
> 행복한 장소가 바로 여기다. 행복하게 되는 길은 다른 사람들을 행
> 복하게 만드는 것이다."
>
> ─로버트 G. 잉거솔, 미국의 대표적인 불가지론자

응용 심리학의 이런 원리들을 실천하기 몇 달 전, 나는 시카고에서 작은 사고를 당했다. 시카고 최대 서점이자 문구점인 A. C. 매클러그 앤드 컴퍼니가 운영하는 대형 소매점을 방문했을 때였다. 승강기에서 내리려다가 승강기 문과 벽 사이에 끼고 말았다. 다치지는 않았지만 여기저기가 쑤시고 꽤 아팠다. 그러나 신체적인 아픔과는 별개로 코트 자락이 수선조차 못 할 정도로 너무 심하게 찢어졌다.

나는 매장 관리자에게 사고를 신고했고, 라이언이라는 관리자는 코트 수선 비용을 청구하면 배상하겠다고 정중하게 말했다. 얼마 후 보험회사에서 사람이 나와 내 코트를 살펴보았고 손해 배상금으로 40달러를 주었다. 이렇게 나를 포함해 그 사고와 관련된 모든 사람이 만족하는 수준에서 배상 합의가 원만히 마무리되었다. 그후 나는 단골 재단사에게 찢어진 코트의 수선을 맡겼는데 얼마나 감쪽같이 수선했는지, 어디가 찢어졌는지 아무도 모를 정도였다. 그래서 수선비는 얼마였냐고? 달랑 2달러였다.

나는 불로소득으로 38달러가 생긴 셈이었다. 그러나 내 생각

에 보험회사는 새 코트 값의 절반도 안 되는 돈으로 문제가 해결됐다는 사실에 만족했을 것이고, 매클러그 앤드 컴퍼니도 보험회사가 내 피해를 보상해주고 일이 원만하게 해결된 사실에 안심했을 것이다. 게다가 그 사고로 매클러그 앤드 컴퍼니 주머니에서는 땡전 한 푼도 나가지 않았다.

그렇다면 나는 어땠을까? 불편했다.

물론 그 38달러를 쓰자고 하면 못 쓸 것도 없었다. 법적으로 보면 38달러는 엄연히 내 돈이었고, 내 지갑에 들어 있었다. 게다가 그 돈에 대한 내 권리나 내가 그 돈을 획득한 수단에 대해 아무도 의문을 제기하지 않았다.

어쩌면 찢어진 코트를 감쪽같이 수선할 수 있다는 사실을 미리 알았더라면 보험회사는 40달러라는 돈을 지불하지 않았을 수도 있다. 그러나 수선의 결과가 어떨지 누가 미리 알 수 있겠는가.

문제는 내 양심이었다. 나는 38달러 때문에 내 양심과 치열한 싸움을 벌였다. 내 양심은 내가 그 돈을 가지는 것을 절대 눈감아주지 않았다. 그래서 나는 그 돈의 절반을 돌려주고 나머지 절반을 내가 갖는 것으로 내 양심과 타협했다. 그리고 두 가지 근거를 들어 이 결정을 정당화했다. 그런 타협안을 도출하기까지 마음 고생하며 상당한 시간을 허비한 데에 대한 '위로금'과, 나중에라도 수선으로 인해 코트에 문제가 생길 때를 대비한 '보험'이었다. 이렇듯 나는 상황을 멀리까지 내다보고 내게 유리한 결과를 도출해야만 했고, 그제야 내가 실제 쓴 비용보다 열 배나 많은 돈을 갖는 것이 정당하다는 기분이 들었다.

매클러그 앤드 컴퍼니의 대리인은 내가 손해배상금의 절반을 돌려주자 그냥 그 돈을 갖고 잊어버리라고 말했다. 나는 거절했다. "그것이 문제입니다. 난들 공돈을 마다하고 싶겠습니까? 하지만 **잊어버릴** 자신이 없습니다!"

내가 20달러를 돌려준 데는 타당한 이유가 있었다. 단언컨대 윤리나 정직의 문제는 절대 아니었다. 또한 매클러그 앤드 컴퍼니나 그들을 대리하는 보험회사의 권리와도 전혀 상관이 없었다. 솔직히 그 돈을 돌려주자는 결론에 이르는 동안 나는 매클러그 앤드 컴퍼니나 그 보험회사에 대해 단 한순간도 고려하지 않았다. 어차피 그들은 이미 40달러의 배상금 합의에 만족했으므로 내 결정에서는 철저히 비껴 나 있었다.

내가 정말로 고민했던 부분은 내 인격이었다. 나는 모든 대인 관계에서의 거래가 나의 도덕심에 영향을 미칠 뿐만 아니라, 인격이란 오로지 본인의 습관과 윤리적 행위의 집합체라는 사실을 잘 아는 까닭이었다. 요컨대 정당한 권리를 획득하기 전에는 그 20달러를 갖는 것이 나 스스로 용납할 수 없는 문제였다.

결국 나는 20달러를 돌려주었다. 어떤 물질도 내 인격에는 영향을 미칠 수 없다는 사실을 **나 자신에게** 납득시키고 싶어서였다. 당연히 내가 아는 한도 내에서 타당한 이유가 있는 경우는 예외다. 말하자면 내게 그 사건은 나의 정직성이 어떤 종류인지 시험하고 확인할 수 있는 아주 좋은 기회가 되었다. 나의 정직성은 그저 좋은 게 좋다는 마음에서 올바르게 행동하도록 만드는 정직성일까, 아니면 더욱 고귀하고 가치 있으며 마음 깊이 깃든 정직성일까? 다시 말해 내 정직성은, 내가 누군가에게 조언하는 바로 그런 사람이 되고 싶은 마음에서 우러나와 실제로 사람들에게 베풀 수 있는 것으로서 나를 더욱 성장시키고 유능하게 만들어주는 것일까?

나는 어떤 사람이 성공하는지 정확히 안다. 삼박자가 맞아야 한다. 먼저 견실한 경제적 원칙에 기초해서 행동해야 한다. 또한 자신에게 영향받는 모두에게 공명정대한 계획을 세워야 한다. 마지막으로, 자신의 인격과 스스로에 대한 믿음으로 그 계획을 든든히 뒷받침해줄 수 있어야 한다. 나아가 이 강력한 힘은 모든 거래에서 자신의 양심이 만족하게 행동하는 데에서 나온다. 이렇게만 하면 성공은 따 놓은 당상이다. 세상의 무엇도 막지 못하는 힘이, 아니 거의 모든 사람이 정확히 해석하거나 이해할 수 없는 어떤 강력한 힘이 그 사람을 돕는다.

힘은 조직화된 지식이다. 그 지식은 다시, 그것으로부터 영향받는 모든 사람에게 정의롭고 공평한 가치를 제공하는 목적을 이루기 위해 통제되고 사용될 수 있다. 인간의 힘에는 두 종류가 있다. 개개인의 능력을 조직화함으로써 획득하는 힘과, 공통의 목적 달성을 위해 조화롭게 노력하는 사람들을 조직화함으로써 얻는 힘이다. 이것을 역으로 생각하면, 지능적으로 유도되고 관리되는 조직화를 거치지 않고서는 어떤 힘도 획득할 수 없다는 결론이 나온다.

이때 당신이 자신의 능력을 조직화할 수 있는 방법은 하나뿐이다. 자기 암시의 원리를 적용하라. 다른 방법은 없다. 이유는 아주 단순하다. 당신은 스스로의 능력, 감정, 지적 능력, 추리력, 신체 기능 모두를 한데 모으고 서로 연결시키면서 그 모든 것을 포함하는 계획을 수립하지 않는다면 그 가운데 무엇도 활성화시킬 수 없고, 어디에도 동력을 제공할 수 없기 때문이다. 또한 자기 암시의 원리를 거치지 않고서는 당신의 정신에서 그 어떤 계획도 잉태될 수 없다.

정신은 비옥한 토양을 닮았다. 기름진 땅에서 작물이 잘 자라는 것은 당연한 일이다. 그러므로 당신의 정신을 토양이라 한다면, 그 땅을 지배하는 생각이 있고, 그 땅에서는 그 생각의 본질과 일치하는 작물이 자라난다. 그 작물이 바로 당신의 신체 활동이다. 당신의 땅(정신)을 지배하는 생각이 당신에 의해 의도적으로 주입되어 뿌리 내리고 성장한 것이든, 우연히 흘러들어와 정착한 것이든 상관없다. 핵심은 그 생각이 당신의 정신을 지배한다는 것이다.

정신을 지배하는 생각의 영향력에서 벗어나는 것은 불가능하다. 예컨대 당신의 정신이 실패, 가난, 좌절 등에 대한 생각으로 잠식된 상태라면, 그 상태에서 성공하고 부를 축적하며 용기를 발휘할 수는 없다. 그래도 희망은 있다. 당신의 정신을 어디에 집중할지 결정할 수 있는 선택권은 바로 당신에게 있기 때문이다. 이는 당신이 어떤 인격을 가질지 직접 결정하고 그런 인격을 키우는 과정을 스스로 통제할 수 있다는 뜻이다. 이것은 부가적인 효과를 내기도 한다. 유유상종의 법칙이다. 즉, 당신이 정신을 어디에 집중하느냐에 따라 당신에게로 끌어당길 사람들의 인격이 자동적으로 결정된다. 앞에서도 말했듯이 정신은 그 소유자가 가장 친밀하게 상호작용하는 사람들을 끌어당기는 자석과 같다. 결국 당신의 정신이 당신 삶의 지위를 보여준다. 그러므로 당신이 서로 영향을 주고받고 싶은 부류나 지위의 사람들이 있다면 그들을 당신에게 끌어당길 만한 생각에 집중해야 한다. 이것은 오직 당신만이 할 수 있다.

자기 암시는 매력적인 인격이 탄생하는 바탕이요, 그런 인격을 함양하는 근본적인 수단이다. 인격은 결국 정신을 지배하는 생각과 비슷한 모습으로 성장하며, 동시에 지배하고, 그리하여 신체 활동은 그 같은 생각의 통제 아래에 놓인다.

자기 암시는 정신의 잠재의식 영역을 위한 활동 지침서 역할을 한다. 의식 영역에 자기 암시의 원리를 적용한다는 것은, 잠재의식 영역이 본보기로 사용할 수 있는 명확한 심상心象을 그리거나 계획을 수립한다는 뜻이다. 이는 다시, 당신은 자기 암시를 통해 계획을 세우는 과정에 관심을 적절히 집중하는 법을 배워야 한다는 의미다. 그러고 나면 정신의 잠재의식 영역을 즉각적으로 활성화시킬 수 있다. 이때부터는 이 영역이 의식 영역으로부터 배턴을 이어받아 당신의 계획을 실행시키는 일을 전담한다.

자기 암시의 원리를 처음 시도하는 사람들에게 꼭 당부하고 싶은 것이 있다. 자신이 세운 계획을 귀에 못이 박힐 만큼 반복해서 말하라. 잠재의식 영역이 그 계획을 받아들이고 그 계획을 실현시키려면 시간이 필요하다. 그러니 자기 암시 훈련을 시작하고 곧바로 결과를 얻지 못해도 실망하지 마라. 많은 경험을 쌓아 자기 암시를 자유자재로 사용할 수 있는 사람만이 정신의 잠재의식 영역에 즉각 도달하고 이를 통제할 수 있다.

이제 자기 암시 여행의 종착지에 이르렀다. 마무리하기 전에 한 가지만 더 부탁하자. 자기 암시 원리의 이면에 있는 중요한 요소 하나를 절대 간과하지 마라. 그것은 바로 내면에 깊이 뿌리 내린 매우 감정적인 강렬한 욕구다. 욕구는 정신적인 작용의 시발점이다. 사실 이 뜨거운 감정을 촉발시킬 수 있다면 당신이 바라는 모든 것을 물리적인 현실에서 생성시킬 수 있다.

강한 욕구는 인간이 이루는 모든 성취의 출발점이다. 자기 암시의 원리는 그 욕구가 당신의 잠재의식 영역과 소통하는 도구일 뿐이다. 당신도 경험으로 알겠지만, 뭔가를 강렬하게 원할 때 그것을 획득하기가 더 쉬운 법이다.

이제는 자기 암시를 통해 역동적이고 매력적인 인격을 키우는 것에 만족해서는 안 된다. 그런 인격을 최대한으로 활용할 줄 알아야 한다. 그 방법에 대해서는 암시의 영역을 탐험하는 3장에서 알아볼 것이다.

3장

타인을 움직이는 강력한 힘

암시

NAPOLEON
HILL'S
GOLDEN
RULES

2장에서 우리는 자기 암시의 의미와 자기 암시를 실행할 때 무엇을 염두에 두고 신경 써야 하는지 알아보았다. 이제는 다음 단계로 넘어가보자.

암시는 심리학 원칙의 하나로, 올바르게 사용할 때 다른 사람들의 정신에 영향을 미치고 그것을 지배하며 통제할 수 있게 해준다. 특히 광고와 판매 부문에서 널리 이용되는 원칙이기도 하다. 로마 공화국의 장군, 마르쿠스 안토니우스는 암살로 생을 마감한 율리우스 카이사르의 장례식에 참석해, 추도 연설을 하면서 암시의 원칙을 능숙하게 사용해 로마 군중을 선동하고 매혹시켰다.

암시와 자기 암시의 차이는 딱 하나다. 두 용어에 이미 답이 나와 있다. 암시는 다른 사람들의 정신에, 자기 암시는 스스로의 정신에 영향을 미치기 위해 사용한다.

암시는 가장 미묘하고 강력한 심리학 원칙 중 하나로, 극단적인 두 얼굴을 지닌다. 이것을 파괴적으로 사용하면 실제로 상대를 죽음에 이르게 할 수도 있는 반면, 건설적으로 사용하면 만병통치약과 같은 힘을 지니기도 한다. 과학도 이를 증명해준다. 나는 내가 진행하는 응용 심리학 수업에서 다음의 방식으로 암시의 놀라운 힘을 수없이 증명해 보였다.

먼저 학생들에게 냄새의 힘을 보여주는 간단한 실험을 진행할 거라고 말한다. 그런 다음 모든 학생이 잘 볼 수 있게 "박하 기름" 라벨을 붙인 60밀리리터짜리 병을 들고 이 안에 박하 기름이 들었다고 설명한다. 또한 내 손에 있는 손수건에 몇 방울을 떨어뜨리면 40초도 안 돼서 박하 향이 강의실 맨 뒤쪽까지 퍼질 거라고 덧붙인다. 그 다음, 병마개를 열어 안에 든 액체를 손수건에 몇 방울 떨어뜨림과 동시에 오만상을 찡그리며 얼굴을 돌린다. 박하 향이 너무 강하다는 듯이 말이다. 그리고 학생들에게 박하 향을 맡으면 곧바로 손을 들어달라고 요청한다. 실험 중에 학생들은 신속하게 손을 드는데, 어떤 때에는 학생 네 명 중 세 명이 손을 들 때도 있다.

학생들의 반응을 확인한 뒤, 나는 병을 입에 대고 천천히 내용물을 마시고 그것이 그냥 **맹물**이라고 말한다. 실제로 병 안에 든 것은 맹물이다. 즉 아무도 박하 향을 맡을 수 없고, 맡지 않았다는 말이다. 그것은 오직 암시의 원칙을 통해 유발된 후각적 착각이었다. 만약 암시의 원칙을 사용함으로써 사람들이 맹물에서도 박하 향기를 맡게 만들 수 있다면, 합법적인 모든 일에서 이 원칙을 건설적으로 사용할 때 얼마나 놀라운 결과를 얻을 수 있을지 각자의 상상에 맡긴다.

암시가 사람의 목숨을 앗아갔던 극단적인 사례를 볼까? 몇 해 전 사형 선고를 받은 범죄자를 대상으로 사형 집행 전에 암시의 원칙이 내포된 실험 하나가 진행되었다. 결론부터 말하면, 이 실험을 통해 암시를 이용해 사람을 죽일 수도 있다는 사실이 명백히 드러났다.

사형수를 단두대로 데려가 그의 눈을 가린 다음, 머리를 칼 아래에 놓이게 두었다. 그리고 얇고 무거운 판자를 그의 목에 떨어뜨렸다. 단두대의 칼이 목에 내리칠 때와 비슷한 충격을 유발하기 위함이었다. 그리고 곧장 따뜻한 물을 그의 목에 살살 부어 물이 그의 목을 타고 천천히 흘러내리게 했다. 이것은 따뜻한 피가 흐르는 것 같은 착각을 불러일으키기 위해서였다. 결과는 어땠을까? 7분 후 의사들은 그가 사망했다고 정식으로 선고했다. 실제로 그 사형수가 죽은 것이다. 그의 목숨을 앗아간 것은 단두대의 칼날이 아니라 그의 상상력과 암시였다. 그의 상상력이 그의 심장이 멈추게 만든 셈이다.

"정신 요법" 치료사들이 병을 치유하는 모든 과정은 암시의 원칙을 매개로 이뤄진다. 또한 환자를 치료할 때 약물 사용을 줄이는 대신에 정신적 암시에 의존하는 의사도 많다고 한다. 우리 집안에 의사가 두 명 있는데, 그들은 몇 년 전보다 요즘 들어 "빵 부스러기로 만든 알약bread pill", 즉 가짜 약placebo을 사용하는 빈도가 늘었다고 했다. 한 사람은 실제 사례도 들려주었는데, 격심한 두통으로 고생하던 한 환자는 진통제라고 생각한 약을 삼키고 단 몇 분 만에 두통이 말끔히 사라졌다고 했다. 그러나 그가 진통제라고 믿었던 것은 사실 흰 밀가루 반죽을 빚어 만든 가짜 약이었다.

최면은 오직 암시의 원칙을 통해 작동한다. 흔히 최면이라고 하면 최면술사가 마음대로 사람들을 최면에 들게 한다고 생각하는데, 이는 최면에 대한 이해가 부족해 빚어진 오해와 편견이다. 누구든 본인이 동의하지 않으면 최면에 걸릴 수 없다. 즉, 우리가 최면이라고 부르는 현상이 가능해지는 것은 최면술사나 최면요법사의 정신적 능력이 아니라 피최면자의 정신에 달려 있다는 이야기다.

최면술사가 누군가에게 최면을 거는 행위는 두 단계로 이뤄진다. 먼저 피최면자 정신의 의식 영역을 "무력화neutralization"시키고, 자신이 원하는 암시를 그 사람의 잠재의식에 심는다. 여기서 정신을 "무력화"시킨다는 말은 피최면자 정신의 의식 영역이 어떤 생각을 전적으로 수용할 수 있는 상태가 되도록 만든다는 것을 의미한다. 최면에 사용되는 무력화 행위와 몇 가지 기법에 대해서는 나중에 자세히 살펴보고, 지금은 최면 기법에 대해서 먼저 이해해보자. 어떤 전문 최면술사는 최면 기법을 이렇게 설명한다.

――――― 먼저 나는 피최면자가 지우고 싶어 하는 실패에 한껏 공감해준다. 더러는 이 과정에 한두 시간이 걸린다. 또한 그의 두드러진 기질적 성향이나 지배적인 생각을 철저히 파악하고, 그의 자신감을 북돋워준다. 그 다음 그에게 긴 안락의자에 편안하게 기대라고 말한 뒤에 아래와 같이 차분한 대화를 이어간다. 이는 그의 시각과 청각에 단조로운 자극을 주기 위해서다.

"온몸에 힘을 빼고 나른한 자세를 취하세요. 그리고 멍한 눈으로 이 다이아몬드를 쳐다보세요(이때 그의 시선이 닿는 것은 무엇이든 상관없습니다). 아무 생각도 하지 말고 이 다이아몬드에도 정신을 집중하지 마세요. 이것을 뚫어져라 쳐다보지도 마세요. 눈 주변 근육의 긴장을 풀어 어렴풋이 윤곽만 보세요. 평소 가까이 있는 물건을 볼 때처럼 또렷이 보려고 애쓰지 마세요. 나무가 아니라 먼 산을 쳐다보듯이 그냥 다이아몬드를 무심하게 지나쳐 시선을 먼 곳에 두세요.

아무 노력도 하지 마세요. 마음을 편히 먹으세요. 무슨 일이 일어날지도 궁금해하지 마세요. 아무 일도 일어나지 않습니다. 불안해하지도, 의심하지도, 수상하게 생각하지도 마세요. 무언가가 일어나기를 바라지도 말고, 무슨 일이 일어날지 알려고도 말고, 현재 당신 정신 속에서 무슨 일이 벌어지고 있는지 분석하지도 마세요. 그냥 아무 노력도 하지 마세요. 그저 당신은 나른하고 게으르고 무관심한 상태가 됩니다.

잠이 온다는 익숙한 신호들이 느껴질 겁니다. 그런 모든 신호는 감각이 무뎌지고 뇌가 멈추는 것과 관련이 있습니다. 눈꺼풀이 무거워지고, 소리가 잘 들리지 않고, 근육과 피부가 온도와 습도와 자극에 아무 반응도 하지 않게 됩니다. '졸림'이 선사하는 달콤한 기분이 당신의 온몸을 감쌉니다. 저절로 눈꺼풀이 내려오고 모든 감각이 '망각'의 세계로 넘어갑니다. 자고 싶다는 충동을 거부하지 말고 그냥 따릅니다. 빛과 색으로 충만한 외부 세상과 당신 사이에 장막이 드리웁니다.

당신의 귀도 감각의 휴식에 동참하려 합니다. 어둠은 눈이 잠드는 것이고 고요함은 귀가 잠드는 겁니다. 당신의 귀는 소리에 무뎌지는 대신에 고요함을 얻습니다. 이제 당신은 내 목소리에 아무런 흥미를 느끼지 못하고 투지와 단호함은 아주 먼 곳으로 사라지는 것 같습니다. 당신이 거부할 수 없는, 아니 거부할 수 있어도 거부하지 않을 만족스러운 어떤 영향력에 굴복하니 안도감이 듭니다. 그 안도감이 당신의 온몸을 따뜻하게 감싸 안고, 당신의 몸은 행복에 젖어듭니다. 이제 당신은 기분 좋은 숙면에 빠저듭니다."

위의 글에서 최면술사가 가장 먼저 하는 일이 피최면자 정신의 의식 영역을 무력화시키는 것임을 확실히 알 수 있다. 피최면자의 의식이 부분적으로든 전체적으로든 "무력화"되거나 무장해제되고 나면 최면술사가 암시를 통해 피최면자 정신의 잠재의식 영역을 직접 공략해 그를 조종한다. 이렇게 되면 피최면자 정신의 잠재의식 영역은 최면술사가 지시하는 모든 말을 그대로 받아들이고 따른다. 다른 말로 하면 아무것에도 의문을 품지 않고 오감으로 받아들인 감각 인상에 의지해 저절로 반응할 뿐이다. 깨어 있는 동안에는 의식 영역을 통해 작동하는 이성이 시각, 후각, 미각, 촉각, 청각의 최전방을 지키도록 감시병을 세워둔다. 하지만 우리가 잠에 빠져드는 순간, 또는 어떤 이유에서든 몽롱한 반半의식 상태가 되는 순간에 그 감시병은 허수아비가 된다.

최면의 강약은 피최면자의 최면 감수성, 다른 말로 피암시성 suggestibility(타인의 암시에 빠지는 성질 또는 타인의 암시를 받아들여 자신의 의견이나 태도에 반영하는 성향을 말한다. —역주)에 달려있다. 가령 무대에서 최면술을 실시하는 전문 최면술사는 대개 피최면자의 정신을 완벽히 통제할 뿐만 아니라 그가 모욕적이고 황당하게 느낄 만한 온갖 행동을 하게 만들 수도 있다. 반면 훨씬 약한 강도의 최면도 있다. 이런 경우 피최면자는 자신이 최면에 걸렸다는 사실을 인지하지 못한 채로 최면술사의 통제를 받을 수도 있다. 이 중에서 당신이 관심을 가져야 하는 것은 후자의 경우처럼 상대적으로 "눈에 덜 띄는" 또는 알아볼 수 없는 수준의 최면이다. 비전문적인 최면술사가 자신이 통제하거나 영향을 미치고 싶은 사람들에게 가장 보편적으로 시행하는 최면 기법이기 때문이다.

피최면자가 자기 통제력을 잃을 만큼 최면에 완전히 빠졌든, 아니면 오직 부분적으로만 최면에 걸렸든, 반드시 존재해야 하는 한 가지 조건이 있다. 그의 정신이 속기 쉬운 상태여야 한다는 것이다. 따라서 전문가든, 비전문가든 최면술사가 피최면자의 정신을 지배하거나 통제하려면 가장 먼저 피최면자의 정신을 비정상적일 만큼 속기 쉬운 상태로 만들어야 한다.

즉 앞에서 언급했듯이 암시를 통해 누군가의 정신에 영향을 미치려면 먼저 그의 정신을 "무력화"시켜야 한다는 말이다. 그렇다면 상대의 정신을 "무력화"시킬 수 있는 방법은 무엇일까?

최면 기법을 간단히 설명하면 우리가 암시 원칙을 실제로 적용하는 방법과 같다. 하지만 암시를 통해 무조건 성공하거나 행복해질 거라는 기대는 금물이다. 성공이냐 실패냐 또는 행복이냐 불행이냐, 이 모든 것은 당신이 그 원칙을 어떻게 사용하느냐에 달려 있다.

몇 해 전, 경찰이 시카고 일대에서 "심령술집", 쉽게 말해 "점집"들을 운영하던 악명 높은 사기꾼 조직을 일망타진했다. 가짜 점집 체인의 우두머리는 "버치"라고 불리던 사내였다. 버치 일당은 미신을 믿고 귀가 얇아 잘 속는 부자 손님들에게 거짓 미래를 예견해준 다음, 일련의 정신 조작 행위를 통해 사기를 쳐서 그들의 돈을 갈취했다. 도대체 이 일당은 손님들의 정신을 어떻게 조작한 걸까?

먼저 가짜 점집 중 한 곳의 운영자인 가짜 점쟁이가 "영매" 행세를 하면서 손님들의 깨알 같은 비밀까지 알아냈다. 현물, 현금, 부동산 등 각 자산이 얼마인지는 물론이고 사기를 치는 데 필요한 모든 데이터를 손에 넣었다. 이런 정보를 알아내는 것은 식은 죽 먹기였다. 점집이란 본래 사람들에게 사업, 사랑, 건강 등의 인생 문제에 관해 조언하는 곳이기 때문이다. 이런 방식으로 손쉬운 먹잇감을 물색했고, 수집된 정보는 '심령술집 프랜차이즈'의 우두머리인 버치에게 전달되었다.

물밑 작업이 제대로 먹혀들어 때가 되었다 싶을 때 영매가 드디어 떡밥을 던졌다. 피해자에게 자신과 생판 남인 사업가와 상담해보라고 조언하면서 조만간 그런 사람을 만날 거라고 넌지시 암시를 주었다. 얼마 지나지 않아 버치가 그 가짜 점집에 "우연히" 들러 영매에게 투자와 사업 전반에 관한 문제들을 상담했고, 피해자는 "그저 우연히" 그를 소개받았다.

"그 사람 정말 엄청난 부자예요." 영매는 비밀이라는 듯 피해자에게 은밀하게 말했다. 그런 다음 그가 "마음이 아주 넓고" 사람들이 성공하도록 도와주는 것을 좋아한다는 정보도 알려주었다. 버치는 흠 잡을 데 없이 완벽한 차림새로 나타나 성공한 부자의 냄새를 풍겼다. 그는 피해자를 소개받고 상냥하게 잠깐 대화를 나누다가 '모건빌트'와 중요한 약속이 있다면서 급히 떠났다.

다음에 피해자가 그 점집을 찾았을 때 다시 "우연"이 일어날 가능성이 컸다(한 가지 부언하자면, 사기를 당할 확률은 남녀가 똑같다). 이번에는 '거부인 밴더 모건과의 약속 때문에' 급히 나가는 버치와 "우연히" 마주쳤다. 초면이 아닌데도 그는 피해자를 보는 둥 마는 둥 하며 제대로 알은 체하지 않았다. 철저히 계산된 이런 식의 연극이 몇 차례 반복되고, 마침내 피해자는 "의심"을 거두고 버치를 유능하고 아주 바쁜 사업가로 생각하기 시작했다.

이쯤 되면 정신 조작의 첫 번째 단계가 성공적으로 끝났다. 이제 피해자는 행여 버치가 저녁 식사에 초대라도 해주면 넙죽 엎드려 절이라고 하고 싶은 지경이 되었다. 십중팔구 저녁 식사 초대는 한 번으로 끝나지 않을 터였다. 그리고 피해자는 가장 배타적인 회원제 클럽이나 최고급 식당에서 보통 사람의 일주일 치 생활비보다 더 비싼 식사를 대접받았다. 당연히 식사비는 버치가 부담했고, 피해자에게 버치는 돈이 썩어날 정도로 많은 사람처럼 보였다.

사실 버치의 안주머니에는 색인 카드가 있었는데, 거기에는 피해자의 약점, 특이점, 특성과 같은 정보가 빠짐없이 상세히 기록되어 있었다. 요컨대 피해자는 정확하게 분석되었고 '몸값이 매겨졌다.' 가령 피해자가 애견인이라면 그 사실도, 승마를 즐긴다면 그 정보도 색인 카드에 기록되었고 적정한 값이 정해졌다.

이제 준비 작업은 끝났고 본격적인 사냥의 막이 올랐다! 가령 피해자가 승마를 좋아한다고 해보자. 상냥하고 부티가 줄줄 흐르는 '금수저' 버치는 그가 원할 때면 언제든 자신의 순종 말 중 한 마리를 탈 수 있게 조치했다. 한편 피해자가 자동차 애호가라면 그가 시승할 수 있도록 자신이 소유하고 있는 고급차를 흔쾌히 내주었다. 어떤 '떡밥'을 제공할지는 피해자의 취향에 따라 결정되었다. 그리고 모든 '떡값'은 이제는 "믿을 수 있는 친구"가 된 버치가 부담했다.

이런 일련의 절차는 피해자의 정신이 **완전히 무력화**될 때까지 이어졌다. 피해자가 앞으로 벌어질 모든 일에 대해 한 치도 의심하지 않게 될 때까지, 또는 제안받은 모든 말을 철석같이 믿게 될 때까지 계속되었다. 인간성 좋은 버치는 피해자의 완전한 신뢰를 교묘히 얻어냈고, 당연히 이 모든 것은 지극히 "우발적인 만남"을 통해 이뤄졌다. 버치는 만약 필요하다면 사기꾼의 본색을 드러낼 때를 기다리며 반 년 동안이나 "피해자의 비위를 맞춰주는" 것도 마다하지 않았다. 또한 피해자에게 투자한 '떡값'과 '무대 장치' 비용이 수백 달러에 이르고 심지어는 수천 달러에 달할 때도 있었다.

그 사기 사건을 보도한 언론 기사에 따르면, 버치의 직접적인 추천으로, 또는 버치가 "스쳐지나가듯 슬쩍" 언급한 말을 듣고 휴지 조각이나 다름없는 기업들에 "투자"해 최대 5만 달러를 날린 피해자들도 있었다. 한 번은 버치가 어떤 기업에 겨우 2만 달러를 투자했는데 방금 "배당금"을 받았다면서 피해자에게 1만 달러짜리 수표를 태연하게 보여주기도 했다. 물론 그 기업은 유령 기업이었다. 한마디로 버치는 영리하다 못해 영악했다. 피해자들에게 가짜 기업에 투자하라고 노골적으로 권유하지 않았다. 대신에 정보를 이따금씩 다소 "무심하게" 슬쩍 흘렸을 뿐이다. 그러면 피해자들이 알아서 냉큼 걸려들었다.

암시는 노골적인 요구나 요청보다 훨씬 효과적이다. 이것이 바로 암시의 본질이다.

'부유한' 버치는 암시를 가장 효과적으로 사용하는 방법을 정확히 알았다. 버치에게 홀딱 넘어간 한 노부인이 있었다. 그녀는 은행에서 상당한 예금을 인출해 버치에게 주면서 자신을 대신해 투자해달라고 애원했지만 거절당했다. 심지어 버치는 자신도 여유 자금을 굴리고 싶지만 당장은 마땅한 투자처가 없다고 너스레까지 떨었다. 사실은 그가 노부인의 제안을 거절한 이유는 '판돈'을 올리기 위해서였다. 노부인의 재산이 얼마인지 이미 완벽히 파악한 그는 '푼돈'에 만족할 생각이 없었다. 그녀의 재산을 전부 가로챌 속셈이었다. 며칠 후 버치는 그 노부인에게 전화를 걸어 선심 쓰듯 말했다. 자신의 특별한 친구로부터 잘하면 그녀도 매우 유망한 주식에 일정 부분 투자할 수 있는 '기회가 있을 수도 있다'는 말을 들었다고 말이다. 동시에 그녀가 원한다면 그 주식을 전량 매수할 수도 있다고 슬쩍 승부수를 띄웠다. 그의 검은 속내를 알 리 없는 노부인은 버치의 전화에 놀라기는 했어도 기분이 좋았다. 노부인은 제대로 걸려들었고, 그녀의 돈은 한 시간 후 버치의 안주머니에 고이 들어왔다.

이렇게까지 사기 수법을 상세히 알려주는 이유는 정신을 "무력화"시키는 것이 어떤 의미인지를 정확히 보여주고 싶기 때문이다. 상대의 정신을 무장 해제시키고 암시를 통해 주어지는 모든 것을 그 사람이 받아들이고 그것을 실행하도록 준비시키려면, 상대방의 정신을 극단적인 맹신 상태 또는 평소보다 훨씬 쉽게 속는 상태로 만들어야 한다. 당연한 말이지만 누군가의 정신을 무력화시키는 방법은 많다. 다만 그런 모든 방법을 일일이 열거하는 것은 시간 낭비다. 어차피 암시 원칙에 관한 실전 지식과 그것의 적용 방법은 시간이야 걸리겠지만 경험이 쌓이면 알아낼 수 있기 때문이다.

때로는 암시를 사용해 누군가의 정신을 준비시키는 데 몇 달이 걸릴 수도 있다. 때로는 단 몇 분, 심지어 단 몇 초면 충분할 수도 있다. 모든 것은 당신에 대한 상대방의 신뢰와 확신이 어느 정도인가에 달려 있다. 이 말을 뒤집어 보면, 누군가가 당신에게 적대적이거나 당신에 대한 맹목적인 신뢰와 확신이 없다면 당신은 그 사람의 정신에 영향을 미칠 수 없다는 결론이 나온다. 따라서 설교를 하든 물건을 팔든, 아니면 배심원을 설득하든 간에 누군가에게 영향을 미치고 싶다면 당신이 가장 먼저 할 일은 상대방의 신뢰를 얻는 것이다.

셰익스피어는 희곡《율리우스 카이사르》에서 마르쿠스 안토니우스가 카이사르의 장례식에서 했던 감동적인 추도 연설을 소개한다(안토니우스가 추도 연설을 한 것은 사실이지만 연설 내용에 관한 기록은 없고, 셰익스피어가 소개한 추도 연설은 그의 창작물이라고 알려져 있다.─역주). 그의 연설을 읽어보면, 안토니우스가 적대적인 군중을 어떻게 완벽히 무장 해제시켜서 제 편으로 끌어들였는지 알 수 있다. 바로 암시의 원칙이다. 그의 연설 전문은 9장에서 알아보기로 하고, 지금은 연설의 시작 부분만 간단히 분석해 보자. 응용 심리학에서 최고봉이라고 해도 과언이 아닌 교훈을 찾을 수 있다.

카이사르의 암살을 주동했던 브루투스가 먼저 연단에 올랐다. 그는 자신이 카이사르를 암살할 수밖에 없었던 이유를 설명했고 군중은 그에게 설득당했다. 그 다음 카이사르의 친구였던 안토니우스가 연단에 올라 그 암살 사건에 대한 자신의 견해를 피력했다. 군중은 처음에 안토니우스에게 적대적이었으며 안토니우스가 자신의 친구를 죽인 브루투스를 비난할 거라고 예상했다. 그러나 안토니우스는 시작부터 군중의 허를 찔렀다. "친애하는 로마 시민, 동포 여러분, 제 말에 귀를 기울여주십시오. 저는 카이사르를 칭송하기 위해서가 아니라 그분께 작별인사를 하러 이곳에 왔습니다"라고.

안토니우스는 때가 무르익기를 기다릴 줄 알았다. 섣불리 자신의 패를 내보여 산통을 깰 생각이 눈곱만큼도 없었다. 그는 먼저 사람들의 정신을 무력화시키고 그들이 자신의 이야기를 우호적으로 받아들이도록 준비시켜야 한다는 것을 잘 알았다. 만약 안토니우스가 추도사를 시작하면서 죽은 카이사르를 두둔하고 브루투스에게 비아냥댔다면 군중의 손에 목숨을 잃었을지도 모를 일이다.

이제 다시 현재로 돌아와 내가 아는 한 가장 유능하고 성공한 변호사 중 한 사람의 이야기를 해보겠다.

법정에서 그는 피고에 대한 변론을 시작하면서 가장 먼저 원고의 미덕을 추켜세웠다. 심지어 원고 측 변호인을 도와주는 것처럼 보였다. "존경하는 배심원 여러분, 미리 한 가지 양해를 구합니다. 지금부터 제 이야기를 듣고 놀라지 않기를 바랍니다. 솔직히 이 사건과 관련해 제 의뢰인에게 불리한 점이 많습니다." 그는 이렇게 말한 다음, 실제로 피고에게 불리한 점을 하나하나 설명하며 주의를 환기시켰다. (어쨌든 원고 측 변호인도 그런 점을 조목조목 짚었다.)

그 변호사는 한참이나 이런 식의 발언을 이어가다가 갑자기 말을 멈추더니, 극적인 효과를 배가시키기 위해 뜸을 들였다가 태세를 전환했다. "그러나, 지금까지 드린 말씀은 원고 측이 이번 사건에 대해 주장하는 바입니다. 그들의 주장을 충분히 들었으니 지금부터는 이 사건의 다른 면을 알려드리겠습니다." 그때부터 그는 바이올린 연주자가 바이올린 현을 갖고 놀 듯 배심원들의 정신을 자유자재로 요리하기 시작했다. 배심원 절반이 눈물을 흘리기까지 15분도 채 걸리지 않았다. 그는 변론을 마친 후 의식적으로 의자에 쓰러지다시피 털썩 몸을 던졌다. 배심원들은 곧 줄 지어 재판정을 나갔고, 30분도 지나기 전에 그의 의뢰인에 대한 평결을 결정해서 돌아왔다. 결과는 그의 승리였다.

만약 그 변호사가 정반대로 했더라면 어땠을까? 먼저 상대방 주장의 약점을 공략하고, 그런 다음 성급하게 자기 의뢰인에게 유리한 점을 배심원들에게 호소했더라면 어땠을까? 패소했을 것이 빤했다. 나중에 알고 보니 그 변호사는 셰익스피어의 열혈 팬이었고, 거의 모든 재판에서 안토니우스의 심리학을 적극적으로 사용하고 있었다. 들리는 소문에 따르면, 그는 해당 지역의 변호사들 중에서 패소율이 가장 낮다고 했다.

인간의 정신은 난해하고 복잡 미묘한 많은 특징이 얽히고설켜 있다. 그 특징 중 하나는, 잠재의식 영역에 도달하는 각각의 인상은 조화를 이루는 것끼리, 그리고 밀접하게 관련이 있어 보이는 것끼리 '묶음'으로 기록된다는 사실이다. 그래서 어떤 하나의 인상이 정신의 의식 영역으로 소환될 때 그것과 같은 묶음에 속하는 나머지 인상 모두가 엮인 굴비처럼 줄줄이 딸려오는 경향이 있다.

예를 들어 하나의 행위나 단어가 당신의 정신에 의심을 불러일으킨다고 하자. 이럴 경우 그것 하나만으로도 이제까지 당신이 의심을 품었던 모든 경험이 의식 영역으로 소환된다. 다시 말해, 정신에 도달하는 비슷한 감정이나 경험, 또는 감각 인상들은 '연상의 법칙 law of association'에 의거해 한 묶음으로 기록되므로, 그중 하나만 소환되어도 나머지 모두를 끄집어내는 경향이 있다는 말이다.

이 원칙은 인간의 정신에 자리 잡은 감정과 감각 인상 모두에 적용되고 그런 감정과 인상을 통제한다. 만일 두려움과 관련 있는 감정 하나가 의식 영역으로 들어온다면 어떻게 될까? 바로 그 순간에 두려움과 관련된 불쾌한 모든 감정이 떼로 몰려올 것이다. 두려움이 의식 영역에 떡하니 자리를 차지하고 있는 한, 의식은 용기라는 감정에 관심을 기울일 수 없다. 두려움과 용기는 의식 영역에서 공존할 수 없는 상극의 감정들로, 하나가 다른 하나를 반드시 몰아낸다. 이유는 명백하다. 둘은 서로 조화를 이루는 감정이 아니기 때문이다. 재차 강조하건대, 의식 영역에 머무는 모든 생각은 자신과 조화를 이루거나 관련이 있는 다른 생각을 끌어당기는 경향이 있다.

암시의 원칙을 통해 누군가의 정신에 자신이 하는 일에서 성공하겠다는 열망을 심어준다면, 그 사람의 잠재적인 능력이 깨어나고 그의 힘이 자동적으로 커질 것이다. 어떤 분야건 마찬가지다. 사람들을 조직화하고 관리하는 일에서 성공하고 싶은가? 암시의 원칙에 성공의 비결이 있다. 조직의 고위자, 지도자, 감독자 등 소위 관리자가 암시의 원칙을 정확히 이해하고 사용한다면, 사람들에게 영향을 미칠 수 있는 가장 강력한 수단과 힘을 얻을 수 있다.

나는 유능하고 능률적인 관리자를 많이 안다. 그중 가장 뛰어난 한 관리자는 아랫사람들을 비난하거나 비판한 적이 한 번도 없었다. 적어도 내가 아는 한 그렇다. 오히려 그들이 일을 얼마나 잘하는지를 끊임없이 상기시켰다. 게다가 그는 남다른 습관이 하나 있었는데, 직원들 사이를 돌아다니다가 간간이 발을 멈추고 누군가의 어깨에 한 손을 올리고는, 그가 어떤 점에서 발전하고 있는지 구체적으로 칭찬했다. 요컨대 그는 암시의 원칙을 통해 부하 직원들의 정신에 "스스로 발전하고 있다"라는 생각을 지속적으로 주입한 것이다. 직원들은 그 암시에 반응했고, 그때부터 실질적인 결과가 나타났다. 모두가 그 암시의 영향으로 생산성이 향상된 것이다.

암시를 통해 놀라운 일을 실현할 수 있다는 주장을 믿지 못하겠다면 스스로를 돌아봐야 한다. 그 원칙을 이해할 만큼 충분한 시간을 들여 공부하지 않아서이기 때문이다.

여기서 한 가지 묻고 싶다. 어떤 분야에서든 상관없다. 혹시 친근하고 '명랑하고' 열정적이고 '붙임성 있고 싹싹한' 수다쟁이 유형의 리더가 얌전하고 차분한 리더보다 더 성공적이라고 생각해본 적 없는가? 특히 사람들을 끌어당기거나 자신의 말을 따르도록 사람들에게 영향을 미치는 일에서 어떤 유형의 리더가 실패하는지 당신도 경험으로 알 거라고 본다. 불만이 많고 부루퉁하고 말수가 적은 유형이다. 암시의 원칙은 당신이 알건 모르건 쉼없이 작동한다. 이는 언제 어디에서나 중력의 법칙이 작용하는 것과 같은 이치다. 우리는 암시를 통해 사람들에게 끊임없이 영향을 미친다. 뿐만 아니라 그들로 하여금 우리가 발산하는 정신 자세를 흡수하고 각자의 모든 행동에 그 정신 자세를 반영하도록 만든다.

불만이 많은 사람은 주변에 불만의 그림자를 드리우기 마련이다. 그들이 어떻게 하는지는 당신도 경험했을 것이다. 일례로 한 명의 선동가나 말썽꾼이 조직 구성원 모두를 방해하고, 얼마 지나지 않아 그들이 제공하는 서비스를 무가치하게 만들 수도 있다. 이를 역으로 생각해보자. 유쾌하고 낙천적이고 충직하고 열정적인 한 사람이 조직 전체에 긍정적인 영향을 미친다. 더욱이 그는 자신이 발산하는 정신 자세를 조직 전체에 주입한다.

우리는 알게 모르게 자신의 감정, 느낌, 생각 등을 사람들에게 끝없이 전달하고 있다. 거의 대부분은 무의식적으로 이렇게 하지만, 위대한 암시의 원칙을 의식적으로 사용할 수도 있다. 이것에 대해서는 '4장 보복의 법칙'에서 자세히 알아볼 것이다. 특히 4장에서는 암시의 원칙을 적용하는 것과 관련해 두 가지 효과에 집중할 생각이다. 정신을 '무력화'시키는 방법이 첫 번째고, 사람들을 당신과 완벽히 조화를 이루며 일하도록 만들 수 있는 방법이 두 번째다.

이쯤에서 이제까지 공부한 내용을 간략히 정리해보자. 당신은 심리학의 중요한 원칙 중 하나인 암시에 대해 배웠다. 또한 암시는 두 단계에 따라 적용해야 한다는 것도 알게 되었다.

첫째, 암시를 통해 누군가의 정신에 어떤 생각을 주입하려면, 먼저 그 사람의 정신부터 '무력화'시켜야 한다.

둘째, 그런 다음에는 그 사람이 무장 해제된 정신으로 당신을 평소보다 훨씬 더 깊이 믿도록 만들어야 한다.

당신의 아이디어를 당신 것이라고 '소유권을 주장하지 않으면서' 누군가에게 전달하려면 당신은 필히 이기심과 자기표현의 욕구를 통제할 수 있어야 한다. 그 정도의 자제력을 발휘한다면 다행한 일이지만 솔직히 아무나 못 하는 일이다. 암시의 원칙을 사용할 줄 아는 판매원은 잠재 고객을 대할 때 첫마디부터가 다르다. "고객님이 모르는 무언가를 알려드리죠"라는 식으로 말하지 않는다. 대신에 "고객님도 당연히 아시겠지만"이라고 이야기의 포문을 연다. 자신의 뛰어난 지식으로 사람들에게 깊은 인상을 주려는 노력 자체가 정신을 무력화시키는 과정에서는 도리어 독이 된다. 그런 노력은 상대방의 정신을 무력화시키기는커녕 상대방의 반감을 사고, 결과적으로 상대방에게 암시의 원칙을 사용하는 것이 아예 불가능해진다.

암시의 원칙에 관한 화룡점정으로 안성맞춤인 글이 있다. 헨리 R. 로즈Henry R. Rose박사의 〈현실의 정신과 의사The Mind Doctor at Work〉이다. 로즈 박사의 글은 내가 암시에 관한 연구에서 발견한 모든 것을 완벽히 입증한다. 게다가 로즈 박사의 글 자체도 암시와 관련해 커다란 의의가 있다. 내가 읽어본 글 중 암시를 가장 명확히 설명할 뿐더러 내가 이제껏 본 사례 중 암시에 대해 가장 뛰어난 교훈을 주었다.

──────── "아내가 죽으면 저는 하나님의 존재를 믿지 않을 겁니다." 내가 방문했을 때 그가 나를 맞으며 가장 먼저 한 말이었다. 나를 부른 사람은 폐렴을 앓던 그의 아내였다. 주치의는 그녀가 회복하지 못할 거라고, 사실상 사망선고에 가까운 말을 했다. 그녀는 남편과 두 아들을 침대 옆으로 불러 작별 인사를 했고, 남편이 아내에게 목사를 부르고 싶은지 물었다. 그녀가 다니는 교회

의 목사가 나였다. 내가 그들을 찾아갔을 때 집안 분위기는 이미 초상집이었다. 나는 곧장 부인을 보러 갔는데 그녀는 숨조차 제대로 쉬지 못하고 있었다. 부인은 나를 부른 이유를 서둘러 고백했고, 자신이 죽은 후에 두 아들을 보살펴달라고 부탁했다. 그래서 내가 그녀에게 말했다. "절대 포기하시면 안 됩니다. 자매님은 언제나 강인하고 건강하셨으니 털고 일어나실 겁니다. 나든 누구든 두 아드님을 다른 사람에게 맡기는 것이 하나님의 뜻이라고 생각하지 않습니다."

그런 다음 시편 103장을 읽었고, 그녀가 영면에 들기를 바라는 것이 아니라 그녀의 쾌유를 바라며 준비한 기도를 시작했다. 또한 하나님을 믿고 온 마음과 의지를 다해 죽음에 대한 모든 생각과 싸우라고 다독였다. 그러고는 교회 예배를 마치는 대로 다시 오겠다고 약속하면서 그녀의 집을 나왔다. 그때가 일요일 아침이었다.

그날 오후 그녀의 집을 다시 방문했을 때, 이번에는 그녀의 남편이 미소로 나를 맞았다. 한나절 만에 무슨 일이 있었던 걸까? 아침에 내가 나가자마자 그녀가 남편과 두 아들을 불러 "로즈 박사님이 내가 나을 거라고 말씀하셨어요. 나는 이 병을 이길 거예요"라고 말했다고 그가 전해주었다.

결과적으로 말해 그녀는 정말로 폐렴을 이겨냈다. 의사마저 가망이 없다고 했는데 어떻게 나아질 수 있었을까?

그건 나와 그녀의 합작품이었다. 나의 암시와 그녀의 확신이 기적을 이뤄냈다. 게다가 시기도 한몫했다. 내가 딱 적절한 순간에 방문했던 것이다. 무엇보다 나에 대한 그녀의 믿음이 아주 깊어서 나는 그녀에게 쾌유에 대한 믿음을 심어줄 수 있었다. 그 믿음이 상황을 역전시켰고, 그녀가 폐렴을 극복하는 결정적인 힘이 되었다. 관건은 적절한 방식에 의거해서 적절한 방식으로 정신을 자극하는 것이다. 그러면 정신이 알아서 상황을 뒤집어 기적 같은 일이 가능해진다. 삶도 있고 희망도 있지만, 무엇보다 희망이 가장 중요하다. 또한 희망은 본래의 목적대로 선한 영향을 미쳐야 한다.

살다 보면 정신이 아플 때가 있고, 정신이 아프면 몸도 병든다. 따라서 정신을 치유하면 몸의 병도 낫는다. 이런 경우 방법은 하나뿐이다. 병든 정신에 명확한 방향을 제시하고, 특히 스스로를 믿도록 자신감을 심어줘야 한다. 다시 말해 더 강인한 정신이 필요하고, 그것이 바로 암시라고 불리는 영향력이다. 당신은 암시를 통해 당신의 자신감과 힘을 타인에게 전파할 수 있다. 그런 다음 상대방으로 하여금 당신이 바라는 대로 믿고 당신의 의지대로 행동하도록 강력한 영향력을 발휘할 수 있다. 굳이 최면 상태일 필요도 없다. 상대방이 완전히 깨어 있고 완벽히 이성적인 상태에서도 놀라운 결과를 얻을 수 있다.

단, 조건이 있다. 그 사람이 당신을 완전히 믿어야 한다. 그리고 당신은 인간의 정신이 어떻게 작동하는지 반드시 알아야 한다. 그런 작동 원리를 알아야 상대의 주장에 완벽히 대응하고 의심을 확실히 해소시켜, 상대의 생각에서 그런 주장과 의심을 말끔히 몰아낼 수 있기 때문이다. 누구라도 이런 종류의 치유사가 될 수 있다. 즉 우리 모두는 정신이 병든 사람들을 도와줄 수 있다.

이제 우리가 무엇을 해야 하는지 분명해졌다. 정신의 힘에 관한 훌륭한 책들을 찾아 읽어야 한다. 또한 건강한 사람은 건강을 유지하고, 병든 사람은 건강을 회복하도록 정신이 할 수 있는 일을 찾아 배워야 한다. 이는 우리 모두의 의무다. 그릇된 생각이 사람을 얼마나 끔찍한 상황으로 몰아가는지, 심하면 멀쩡한 사람도 미치게 만들 수 있다는 것을 잘 알지 않는가. 이제는 올바른 생각이 얼마나 대단한 일을 할 수 있는지 알 때가 되지 않았을까? 올바른 생각이 정신적 장애는 물론이고 신체 질병까지 치유하는 힘이 있음을 이제는 알아야 한다.

오해하지 마라. 정신이 무엇이든 할 수 있다는 뜻이 아니다.

진짜 암이 생각이나 믿음으로, 또는 정신적으로나 종교적으로 치유되었다고 믿을 만한 확실한 증거는 없다. 혹시 암에 걸린다면 가장 먼저 그 사실을 받아들이고 의학적인 치료를 받아야 암을 치유할 수 있다. 다른 방법은 없다. 행여 이 글을 읽고 정신적 암시를 통해 암을 치유할 수 있다고 오해해서 그 병의 초기 징후들을 무시한다면 나는 죄책감을 떨치지 못할 것이다. 내가 말하고 싶은 것은 단지 아주 다양한, 인간의 크고 작은 질병과 관련해 우리의 정신이 굉장히 많은 일을 할 수 있으므로, 우리는 지금보다 훨씬 더 많이 정신의 힘을 빌려야 한다는 것이다.

그러니 아침에 출근했을 때 몸 상태가 아무리 좋아도 만나는 사람마다 "아파 보여요"라고 말한다면 실제로 몸이 아프기 시작할 수 있다. 더욱이 그런 상황이 종일 지속된다면 퇴근 후 집에 도착할 즈음에는 의사를 찾아가야 할 만큼 몸 상태가 나빠질 수도 있다. 이것이 상상력, 다른 말로 자기 암시의 치명적인 힘이다.

그런 치명적인 힘에 대항하려면 어떻게 해야 할까? 상상력이 당신에게 어떤 장난을 칠 수 있는지 명심하고 경계를 게을리 하지 않는 것이 최선이다. 또한 당신에게 끔찍한 일이 생겼다고, 또는 그런 일이 닥칠 거라고 상상하지 못하도록 정신의 고삐를 단단히 쥐어야 한다.

의대생들에게 보편적인 현상이 하나 있는데, 수업 중에 어떤 질환에 관해 배우거나 분석할 때마다 자신이 그 병에 걸렸다고 생각하는 것이다. 특히 상상력이 아주 풍부한 학생은 실제로 그 병에 걸리기도 한다. 단언컨대 상상만으로도 병에 걸릴 수 있고, 상상의 질병도 여타의 병처럼 고통스러울 수도 있다. 치유 방법은 딱 하나, 상상으로 병에 걸렸듯이 그 병을 이겨낸다고 상상하는 것뿐이다.

상상력이 함부로 나대지 못하게 재갈을 물리는 최선의 방법은 의외로 간단하다. 밤에 잠을 자면 된다. 밤에는 잠재의식이 뭐든 자기 뜻대로 다하기 때문이다. 당신이 깨어 있을 때에 활동하는 의식 영역이 잠에 들면, 잠재의식 영역이 그 배턴을 이어받아 '열일'한다. 쉽게 말해 '낮의 정신'이 잠들기 전에 '밤의 정신'에 던져 넣는 생각들은 밤의 정신이 밤새도록 쉴 새 없이 일하게 만들 것이다.

가령 당신이 평소 기상 시간과는 다른 시간에 일어나고 싶다고 해보자. 이제 잠자리에 들면서 스스로에게 말하라. "내일 아침 7시에 꼭 일어나야 해." 절대적인 신뢰와 함께 그 생각을 밤의 정신에게 넘겨준다면, 내일 아침 7시에 눈이 번쩍 뜨일 것이다. 이것이 가능한 이유는 잠재의식적 자아가 밤새도록 깨어 있다가 아침 7시가 되면 보이지 않는 손처럼 당신의 어깨를 흔들어 깨우기 때문이다. 그러나 당신이 밤의 정신을 믿지 않으면 아무 소용이 없다. 행여 못 일어날 거라고 티끌만큼만 의심해도 그 의심이 전체 과정을 방해할 가능성이 크다. 잠재의식의 힘에 대한 믿음은 그토록 강력하다. 밤의 정신은 그 믿음에 힘입어 당신이 잠들기 전에 지시한 것을 정확히 이행한다.

여기에 커다란 비밀이 있다. 파괴적인 잘못된 습관을 고치고 싶은가? 잠재의식 영역을 올바르게 사용하면 걱정이 많고, 과음

하고, 말을 더듬는 등의 습관을 고치는 데 도움이 될 수 있다. 방법은 위에서 설명한 대로다. 그런 부정적인 습관을 고칠 거라고 스스로에게 말하고, 나머지는 잠재의식 영역에 온전히 맡겨라. 당신이 잠든 사이에 잠재의식이 알아서 해결해 줄 것이다. 매일 밤 잠들기 전에 잠재의식에 '숙제'를 내주고 주의를 기울인다면, 결국 당신은 그 습관의 고리를 끊어낼 수 있을 것이다.

• 암시 완전정복

암시의 여행을 마치면서 기행문을 써보자. 먼저 당신은 암시의 원칙을 통해 누군가의 정신과 행동에 영향을 미칠 수 있음을 배웠다.

당신은 정신이 아주 오랫동안 무언가를 깊이 생각하면, 그것을 스스로에게로 끌어당길 거라는 사실도 알게 되었다. 또한 암시를 통해 누군가의 정신에 영향을 주려면 미리 그 정신을 "무력화"시켜야 하고, 그러려면 상대방이 당신을 평소보다 훨씬 더 깊이 믿어야 한다는 것도 확인했다.

당신은 최면이 무력화된 정신을 통해 작동하는 암시일 뿐이라는 사실을 이해했다.

또한 암시와 신체 질병과의 상관관계에 대해서도 알게 되었다. 암시는 신체 세포를 파괴하고 질병을 유발할 수도 있고, 반대로 신체 세포를 회복시키고 병원균을 파괴하는 힘도 있다.

당신은 암시가 사람들의 후각까지 지배할 수 있다는 사실도 배웠다. 내가 학생들을 대상으로 진행했던 실험에서 보면, 실제로는 박하 향기를 풍기는 것이 없는데도 암시를 사용하면 상당수의 학생들이 그 향을 맡게 만들 수 있었다.

뿐만 아니라 누군가의 정신을 무력화시키려면 상대방의 정신 속에 할 수 있다는 자신감을 생겨나게 해야 한다는 것을 이해했다. 아울러 연민의 감정이 자신감을 키울 수 있는 강력한 무기이며, 따라서 진심어린 연민이나 사랑을 표현할 때 상대방의 정신을 쉽게 무력화할 수 있음을 확인했다.

당신은 직원을 꾸짖고 질책하기보다 (암시의 원칙에 의거해) 그를 칭찬하고, 나아가 스스로를 더 나은 사람으로 생각하도록 만들 때, 더욱 바람직한 결과를 얻을 수 있음을 알았다. 당신의 아이디어와 생각을 사람들의 정신에 주입하되, 그들로 하여금 그런 생각과 아이디어가 자신이 '낳은' 것으로 생각하게 만들 때 엄청난 이득이 있음을 배웠다.

4장

주는 대로 받는 불변의 진리

보복의 법칙

NAPOLEON
HILL'S
GOLDEN
RULES

이번 장에서는 심리학에서 가장 중요한 원칙 중 하나를 집중 조명할 것이다. 바로 보복의 법칙이다.

보복이 무슨 뜻인지는 삼척동자도 다 알지만 여기서 말하는 보복은 흔히 알려진 의미와는 다르다. 단순히 앙갚음하거나 복수의 기회를 노리는 것이 아니라, "같은 방법으로 돌려주는" 것을 의미한다.

인간의 정신은 신체의 오감을 통해 정신에 주입된 것과 같은 종류의 무언가를 재생산한다. 이는 대자연과 꼭 닮았다. 특히 받은 것을 '동일한 방식으로 갚아'주려는 성향이 매우 강하다. 즉 친절한 행위에는 친절로 화답하고, 부당하고 불쾌한 행위에는 적대적으로 반응한다. 암시에 반응하든, 아니면 자기 암시를 통해 발현되든 예외가 없다. 인간의 정신은 받아들이는 감각 인상과 조화를 이루는 신체 활동을 지배한다. 쉽게 설명해보면 이렇다. 만약 당신이 내가 어떤 동작을 하기를 원한다면, 당신은 그 동작을 하도록 만드는 감각 인상이나 암시를 내 정신에 심어주면 된다. 가령 누군가가 내 몸이나 마음에 상처를 준다면 내 정신은 전광석화의 속도로 그에게 "받은 대로 돌려주라"고 나 자신에게 지시할 것이다.

보복의 법칙을 공부하다 보면 예상하지도 못한 영역에까지 발을 들이게 되는데, 바로 물리학의 영역이다. 다만 이 굉장한 영역에서 발견된 여러 가지 현상들을 단순히 과학이라는 테두리로 축소시켜 볼 수는 없다. 게다가 지금으로서는 그런 원칙이 만들어진 근본적인 원인을 아무도 이해하지 못한다. 그렇다고 이 특정한 원칙들을 실질적으로 사용하지 못하는 것은 아니며, 우리는 이 사실을 명심해야 한다. 이런 원칙 중 하나가 앞서 심리학의 보편적인 원칙으로 소개한, "유유상종", 이름하여 끌어당김의 법칙이다.

이제까지 어떤 과학자도 이 법칙을 속 시원히 설명해주지 못했지만 그것이 모두가 이미 알고 있는 법칙이라는 사실에는 변함이 없다. 전기를 생각해보라. 우리는 전기가 정확히 무엇인지 모르면서도 전기를 지능적으로 사용하지 않는가? 보복의 법칙도 똑같다. 그것이 무엇인지 정확히 몰라도 우리가 지능적으로 사용하는 데는 아무런 문제가 없다.

많은 저술가가 이 법칙에 관한 연구에 점점 더 많은 관심을 기울이고 있는데, 이는 상당히 고무적인 징후다. 그들이 이 연구를 부르는 명칭은 달라도, 그들 모두가 이 법칙의 가장 근본적인 핵심 원리, "같은 것끼리 서로 이끌린다"라는 점에는 동의한다고 생각한다.

미국의 제28대 대통령 우드로 윌슨Woodrow Wilson(1913~1921년)의 두 번째 부인, 에디스 윌슨Edith Wilson의 글을 보자.

———— "정신을 광범위하게 차지하는 무언가가 목적이라는 이름으로 구체화되는 것은 거의 확실하다. 이렇게 볼 때 정신적인 법칙이 있다고 봐도 무방하지 싶다. 예컨대 어느 날 당신이 어떤 단어를 처음 알게 된다고 하자. 당신이 기억하는 한, 이제까지 그 단어를 듣거나 본 적이 없다. 그런데 일단 그 단어를 알게 된 이후부터는 그 단어를 계속해서 보거나 듣게 된다.

나도 최근에 이런 희한한 경험을 했다. 당시 나는 어떤 주제에 완전히 꽂혀 닥치는 대로 글을 찾아 읽고 자료를 조사하던 중이었다. 다만 내 개인적으로는 관심이 컸지만 대중에게 소개할 만한 매력적인 기삿거리는 되지 못할 것이 확실했다. 게다가 최근의 어떤 간행물에서도 그것이 언급되는 것을 본 기억이 없다. 그런데 내가 그것에 대해 알게 된 이후부터는 다양한 잡지와 신문에서 그것에 관한 이런저런 글을 보게 되었다.

그 법칙이 무엇이건, 당신은 이것이 어떻게 작동하는지 가장 세부적인 부분까지 쉽게 이해할 수 있다.

며칠 전, 한 친구가 우리 집을 방문했다. 친구는 거실로 들어오다가 문턱에서 멈춰 서더니 꼼짝하지 않았다. "꽃!" 친구가 마치 못 볼 걸 본 양 외쳤다. "장미꽃 맞지?" 나는 친구가 꽃같이 쓸데없는 것에 돈을 낭비했다고 야단치는 줄 알았다. 그러나 친구에게는 다른 사연이 있었다. 친구는 화분병이라고도 불리는 장미열rose cold을 앓고 있었다. 그 질환은 건초열hayfever처럼 매년 똑같은 계절만 되면 장미 꽃가루에 알레르기가 있는 사람들을 괴롭힌다. 친구는 "해마다 장미꽃이 피는 6월만 되면 이래. 장미꽃 냄새만 슬쩍 맡아도 20분 가까이 재채기가 나온다니까"라고 말했다. 나는 재빨리 꽃병을 다른 곳으로 치우고 희귀병이 아닌지 물었다. 그러나 친구가 답하길, "아주 흔한 알레르기 질환이야. 내 주변에는 두 명에 한 명꼴로 장미열 때문에 고생하는 걸"이라고 했다. 나는 매일 그 친구만큼이나, 아니 어쩌면 그보다 더 많은 사람을 만나지만 내가 아는 사람 중에 장미꽃 가루 알레르기가 있는 사람은 그 친구뿐이다.

다른 예를 보자. 누군가에 대해 계속 생각했는데 얼마 지나지 않아 그 사람에게서 갑자기 연락이 오거나 만난 적이 있지 않은가? 사실 이런 일은 상당히 보편적인데, 그 이유가 뭘까? 그 사람에 대해 짧게는 몇 달, 길게는 수년간 한 번도 생각하지 않았을 수도 있다. 그렇지만 어느 날부터 계속 생각이 나고 마침내 바로 눈앞에서 그의 그림자를 보게 된다.

나는 이런 현상에 대한 다양한 해석이 있다는 것을 안다. 하지만 어떤 것도 그 현상을 완벽히 만족스럽게 설명하지 못한다. 그것을 이렇게 생각하면 어떨까? 우리가 스스로도 의식하지 못한 채 우주로 무선 메시지를 보내고 답신을 받는 것과 같다고 말이다.

쉽게 말해 비슷한 것끼리 서로 통한다. 불평이 많은 사람에게는 언제나 새로운 불평거리가 꼬이고, 슬픔 속에 사는 사람은 슬퍼할 일이 많다. 또한 시빗거리를 찾는 싸움닭에게는 늘 분쟁거리가 눈에 들어온다. 이런 원리를 어떻게 설명할 수 있을까? 나는 유유상종이라는 말로 설명할 수 있다고 본다.

우리 주변에는 그저 좋은 운을 타고난 사람들이 있기 마련이다. 그들에게는 매사가 술술 풀리는 것처럼 보인다. 극단적인 예로, 그들은 자두가 먹고 싶다고 해서 힘들게 나무 위로 올라갈 필요가 없다. 그저 손만 내밀면 잘 익은 자두가 저절로 그의 손으로 뚝 떨어지는 식이다.

최근에 한 여성을 만났는데, 그녀는 자신과 지인을 비교하면서 운명이 정말 불공평하다고 하소연했다. "나는 수년간 뼈 빠지게 일했고, 걱정했고, 계획을 세우고 아등바등했어요. 나는 무엇도 쉽게 얻는 게 없어요. 죽어라 노력하는 것은 당연하고 대개 천 번은 실망한 뒤에야 하나라도 얻을 수 있어요. 그런데 그녀는 어떤 줄 아세요? 내게는 허락되지 않은 좋은 것들이 죄다 그녀의 발밑에 떨어져요. 그녀는 마치 쇠붙이를 끌어당기는 자석처럼 그런 좋은 것들을 끌어당겨요. 그녀가 내 절반만큼이나 영리하고 나처럼 열심히 일한다면 이렇게 억울하지나 않죠. 세상에 공평함 같은 건 없어요."

그녀는 운명이 불공평하다고 항변했지만, 오히려 그 법칙이 얼마나 공평한지 그녀 스스로 확인해주었다. 나는 운이 좋다는 그 여성과도 잘 아는 사이이기 때문에 둘의 차이도 확실히 안다. 불운하다고 우는 소리를 했던 여성은 언제나 최악을 생각하고 그것에 대비했다. 반면 운이 넝쿨째 굴러온다는 여성은 기분 좋고 즐거운 것들을 기대했고, 그런 것을 당연하게 생각했을 뿐 아니라 온 마음으로 환영했다. 그녀에게는 그것이 일상적인 일이었다. 그런 특성이 둘의 운명을 갈랐다.

살다보면 누구나 되는 일이 하나도 없는 운수 나쁜 날이 있기 마련이다. 우리를 일부러 방해하고 비참하게 만들려고 애쓰는 악의적인 힘이 있다는 말이 아니다. 단언컨대 그런 힘은 없다. 그렇지만 더러는 누군가에게 꼭두새벽부터 밤이슬이 내릴 때까지 불쾌한 상황이 연달아 벌어지기도 한다. 이럴 때는 탓할 대상이 필요하다. 그래서 왜 자신에게 불운이 계속 닥치는지 이유를 이해하는 것보다 그런 악의적인 힘이 있다고 믿는 것이 더 쉽다."

군이 심리학에 통달한 사람이 아니어도 위의 글에 공감하지 않을까? 누구나 그런 경험이 있지 않은가? 그러나 우리 대부분은 그것을 하찮게 여기거나 조금도 중요하게 생각하지 않는다.

나는 위대한 미지의 현상에 간절히 기도한다. 내 기도에는 불경한 마음이 눈곱만큼도 없다. 기도에는 기적을 행하는 강력한 힘이 있고, 나는 기도의 힘을 확고히 믿는다. 그도 그럴 것이 기도가 내게 기적을 행해주었기 때문이다. 물론 나는 조물주든 신이든 사람들이 기도를 통해 호소하는 존재에 관해서는 아무것도 모른다. 하지만 이것 하나는 확신한다. 끈기를 갖고 일관되게 노력한다면, 기도는 모든 장애물을 무너뜨릴 뿐만 아니라 이해할 수 없던 문제들이 어떻게든 비밀을 드러내게끔 만들 거라는 점이다.

지난 4년간 내 기도는 한결같았다. 나는 누군가의 마음속에 있는 진실을 알고 싶었고, 그 정보는 오직 그 사람만 알고 있었다. 그랬기 때문에 그 사람이 알려주지 않는 이상 나로서는 그것을 알 길이 없었다. 영원한 비밀로 남을 가능성이 100퍼센트였다. 내가 기도를 시작한 지 4년이 지난 어느 날, 비밀을 품은 그 사람을 만났는데, 그녀는 그때 내게 놀라운 이야기를 들려주었다. 지난 4년간 이상한 힘이 그녀의 마음을 지속적으로 흔들었고, 내게 어떤 이야기를 털어놓으라고 부추겼다고 했다. 그리고 이제 그 이야기를 내게 털어놓고 싶다고 덧붙였다. 그녀가 들려준 이야기 속에는 내가 지난 4년간 간절히 원했고 기도했던 정보가 담겨 있었다!

또 다른 일화도 있다. 위의 사례와는 완전히 반대다. 이번에는 기도의 놀라운 결과를 얻기까지 1분 30초도 걸리지 않았다. 사업상의 중요한 거래를 위해 상대방의 사무실에서 한창 협상 중일 때였다. 내가 어떤 제안을 건넸으나 상대는 딱 잘라 거절했고, 뒤이어 사무실을 박차고 나갔다. 그가 없는 동안 나는 그를 향해 무언의 메시지를 보냈다. 쉽게 말해 기도했다. 그가 자신의 결정을 번복하게 해달라고. 내 기도는 거의 즉각적인 응답을 받았다. 1분 30초도 지나지 않아 그가 사무실로 돌아오더니, 내가 입을 열기도 전에 자신이 마음을 바꾸었고 내 제안을 받아들이겠다고 선언했다.

"미지의 현상"이라는 주제를 마무리하기 전에 한 번 더 강조하고 싶다. 이런 설명은 어떤 종교적 신념과도 전혀 관련이 없으며, 내가 종교와 관련된 무언가를 직간접적으로 언급할 때는 오직 비교하기 위해서라는 점을 알아주길 바란다.

이 책에서 "기도"라고 부르는, 이 위대한 미지의 현상을 통해 수많은 사람들이 행복과 만족을 찾았다. 내가 이런 이야기를 하는 것은 사람들이 기도에 대해 갖고 있는 믿음을 바꾸고 싶어서가 아니라, 오히려 그 믿음을 강화하기 위해서다.

또한 나는 기도를 순전히 과학적인 현상으로 축소하고 싶은 마음도 없다. 우리의 기도가 어째서, 어떻게 우리가 바라는 경이로운 결과를 만들어내는지는 그다지 중요하지 않다. 자기 암시면 어떻고, 우리의 통제력이 미치지 않는 초자연적인 신성한 힘이면 또 어떤가. 우리의 기도가 그런 경이로운 결과를 만들어낸다는 사실이 중요하다. 신성한 존재에게 기도할 때 우리는 더욱 간절한 **믿음**으로 더욱 **끈기** 있게 기도하는 경향이 있다. 바로 이래서 사람들은 자기 암시의 과학적 원리가 기도라는 위대한 현상을 설명하기에 적절하지 않다고 생각한다.

몇 해 전에 일리노이주 시카고 인근에서 한 농부가 어느 아침 여느 때처럼 일하러 집을 나섰다. 그런데 얼마 가지 않아서 그는 무작정 집에 돌아가야 할 것 같은 이상한 기분이 들었다. 처음에는 찜찜해도 그 기분에 신경을 쓰지 않았지만, 그 느낌이 사라지기는커녕 갈수록 강해졌고 머리에서 떠나지 않았다. 결국 그는 더 이상 참지 못하고 몸을 돌려 집으로 향했다. 집에 가까워질수록 더 빨리 가고 싶어졌고 급기야는 뛰기 시작했다. 집에 들어가 보니, 딸이 목을 베인 채 바닥에 쓰러져 있었다. 딸을 공격했던 범인은 그가 도착하기 몇 초 전에 도망친 뒤였다.

이런 이상한 현상을 어떻게 설명할 수 있을까? 나는 정신적 텔레파시라는 말 외에 도무지 설명할 방법을 모르겠다. 혹시 의심하는 사람이 있을까 봐 하는 말인데, 위의 사례는 실화다. 이와 비슷하게 어떤 생각이 한 사람의 정신에서 다른 사람의 정신으로 옮아가는 정신적 텔레파시의 존재를 강력하게 뒷받침해줄 수 있는 실제 사례는 내가 아는 것만 해도 열 가지가 넘는다. 그처럼 생각이 옮아가는 것은, 무선 전신을 통해 하나의 기계에서 다른 기계로 진동이 전달되는 것과 같은 이치다. 물론 정신끼리 서로의 "주파수"가 조화롭게 맞아야 한다. 이 또한, 무선 기계의 주파수가 적절히 맞춰지듯이 말이다.

나는 이런 사례들을 미지의 현상이라고 부르고 싶다. 그리고 굳이 보복의 법칙과 관련해서 이 사례들을 소개하는 데는 나름의 이유가 있다. 보복의 법칙은 신체의 오감을 통해 작동한다. 이에 나는 당신이 보복의 법칙을 실질적으로 활용할 수 있는 가능성에 대해 진지하게 고려하기를 바란다. 반드시 미지의 현상이나 정신적 텔레파시에 의존해야 하는 것은 아니다. 그런 것 말고도 타인의 정신에 직접적으로 도달하고 영향을 미칠 수 있는 방법이 있다. 보복의 법칙과 암시의 원리를 사용하는 것이다. 암시는 우리가 타인의 정신에 도달하는 방법이고, 보복의 법칙은 우리가 그 정신에 뿌리를 내리고 성장하기를 바라는 씨앗을 심는 수단이다.

내가 당신을 다치게 한다면 어쩔 텐가? 기회가 생기자마자 보복하지 않겠는가? 내가 당신에 대해 안 좋은 소문을 퍼뜨려도 당신은 똑같은 방식으로 돌려줄 것이다. 여건만 허락한다면 온 동네방네 떠들고 다닐 수도 있다. 반대의 경우도 똑같다. 내가 호의를 베풀면 당신은 가능한 한 더 크게 보답해줄 것이다. 결론은? 우리는 "보복의 법칙"을 따라 우리의 선천적인 충동을 충직하게 따른다.

보복의 법칙을 적절히 사용한다면 누구든 당신이 바라는 것을 하게끔 유도할 수 있다. 가령 내가 당신이 나를 미워하고, 내게 해를 입히는 일에 힘을 쏟게 만들고 싶다면, 나는 그렇게 할 수 있다. 당신이 내게 보복해주기를 바라는 방식대로 당신을 대우하면 그만이다. 반대로 내가 당신의 존경과 우정과 협력을 원한다면, 내가 먼저 우정과 협력의 손길을 내밀면 원하는 바를 이룰 수 있다.

보복의 법칙과 관련해서는 모두가 공평하다. 누구도 이 법칙을 피할 수 없다. 의심스럽다면 당신 자신의 경험과 위의 주장을 비교해보라. 그 둘이 완벽히 일치한다는 사실을 인정할 수밖에 없을 것이다.

"저 사람은 인간성이 정말 끝내줘요!"라는 말을 얼마나 자주 듣는가? 당신이 탐내는 성격을 지닌 사람을 얼마나 자주 만났는가?

호감을 주는 성격 때문에 당신이 누군가에게 끌릴 때, 근본적으로 보면 상대방은 두 가지 법칙 중 하나를 사용하고 있을 것이다. 끌어당김의 법칙이나 보복의 법칙이다. 그리고 두 법칙을 깊이 파보면 결국 하나의 사실로 귀결된다. "비슷한 것끼리 모이는" 현상이다.

만약 판매원이 보복의 법칙을 공부하고 이해하며 지능적으로 사용한다면, 판매 왕이 되는 것은 시간 문제다. 보복의 법칙이 단순해도 그것을 완벽히 이해하고 활용하는 법만 체득한다면, 판매 기법에 관해 가능한 모든 것을 다 배운 거라고 봐도 무방하다.

그렇다면 보복의 법칙을 숙달하려면 어떻게 해야 할까? 완벽한 자제력을 기르는 것에서부터 시작해야 한다. 이것은 시작이자 가장 중요한 단계이다. 온갖 종류의 처벌과 모욕을 당해도 자제력이 있으면 "눈에는 눈 이에는 이"의 방식으로 보복하고 싶은 충동을 이길 수 있다. 당신은 그 방법을 반드시 배워야 한다. 이런 자제력은 당신이 보복의 법칙을 완벽히 체득하기 위해 반드시 갖춰야 하는 것 중 하나다.

정당한 사유가 있건 없건 누군가가 화가 나서 당신에게 악담과 욕설을 쏟아냈다고 하자. 물론 똑같이 갚아주고 싶은 마음이 드는 것이 인지상정이다. 그러나 똑같이 보복하면 당신은 그 사람의 정신 수준으로 강등되고, 결국 그 사람에게 지배당한 셈이라는 사실을 명심해야 한다.

반대로 똑같이 갚아주고 싶은 마음을 억누르고, 침착하고 평온한 정신 상태를 유지하면서 냉정을 잃지 않으면 어떻게 될까? 이성적으로 추론하기 위해 필요한 평소의 모든 역량을 그대로 지닐 수 있다. 당신은 상대방의 예상을 철저히 벗어나는 행동으로 허를 찌를 수 있다. 말하자면 그 사람이 사용할 줄 모르는 무기로 보복하는 것이다. 결과는? 당신은 그 사람을 쉽게 지배할 수 있다.

유유상종, 초록은 동색이요, 끼리끼리 모이는 법이다. 이것은 부인할 수 없는 진리다.

그 법칙을 뭐라고 불러도 좋다. 어차피 의미는 하나다. 당신이 접촉하는 모든 사람은, 당신의 정신이 어떤지를 비춰주는 정신적인 거울과 같다. 요컨대 그 거울에 비친 모습이 온전한 당신의 정신이다.

이제는 보복의 법칙을 현실에서 사용하는 방법에 대해 알아보자. 안성맞춤의 사례가 하나 있다. 최근에 내가 첫째와 둘째 아이인 제임스, 블레어와 함께 있었을 때의 일이다.

우리는 새와 다람쥐에게 먹이를 주러 공원으로 가던 길이었다. 블레어는 땅콩 한 봉지를, 제임스는 캐러멜 팝콘 과자 한 봉지를 샀는데, 갑자기 제임스가 동생이 가진 땅콩이 먹고 싶어진 모양이었다. 제임스는 동생에게 물어보지도 않은 채 다짜고짜 손을 뻗어 땅콩 봉지를 잡아채려고 했다. 그러나 성공하지 못했고 오히려 동생에게 "보복"을 당했다. 블레어가 왼손 주먹으로 형의 턱을 야무지게 한 대 친 것이다.

나는 그 당시 보복의 법칙과 관련해 진행 중이던 실험이 불현듯 떠올랐고, 옳다구나 싶었다. 제임스를 타이르며 말했다.

"아들아, 잘 들어 봐. 애초에 네 방식이 올바르지 않았단다. 어떻게 하면 동생의 땅콩을 나눠 가질 수 있는지 아빠가 보여줄게. 제임스, 너 과자 봉지를 열어서 동생에게 팝콘을 먼저 줘보렴. 그리고 동생이 어떻게 나오는지 보자."

제임스가 내 말을 들으려 하지 않아서 한참 실랑이를 벌였지만 결국 내 강요에 못 이겨 동생에게 과자를 먼저 줬다. 그러자 놀라운 일이 벌어졌다. 블레어가 형이 내민 팝콘에는 손도 대지 않고 형의 외투 주머니에 땅콩을 먼저 부어주겠다고 한 것이다. 그렇다. 블레어는 "같은 방식으로 보복했다!" 어린 두 아들과 함께 했던 이 단순한 실험을 통해 나는 양육법에 대해서도 많이 배웠다. 그 사건은 비단 내게만 교훈을 준 것이 아니었다. 제임스와 블레어도 보복의 법칙을 활용하는 방법을 배우기 시작했고, 이제 둘 사이에 몸싸움은 예전보다 훨씬 줄었다.

보복의 법칙이 어떻게 작동하고 어떤 영향을 미치는지에 관한 한, 블레어와 제임스보다 더 뛰어난 전문가는 없다. 어른들은 덩치만 컸지 내면은 아이들과 다르지 않고, 보복의 법칙에 쉽게 영향받는다. 우리는 알게 모르게 "똑같은 방식으로 보복"하는 습관을 아주 보편적으로 사용한다. 이러니 그것을 보복의 법칙이라 불러도 전혀 과하지 않다. 누군가에게서 선물을 받으면 어떤가? 그 선물만큼 좋거나 더 좋은 무언가로 "돌려줄" 때까지 마음이 절대 편치 않다. 누군가가 당신을 좋게 말한다면? 그 사람에 대해 더욱 호감을 갖게 되고 똑같이 "보복"함으로써 보답한다!

이것을 확대시켜 보면, 원수도 충직한 친구로 만들 수 있는 비밀이 보복의 원리에 숨어 있다. 만약 친구로 만들고 싶은 적이 있다면 내 말대로 해보라. 당신의 목에 걸려 있는 "자존심(다른 말로 고집)"은 잊어라. 그 대신에 그에게 아주 정중하고 진심을 담아 말하는 습관을 들여라. 가능한 모든 방식으로 그 사람에게 호의를 보여주기 위해 최선을 다하라. 처음에는 난공불락의 요새요, 달걀로 바위 치기처럼 보일지도 모른다. 그러나 시간이 흐를수록 그 요새에도, 그 바위에도 틈이 생기기 시작할 것이다. 그가 당신의 영향력에 차츰 곁을 내어주고, 마침내 "같은 방식으로 보복"할 것이다! 당신에게 잘못을 저지른 사람의 머리 위에 뒤집어 씌울 수 있는 가장 뜨거운 석탄이 무엇인지 아는가? 바로 친절이라는 석탄이다. 요컨대 원수를 은혜로 갚아 적을 부끄럽게 만들어보라.

————— 1863년 8월 어느 아침, 캔자스주 로렌스의 한 호텔에서 어떤 젊은 성직자는 '자다가 봉변'을 당했다. 달콤한 아침잠에 빠져 있던 그는 누군가가 부르는 소리에 잠에서 깼다. 눈을 떠 보니 총으로 무장한 사람이 서 있고, 그는 그 성직자를 아래층으로 끌고 가 총살하려 했다.

그날 아침 남부 연합 지지자이자 강경한 노예제 옹호론자였던 윌리엄 퀀트럴이 이끌던 게릴라 부대가 그 도시를 공격한 참이었다. 당시 캔자스는 경계 주의 하나였고, 그 성직자가 잠에 빠져 있던 시각에 로렌스의 시 경계 전역에서 주민들이 학살당했다. 일단의 게릴라 전사들이 꼭두새벽부터 들이닥쳐 이른바 로렌스 학살Lawrence massacre(미국 남북 전쟁 당시 노예제 옹호론자들이 노예제 폐지를 주장하는 정착민들이 세운 캔자스주 로렌스를 약탈하고 공격한 사건을 일컫는다. ─역주)을 자행한 것이다.

그 성직자를 깨운 게릴라 전사는 성격이 급했고 서두르라며 닦달했다. 잠에서 완전히 깬 성직자는 창문 너머의 끔찍한 광경을 보고는 완전히 겁에 질렸다. 성직자가 아래층으로 내려가자 전사는 그에게 손목시계와 돈을 내놓으라고 윽박질렀고, 귀중품을 빼앗은 뒤에 성직자에게 노예제를 반대하는지 물었다. 성직자는 너무 무서워 벌벌 떨었다. 그런데 보아하니 자신의 대답이 어느 쪽이든 어차피 자신은 그 자리에서 죽을 목숨 같았다. 그럴 바에야 차라리 거짓말을 하지 않겠다고 결심했다. 그래서 자신이 노예 해방론자라고 대답했고, 그런 다음 어떤 말을 덧붙였다. 그 말이 상황을 급반전시켰다.

로렌스 시내 전역에서 무고한 사람들이 죽임을 당하는 동안 그와 게릴라 전사는 호텔 현관에 나란히 앉아 한참 대화를 나눴다. 마침내 긴 대화를 끝내고 게릴라 전사가 남부 연합군 동지들에게 돌아가기 위해 말에 올랐을 때, 그는 심적으로 상당히 위축된 상태였다. 그는 북부 출신의 그 성직자에게 귀중품을 돌려주었고 무례하게 굴어 미안하다고 사과했으며 너그럽게 이해해달라고 부탁했다.

그 성직자는 로렌스 학살 사건이 벌어진 후에도 한참을 더 살았다. 도대체 그는 그 게릴라 전사에게 무슨 말을 했기에 총살을 피했을까? 그가 어떤 사람이었기에 정반대의 이념을 지지하던 게릴라 전사가 그와 나란히 앉아 한참 동안 대화를 하게 되었을까? 그들은 무엇에 대해 이야기를 나누었을까?

"노예제를 없애려는 북부 사람이냐?"라고 게릴라 전사가 성직자에게 물었을 때, 성직자는 일단 "네, 그렇습니다"라고 대답하고는 이렇게 덧붙였다. "당신도 잘 알리라 생각합니다만, 당신이 하려는 행위는 정말 부끄러운 짓입니다."

이것은 로렌스 사건을 곧장 도덕적인 사안으로 만들었다. 성직자의 그 말이 게릴라 전사의 마음에 커다란 반향을 불러일으켰다. 성직자는 노련한 그 보더 러피안border ruffian(노예주인 미주리주에서 노예제 찬성론자들이 결성한 무장투쟁 단체로 '경계 불한당'이라고도 한다. ─역주)에 비하면 애송이나 다름없었다. 하지만 성직자는 게릴라 전사가 그 사건을 도덕적으로 증명해야 하는 부담을 안겨주었다. 성직자가 노렸든 아니든, 게릴라 전사는 그의 말에 곧바로 반응했고, 그 상황에서 자신이 보이는 것보다 더 나은 사람이라는 사실을 증명하려고 필사적이 되었다.

그 전사는 정치적으로 상충하는 이해관계 때문에 북부 출신의 성직자를 죽이려다가 뜻밖의 상황 전개로 입장이 뒤바뀌었다. 갑자기 증인석에서 자신의 알리바이를 입증해야 하는 신세가 된 셈이었다. 20분 가까이 그는 자신이 얼마나 도덕적인 사람인지 증명하려 애를 썼다. 그런 노력의 하나로, 자신이 살아온 이야기를 장황하게 늘어놓았다. 기도조차 거부하며 엇나가던 어린 시절부터 상황을 차근차근 설명했다. 하나의 사건이 연쇄 반응을 일으키며 다른 사건으로, 그리고 더 나쁜 무언가로 어떻게 이어졌는지 회상할 때는 감정에 약간 북받치기도 했다. 그리고 최종적으로는 그의 말마따나 "어쩌면 나쁠 수도 있는 일에 발을 담그게" 되었다. 그는 떠나면서 마지막으로 성직자에게 부탁 조로 말했다. "저기, 젊은이, 나를 너무 나쁘게는 생각하지 말아주게. 그래주겠나?"

- 노예제 폐지론자였던 J.S. 보턴과 리처드 코들리 목사가
공동으로 집필한 《퀄트럴이 이끌던 무장 단체 미주리주
러피안들이 저지른 로렌스 학살》 중에서

뉴잉글랜드 출신의 그 성직자가 사용한 '무기'가 무엇인지 이제는 알 것으로 믿는다. 맞다, 그는 보복의 법칙을 사용했다. 그가 알았는지 몰랐는지는 중요하지 않다. 만약 그가 손에 권총을 들고 아래층으로 내려와 폭력에 폭력으로 맞섰더라면 무슨 일이

벌어졌을지 생각해보라! 하지만 그는 똑같은 방식으로 보복하지 않았다. 그는 게릴라 전사가 예상하지 못한 힘을 사용해 맞섰던 덕분에 그 사람을 완벽히 제압할 수 있었다.

때로는 적이나 반대 세력을 제압하기 위해 '눈에는 눈 이에는 이'로 대응할 필요가 있을지도 모르겠다. 그러나 적의 손을 마주잡아 갈등을 해결하는 더 나은 방법을 보여주는 것이 완벽한 "보복"이다. 주먹이 날아오길 잔뜩 벼르는 적은 맥이 빠지겠지만 그것이야말로 "보복"을 완성하는 신의 한 수다.

세상의 모든 것은 비슷한 것을 끌어당긴다. 나치 독일은 잔인하고 무모한 정복욕에 휘둘려 온갖 만행을 저지르며 수많은 목숨을 빼앗았다. 그런 독일의 말로가 어떻게 되었는가? 문명화된 거의 모든 세상으로부터 "똑같은 방식으로" 돌려받지 않았나?

주변 사람들이 당신에게 무엇을 어떻게 해주기를 바라는가? 이것은 당연히 당신이 결정할 몫이다. 하지만 그저 바라는 것으로 그쳐서는 안 된다. 보복의 법칙을 통해 그들이 그 일을 하도록 만들어야 한다. 이 또한 당신의 몫이다.

"신의 경제 원리는 자동적이고 매우 단순하다. 우리는 우리가 주는 것만 받는다."

"우리가 주는 것만 받는다"라는 것은 신의 섭리를 넘어 영원 불변의 진리다. 우리에게 돌아오는 것은 우리가 **바라는 것**이 아니라 우리가 **주는 것**이다.

나는 당신이 물질적인 이득만이 아니라 사람들에게 선의를 베풀고 행복을 얻기 위해 보복의 법칙을 사용하기를 간곡히 바란다. 경중을 따지자면 후자가 더 중요하다.

요컨대 이것은 유일하게 추구할 가치가 있는 진정한 성공이다.

• 보복의 법칙 완전 정복

이번 장에서 당신은 정말로 대단한 원칙 하나를 배웠다. 어쩌면 보복의 법칙은 심리학에서 가장 중요한 핵심 원칙일 것이다. '당신이 타인을 어떻게 생각하고 어떻게 대하는가'는 자력을 발생시키는 자석과 같아서 당신이 '주는 것'과 똑같은 것을 당신에게로 끌어당긴다.

당신은 "비슷한 것끼리 끌어당긴다"는 것을 알게 되었다. 생각이 비슷할 수도, 생각을 신체 활동으로 표현하는 것이 비슷할 수도 있다. 어쨌든 모든 것에는 유유상종의 원리가 작동한다. 또한 인간의 정신은 어떤 생각에서든 어떤 인상을 받든 그것과 같은 쪽으로 반응한다는 사실을 확인했다. 뿐만 아니라 인간의 정신은 만물의 어머니인 대지大地를 닮았다는 것도 다시 한 번 확인했다. 콩 심은 데 콩 나듯, 그 정신에 심어진 감각 인상에 정확히 부합하는 종류의 신체 활동을 길러내니 그렇다. 아울러 친절은 친절을, 불친절과 부당함은 불친절과 부당함을 낳는다는 사실도 알았다.

우리가 타인에게 했던 행동이 친절한 행동이든 무례한 행위든, 정의로운 행동이든 부당한 행위든, 더 크게 되돌아온다는 사실을 배웠다. 또한 인간의 정신은 자신이 받는 모든 감각 인상에 대해 동일한 것으로 반응한다는 사실을 확인했다. 이것은 누군가가 당신이 바라는 행동을 하도록 그에게 영향을 미치려면 당신이 먼저 그런 행동을 해야 한다는 깨달음으로 이어졌다. 뿐만 아니라 당신은 보복의 법칙을 건설적인 방식으로 사용하기 위한 필수적인 전제 조건도 알게 되었다. 반드시 "자존심"과 "고집"을 내려놓아야 한다.

우리는 보복의 법칙이 정확히 무엇인지는 확인하지 못했지만 그 법칙이 어떻게 작동하고 어떤 결과를 가져올지는 확실히 습득했다. 이토록 위대한 법칙을 그냥 썩힐 텐가? 그 법칙을 지능적으로 사용할지 말지는 오직 당신 자신에게 달렸다.

+비관론자를 치료하는 약

— J. W. 위글스워스, 마사지 치료사이자 영양학자이며

전자기기를 이용한 심령학 연구의 초기 개척자

사악한 걱정은 독주보다 신체에 더 해롭다.

무엇에 번민하고 화를 내고 두려워하고 걱정하는가?

대개는 아무 일도 아니다.

그런 모든 감정은 무지나 신체의 왜곡된 인식을 보여주는 단순하

고 완벽한 증거다.

신체는 정신의 영향을 받는다.

정신은 신체의 영향을 받는다.

가다듬지 않은 미숙한 정신이 걱정한다.

병든 신체가 걱정을 불러온다.

걱정을 이고 사는 사람은 생각이 미쳐 날뛴다.

생각이 봇물처럼 밀려와 뒤엉켜 서로를 마구잡이로 밀쳐낸다.

생각이 통제 불능으로 치닫는다.

걱정 많은 사람은 성난 바다를 항해하는 배와 같다. 자제력을 잃고

이리저리 사정없이 흔들린다.

걱정에 파묻힌 사람은 신체에 탈이 생긴 것이다.

또는 걱정함으로써 신에 대한 믿음이 부족하다는 것을 드러낼 뿐

이다.

신체가 건강한데도 걱정하는 것은 비겁함의 징후다.

게다가 "나는 나이가 많은 탓인지 일어나지도 않은 일에 대해 걱정을 달고 산다."

두려움은 우리를 얼어붙게 만들고 우리의 모든 기능을 냉동고에 집어넣는다.

두려움에 사로잡히면 모든 것이 멈춘다.

생명을 유지하는 모든 기능이 얼어붙고 그저 얼음처럼 서 있을 뿐이다.

두려움이 뭘까? 단지 그냥 "겁이 나."

두려움은 반드시 대가를 부른다.

미래는 오늘이 아니지만 오늘이 미래를 만든다.

속을 태우고 두려워하면 그런 감정에 어울리는 미래가 만들어진다.

아프고 싶다면 – 신체를 쇠약하게 만들어 파괴하고 싶다면– 모든 것을 두려워하고 걱정하면 된다.

병에 걸린 미래를 만드는 가장 확실한 방법이다. **그냥 될 대로 되라지.**

증오는 신체와 정신을 파괴하는 사악한 에너지다.

흔히 아름다운 외모는 피상적이고 "가죽 한 꺼풀"에 불과하다고 말한다.

"가죽 한 꺼풀"의 아름다움이 증오의 저주에 걸리면, 온몸 "피부 깊숙이" 파고들어 선천적인 기질도 파괴하는 추함으로 변질된다.

증오는 비열하고 수치스럽고 미개하고 혐오스러운 감정이다.

저속하고 비천한 삶을 사는 여인도 증오에 사로잡힌 사람에 비하면 여왕이다.

증오를 품으면 선한 사람이 되지 못한다.

증오에 물들면 합리적으로 생각할 수 없다.

증오에 사로잡히면 생각하지 못한다.

증오의 먹잇감이 되면 먹지 못한다.

증오는 당신의 신체에 자취를 남길 것이요, 당신의 미래에도 흔적을 남길 것이다.

증오에 물든 정신으로는 선한 일을 할 수 없다.

증오를 품으면 온전한 정신이 설 자리가 없고, 오히려 질투심에 사로잡힌다.

당신은 당신의 정신을 신성하게 여겨야 한다. 질투심으로 신성한 정신을 타락시키면 당신은 추하고 정신적으로 불안정할 뿐만 아니라 바람직하지 못한 사회 구성원일 뿐이다.

걱정, 두려움, 증오, 시기심 등은 건강을 파괴하는 4대 약탈자이다.

당신의 신체와 정신 모두는 마땅히 건강해야 한다.

건강하지 못한 신체는 건강하지 못한 정신을 만든다.

건강하지 못한 정신은 건강하지 못한 신체를 만든다.

참된 의사는 이런 것을 고려해야 한다.

좋은 생각은 건강과 부와 행복을 불러온다.

나쁜 생각은 질병과 가난과 지옥을 끌어들인다.

거울을 보고 거울에 비치는 자신에게 미소를 지어라.

5장

모든 것이 시작되는 토양

정신

○ NAPOLEON
HILL'S
G O L D E N
RULES

인간의 정신은 많은 특성과 다양한 성향이 합쳐진 혼합물과 같다. 좋아하는 것과 싫어하는 것, 낙관론과 비관론, 사랑과 증오, 건설적인 것과 파괴적인 것, 친절과 잔인 등은 물론이고 더 많은 특성과 성향으로 이뤄진다. 인간의 정신에는 그 모든 것이 혼재하며, 사람마다 정신을 다루는 특성과 성향은 제각각이다.

• 정신이라는 자원을 활용하는 법

우리 각자가 어떤 지배적인 특성을 지니는가는 주로 환경, 배움과 훈련, 인적 네트워크, 자신의 생각 등에 따라서 결정된다. 그 중에서도 생각이 특히 중요하다. 정신에 영구적인 집을 짓는 모든 생각은, 타인의 정신을 구성하는 특성과 성향 중에서 자신과 가장 닮은 것들을 끌어당긴다. 또한 오랫동안 집중해서 고민함으로써 의식 영역에 각인되는 모든 생각도 그런 자석처럼 작동한다.

앞서 말한 대로 생각은 대지에 뿌려진 씨앗과 같고, 그 본질에 부합하는 작물을 키워내고 증식하며 성장한다. 이를 역으로 생각하면 결론은 명백하다. 정신에 파괴적인 생각을 담는 것은 위험하다. 그런 생각은 조만간 신체 활동을 통해 세상으로 나갈 방법을 모색하기 마련이기 때문이다.

모든 생각은 얼마 지나지 않아 자기 암시의 원리에 의거해서 행동으로 구체화되기 시작한다. 정신에 뿌리를 내리고 정신이 집중하는 생각들이 행동으로 발현될 거라는 말이다.

전 우주의 모든 생명체가 피할 수 없는 법칙이 하나 있다. 자양분과 쓰임의 법칙이다. 이 법칙은 자양분을 공급받지 못하거나 쓰이지 않는 모든 생명체는 필히 죽는다고 규정하며, 이 책에서 소개하는 인간 정신의 특성에도 정확히 적용된다. 모든 생명체가 생존을 위해 햇빛을 필요로 하듯이 정신을 구성하는 특성도 정신 안에서 계속 살아가려면 자양분을 공급받고 활용되어야 한다.

인간 정신을 구성하는 특성이 무엇이든 그것을 발전시키고 싶다면 그 특성에 초점을 맞추고, 그것에 대해 생각하며 그 특성을 사용해야 한다. 이를 비틀어 보면, 인간 정신의 유해한 성향들을 없앨 수 있는 방법을 알 수 있다. 사용하지 않음으로써 굶겨 죽이면 된다. 이른바 '용불용用不用'이다. 나아가 자기 암시를 통해, 정신을 구성하는 건설적인 성향에 끊임없이 집중하면 된다.

자기 암시의 원리는 응용 심리학에서 근본적인 주요 원칙 중 하나다. 이 원리를 적절히 이해하고 작가, 철학자, 교육자, 설교가 등의 도움을 받는다면, 인간의 정신이 건설적인 방향으로 노력하는 데 집중하도록 유도할 수 있다. 그것도 20년이 채 걸리지 않을 것이다.

다시 한 번 강조하지만, 자기 암시의 힘은 이토록 위대하다.

당신은 자기 암시 원리를 어떻게 활용하고 싶은가? 지금은 당신 자신만 따로 떼놓고 생각해보자. 누군가가 자기 암시 원리를 보편적인 교육 과정에 포함시킬 때까지 기다릴 텐가? 아니면 지금 당장 당신과 주변 사람들을 위해 자기 암시 원리를 사용할 텐가? 당연히 선택은 당신의 몫이지만 후자가 당신에게 더 유익하지 않을까? 지금부터라도 당신이 자기 암시의 원리를 공부하고 이해하며 적용하는 것을 그 누구도, 그 무엇도 방해할 수 없다.

인간 정신이라고 부르는 놀라운 힘에 대해 배우고 또 배워라. 정신이야말로 진정한 힘의 원천이자 모두에게 공평한 힘이다. 이 정신이라는 놀라운 자원을 적극적으로 활용한다면, 사소한 걱정과 경제적 궁핍에서 벗어날 수 있다.

나는 지금까지 놀랄 만큼 단기간에 실패를 극복하고 성공을 이뤄낸 사람들을 수없이 봐왔다. 그중 빠른 사람은 몇 시간 만에 실패의 길에서 벗어나 성공의 길에 올랐고, 오래 걸린 사람도 몇 달을 넘기지 않았다. 당신이 원한다면 수천 건의 사례를 들려줄 수도 있다.

누구나 자신의 경제적 운명을 통제할 수도 있다. 이에 대한 증거를 멀리에서 찾지 않아도 된다. 그 증거가 바로 지금 당신의 손에 들려 있다. 이 책은 내가 15년에 걸친 실패의 세월을 견뎌낸 성공의 결과물이기 때문이다.

응용 심리학의 원리들을 이해하고 지능적으로 실천한다면, 누구라도 과거의 실패를 성공으로 전환시킬 수도, 삶에서 바라는 모든 것을 얻을 수도 있다. 또한 인간 정신의 작동 원리를 통달하게 되면 행복을 찾을 수도 있다. 뿐만 아니라 경제학 분야에서 구축된 원칙들을 실천한다면 빠르게 부를 축적할 수도 있다.

인간의 정신에는 신비주의라고 특정할 만한 것은 하나도 없다. 오히려 인간의 정신은 물리학과 경제학에서 확립된 법칙과 원리와 조화를 이루며 기능한다. 당신은 이 세상 어느 누구의 도움 없이도 원하는 대로 당신의 정신이 기능하도록 할 수 있다. 당신 정신의 주인은 바로 당신이다. 당신이 삶에서 어떤 지위에 있건 당신 정신을 통제하는 사람은 바로 당신이라는 말이다. 만일 당신이 스스로를 위해서 정신의 통제권을 타인에게 넘겨주더라도 그 소유권은 당신이 행사해야 한다.

정신의 위대한 힘에 대해 배우는 것을 게을리 하지 마라. 그렇게 한다면 당신은 두려움의 저주에서 벗어나 영감과 용기로 충만해질 것이다.

• 보복의 법칙을 어떻게 사용해야 할까?

명성을 얻거나 부를 축적하려면 주변 사람들의 협조가 필수적이다. 또한 높은 지위와 막대한 부를 얻은 뒤에도 그것을 영원히 유지하려면 반드시 주변 사람들의 인정이 따라주어야 한다.

주변 사람들의 선의가 없다면 누구도 명예로운 지위를 유지할 수 없다. 또한 그들의 동의 없이 막대한 부를 유지하는 것은 어불성설이다. 아니, 유지는 고사하고 유산을 받지 않는 한 애초에 그런 부를 축적하는 것조차 불가능한 일이다. 요컨대 돈이든 지위든 그것의 달콤한 열매를 마음 편히 즐길 수 있는가 하는 것은 당신이 당신에게로 얼마나 많은 사람들을 끌어당기는가에 달려 있다. 가령 자신이 관계 맺는 모든 사람에게서 선의를 이끌어내는 사람이 있다고 하자. 이런 사람은 자신과 상호작용하는 사람들이 가진 재능의 한도 내에서 무엇이든 가질 수 있다. 그러고 나면 그들의 마음을 관통해서 명성과 부 모두로, 또는 둘 중 하나로 이어지는 고속도로가 열린다.

물론 보복의 법칙을 사용하지 않고도 사람들의 선의를 얻을 수 있는 방법이 있을지도 모르겠다. 하지만 행여 있다고 해도 나는 이제껏 그런 것은 보지 못했다. 이런 주고받음, 보복의 법칙에는 추측도, 불확실성도, 우연의 요소도 없을 뿐 아니라 이것은 확률의 문제도 아니다.

이제 공은 우리에게 넘어 왔다. 보복의 법칙을 어떻게 사용해야 그 법칙에 뒤통수를 맞지 않고 우리에게 이로울지 알아내는 것은 우리의 숙제다. 그렇다면 인간의 마음과 관련해 누구나 아는 사실에서 시작하자. 앞에서도 말했듯이 인간의 마음은 누군가에게 받은 대로 똑같이 되갚아주는 경향이 있음을 명심해야 한다. 우리에게 협력하는 사람에게는 우리도 협력할 것이요, 우리를 적대시하는 사람은 우리도 적대시할 것이다. 누군가를 적대시하면 상대방도 똑같은 방식으로 보복하고, 누군가를 친구로 대하거나 그에게 친절을 베풀면 상대방도 똑같은 방식으로 돌려줄 것이다. 이것은 2 더하기 2가 4인 것만큼이나 분명한 진실이다.

간혹 보복의 법칙대로 반응하지 않는 사람이 있을 수 있다. 신경 쓰지 마라. 그 사람은 그저 예외 없는 규칙이 없다는 속담 속의 주인공일 뿐이다. 평균적으로 보면 대다수 사람들은 거의 무의식적으로 보복의 법칙대로 반응한다.

어깨에 각목을 올리고 다니며 시빗거리를 찾는 사람은 그저 재미삼아 그 각목을 건드리는 사람을 하루에만도 족히 수십 명은 만나게 되어 있다. 만일 당신도 누구라도 걸리기만 해 봐, 하는 태도로 사람들을 시비조로 대해본 적이 있다면, 무릎을 탁 칠 것이다. 본래 세상 이치가 다 그렇다. 누구에게라도 미소 띤 얼굴로 친절하게 말하면 많은 사람들의 호감을 얻고, 정반대로 행동하면 미움받는다는 것에 굳이 증거가 필요할까?

이런 보복의 법칙은 우주 만물에 적용되는 강력한 힘으로서 상대를 끊임없이 끌어당기고 밀쳐낸다. 하물며 땅에 떨어진 도토리에도 그 법칙이 작용하지 않는가? 따뜻한 햇볕에 반응해 도토리에서 작은 떡잎 두 개를 단 싹이 나와 무럭무럭 자란다. 또한 도토리는 그 싹이 튼튼한 떡갈나무로 성장하기 위해 필요한 요소들을 끌어당긴다.

인간의 뇌에 둥지를 트는 모든 생각도 작은 도토리와 다르지 않다. 건설적인 것이든 파괴적인 것이든, 친절한 것이든 무례한 것이든, 생각은 자신과 같은 종류의 요소들을 끌어당긴다. 온 정신이 증오와 적의로 가득 차 있으면서 정반대의 감정이 싹트기를 기대하는 것은 도토리가 버드나무로 성장하기를 기대하는 것과 같다.

우주 전체에서 물질의 형태를 띠는 모든 것은 끌어당기는 힘을 발휘하는 원천에게로 끌린다. 인간도 그렇다. 지적 능력과 성향이 비슷한 사람들끼리 서로 끌리는 것은 누구도, 무엇도 말릴 수 없다. 인간의 정신은 자신과 조화를 이루고 비슷한 성향을 가진 다른 정신하고만 관계를 맺는다. 이는 당신이 어떤 종류의 사람을 끌어당기는지는 당신의 정신이 어떤 성향을 가지고 있는가에 달려있다는 뜻이다. 다행히도 그런 성향을 통제하는 주인은 바로 당신 자신이다. 따라서 당신은 당신이 원하는 사람들을 끌어당길 수 있도록 당신의 정신이 그에 맞는 성향을 갖게끔 만들어야 한다. 사귀는 친구를 보면 그 사람을 알 수 있다는 속담도 있지 않은가. 이것은 자연의 섭리이며 만고불변의 진리이다. 또한 당신이 의식적으로 사용하든 아니든 그 법칙은 항상 작용한다.

• 부자가 되는 열쇠는 결국 주변 사람들에게 있다

철강왕으로 유명했던 앤드루 카네기는 살아생전 수백만 달러를 기부하고도 세상을 떠날 때 수억 달러의 재산을 남겼다. 수많은 사람들이 카네기의 어마어마한 재산을 부러워했다. 그리고 훨씬 더 많은 사람들이 카네기처럼 부자가 될 수 있는 계획이나 방법을 알아내려고 자신의 뇌를 혹사시켰다.

앤드루 카네기가 재산을 어떻게 축적했는지는 내가 알려줄 수 있다. 어쩌면 카네기의 방법에서 당신이 부자가 되는 데 도움이 됨직한 아이디어를 얻을지도 모르겠다. 카네기의 비법을 해부하기 전에 한 가지를 꼭 기억하자. 카네기가 보통 사람들보다 선천적인 능력이 뛰어난 것은 아니었다. 그는 타고난 천재가 아니었고, 그의 행동 중에서 대부분의 사람들이 모방할 수 없는 것은 없었다.

앤드루 카네기의 성공 비법은 이것이었다. 그는 다른 사람들의 두뇌를 선택하고 결합시키며 관리함으로써 막대한 부를 쌓았다. 이는 그가 젊은 나이에 깨쳤던 두 가지 깨달음에서 비롯했다. 첫째, 철강업을 포함한 모든 사업은, 한 사람의 천재적인 재능보다 더 많은 재능이 반드시 필요하다. 둘째, 대부분의 산업과 사업은 최소 두 종류의 사람들, 관리자caretaker와 기획자promoter가 필수적으로 있어야 한다. 카네기는 그 두 가지 사실을 염두에 두고 자신이 원하는 사람들을 직접 뽑아서 조직하고 이끌었다. 또한 그들이 최선을 다하겠다는 열정과 열의를 끝까지 유지하도록 만들었고, 그들 서로는 물론이고 카네기 자신과도 협력하도록 유도했다.

다른 사람들의 두뇌를 사용하지 않고 카네기처럼 막대한 부를 축적하겠다는 꿈을 꾼다고? 아서라. 한 사람의 두뇌가 다른 여러 두뇌의 도움을 일절 받지 않고 오직 단독으로 생산하고 축적하며 소유할 수 있는 양은 상대적으로 미미하다. 그러나 여러 사람들의 정신을 고도로 조직화하고 그와 조화롭게 행동한다면, 한 사람의 두뇌가 축적하고 통제할 수 있는 양은 사실상 무한대다.

부자가 되고 싶다면 당신에게 없는 뇌력腦力을 지닌 사람들을 끌어당기는 법을 배워라. 가령 당신이 기획자 유형이라면, 사람들을 선택할 때 최소한 일부라도 관리자 유형을 포함시켜야 한다. 동업 관계든 조직이든 톱니바퀴처럼 잘 굴러가며 성공하려면 성공에 필수적인 모든 특성을 갖춰야 한다. 그런 능력을 지닌 다양한 인재를 끌어들여야 한다는 뜻이다. 어떤 사람은 조직의 가치를 창출할 수 있되 그것을 유지할 줄 모른다. 또 다른 사람은 조직의 가치를 유지할 수는 있지만 그것을 창출할 줄 모른다. 그러므로 관리자 유형과 기획자 유형이 조화를 이루며 일할 때 조직은 가치를 창출할 수 있고 그것을 유지할 수 있다.

성공에 필요한 재능 하나는 차고 넘치는데 다른 모든 필수 재능이 거의 또는 전혀 없는 사람이 조직을 운영한다면, 그 조직의 운명은 보나마나 가시밭길이다. 실제로 오직 그 이유만으로 고전하며 비틀거리다가 결국 파산의 멍에를 쓰고 역사의 뒤안길로 사라진 기업이 많다. 기업이 성공하려면 자본 이상의 무언가가 필요하다. 다양한 재능을 지닌 두뇌들이 균형을 이루며 호흡을 맞춰야 한다. 그것도 다양한 수준의 관리자 유형과 기획자 유형이 절묘하게 어우러져야 한다.

● 악을 선으로 갚아 악순환의 고리를 끊어라

누군가가 당신을 화나게 만들면 어떻게 하는가? 당신이 보통 사람들과 다르지 않다면 그 사람을 반격하는 데 시간과 에너지를 쓸 것이다. 이제부터는 그런 엄청난 힘을 건설적인 방향으로 써보지 않을 텐가? 무언가를 무너뜨리는 것이 아니라 무언가를 건설하는 데에 투자하라는 말이다. 이렇게 하면 우리는 누구의 도움 없이도 충분히 부자가 될 수 있다.

나는 보통 사람들이 아무 쓸모없는 파괴적인 노력에 일생의 75퍼센트를 쓴다고 생각한다.

당신에게 해를 입히고 잘못을 저지르는 사람을 벌할 수 있는 진정한 방법은 하나밖에 없다. 악을 선으로, 원수를 은혜로 되갚는 것이다. 누군가의 잔인한 행위를 응징하기 위해 그에게 쏟아부을 수 있는 가장 뜨거운 석탄이 친절한 행동이라는 점을 명심하라.

증오하는 것은 순전히 시간 낭비일 뿐이다. 게다가 증오는 한술 더 뜬다. 인간의 마음에서 오직 가치 있는 감정들만 족집게처럼 골라 고사시키고 건설적으로 행동할 수 없게 만든다. 증오에 물든 생각은 오직 한 사람, 그 생각에 탐닉하는 본인에게만 해를 입힌다.

증오와 분노의 감정이 인간의 신체에 미치는 해악은 술과 마약에 견줘도 모자라지 않는다. 편협함, 이기심, 탐욕, 사소한 질투심 등을 초월할 정도로 현명하고 도량이 넓은 사람은 운이 좋다. 그런 네 가지 부정적인 감정은 인간의 영혼에서 더 나은 방향의 충동을 없애고, 그 대신 인간의 마음이 폭력을 받아들이도록 만든다는 점에서 사거지악四去之惡이라고 불러도 좋다.

나는 분노의 감정으로 뭐라도 이득을 보았다는 사람은 들어본 적도 본 적도 없다. 훌륭한 영혼이 깃든 사람은 대개가 쉽게 노여워하지 않고 주변 사람 중 누군가를 파괴하거나 그가 하는 일을 무너뜨리려는 시도를 절대 하지 않는다.

신체적으로든 정신적으로든 자신에게 상처 준 사람을 용서하고 진실로 잊을 수 있는 사람은 모두의 부러움을 한 몸에 받는다. 그런 영혼이 누리는 행복감은 대부분의 사람들은 결코 경험할 수 없다.

> "사람들이 나를 미워하는 까닭은 내가 숨김없이 있는 그대로 말하기 때문이다. 하지만 그들의 증오야말로 내가 진실을 말한다는 가장 확실한 증거가 아닐까? 이것이 문제의 본질이고 그들이 나를 비방하는 이유다. 당신도 이번 조사에서 그것을 알게 될 것이다. 행여 이번에는 모르더라도 앞으로 언제든 조사할 기회가 있으면 알게 될 것이다."
>
> —소크라테스

6장

부와 성공을 이룬 사람들의 공통점

자신감

NAPOLEON
HILL'S
GOLDEN
RULES

자신감을 기르는 과학적 원칙에 의거해 부와 성공을 거머쥔 사람들은 수없이 많다. 이번 장의 교훈은 흥미로운 역사를 가지고 있다. 이를 지팡이 삼아 삶의 방향성을 찾았다고 내가 확인해 줄 수 있는 사람만 해도 줄잡아 100명이 훨씬 넘는다.

어려움에 처한 이들에게 친절하고 인정을 베풀 줄 아는 사람 가까이에는 언제나 본받을 만한 매력적인 인격을 가진 누군가가 있다.

이 글의 도움을 받아 실패를 곧바로 성공으로 전환시킨 가장 놀라운 사례부터 알아보자. 때는 제1차 세계대전 중이었다. 어느 날 한 부랑자가 내 사무실을 찾아왔다. 그는 몹시 위축된 모습이었고, 양손으로 모자를 꼭 쥔 채 문간에 서 있었다.

내가 25센트 동전 하나를 주려는 순간, 뜻밖에도 그가 주머니에서 뭔가를 꺼내 나를 깜짝 놀라게 만들었다. 그것은 갈색 표지의 작은 책이었다. 제목이 《자신감을 기르는 공식》이었던 그 책은 꽤 오래전에 내가 응용 심리학 교재로 작성한 글에서 일부 발췌해 소책자 형태로 출간했던 것이었다. 그가 말했다. "어제 오후에 이 작은 책이 제 수중에 들어왔습니다. 이는 운명이라고밖에 설명할 수가 없습니다. 당시 저는 미시간 호수 인근에서 하룻밤 노숙하러 가던 길이었는데 누군가가 이 책을 주더군요. 저는 단숨에 다 읽었습니다. 책을 읽은 후 아무것도 할 수 없었고 생각만 많아졌습니다. 다만 저는 다시 일어설 수 있다는 희망이 생겼습니다. 선생님만 괜찮으시다면 제가 다시 시작할 수 있도록 도와주십시오."

나는 그 부랑자를 찬찬히 다시 뜯어보았다. 그의 행색은 이제껏 내가 만난 사람 중에 거의 최악이었다. 수염은 덥수룩했고, 걸치고 있던 옷은 심하게 구겨진 데다 옷깃도 없는 누더기 같았으며, 신발은 뒤축이 닳아 있었다. 한마디로 상거지가 따로 없었다. 그런 그가 차마 나로서는 도저히 거절할 수 없는 부탁을 해온 것이다. 우선은 그에게 들어와 앉으라고 권했다. 솔직히 그를 위해 무엇을 해줄 수 있을지 감조차 잡히지 않았지만, 행여 그가 상처받을까 봐 차마 입 밖에 내지 못했다.

먼저 그에게 어쩌다가 길거리를 떠도는 부랑자가 되었는지 말해달라고 요청했다. 그의 이야기를 간략히 줄이면 이랬다.

제1차 세계대전이 발발하기 전에 그는 미시간주 북부에서 공장을 운영하던 성공적인 사업가였다. 그러나 전쟁으로 말미암아 공장이 파산했고, 그동안 모아놓은 저축과 사업이 한꺼번에 날아갔다. 그 모든 일이 그의 심장을 갈기갈기 찢어놓았다. 이제 자신에 대한 믿음을 잃은 그는 가족을 버리고 가출해 거리의 삶을 살고 있었다.

이야기를 듣고 나니 그를 도울 수 있는 좋은 방법이 생각났다. 먼저 이렇게 말했다. "선생님의 안타까운 사연은 아주 잘 들었습니다. 선생님을 위해 뭐든 해드리고 싶지만 솔직히 제가 할 수 있는 일이 하나도 없습니다." 그런 다음 나는 몇 초간 그를 바라보았다. 그는 핏기가 가신 얼굴로 곧장이라도 기절할 것 같았다. 그래서 내가 얼른 덧붙였다. "그런데 이 건물에 선생님께 소개해줄 사람이 있습니다. 그 사람이라면 반년이 지나기 전에 선생님을 다시 일으켜 세워줄 수 있습니다. 그러나 조건이 있습니다. 선생님은 그를 믿고 의지해야 합니다." 그는 절박한 마음에 지푸라기 잡듯이 내 말을 자르고 끼어들었다. "제발 그 사람에게 데려다주십시오." 나는 그를 내 실험실로 데려가서 드리워진 커튼을 마주보고 서게 한 다음, 손을 뻗어 커튼을 한쪽으로 젖혔다. 그는 내가 소개해주겠다고 약속했던 사람과 정면으로 마주보게 되었다. 커튼 안쪽에는 큰 전신 거울이 세워져 있었고, 거울 속에는 바로 그가 서 있었다. 그는 거울에 비친 자신의 눈을 똑바로 쳐다보았다.

나는 거울을 가리키며 말했다. "저기 저분이 이 세상에서 선생님을 도와줄 수 있는 유일한 사람입니다. 여기 앉아서 저분을 똑똑히 쳐다보세요. 그리고 저분 내면에 있는 강인한 힘을 느껴보세요. 못 하시겠다면 이대로 나가서 '미시간 호숫가에서 노숙하시는' 게 나을 겁니다. 당신은 자신에게도 어느 누구에게도 쓸모없는 사람이 될 것이기 때문입니다."

그는 천천히 걸음을 떼며 거울 앞으로 바짝 다가가 덥수룩한 수염으로 뒤덮인 자신의 얼굴을 문질렀다. 그런 다음 뒤로 물러났는데 어느 샌가 눈물이 그의 볼을 타고 흐르기 시작했다.

잠시 후 나는 그를 돌려보냈고, 다시 볼 거라는 기대는 하지 않았다. 그런데 얼마 후 시카고의 거리에서 그를 만났다. 그는 완전히 딴사람이 되어 있었다. 45도 각도로 턱을 들고 고개를 꼿꼿이 세운 채 빠른 걸음으로 걸었고, 머리에서부터 발끝까지 새 옷으로 단장한 채였다. 그는 성공한 사람처럼 보였다. 더욱이 자신만만한 걸음걸이에서 스스로를 성공한 사람으로 생각하고 있다는 것이 묻어났다. 그는 나를 발견하고 성큼성큼 걸어와 악수를 청했다.

그가 말했다. "힐 선생님이 제 삶을 통째로 바꿔놓으셨습니다. 선생님께서 저를 제 자신으로부터 구해주셨습니다. 저를 제게,

진정한 제 자신에게 소개해주신 덕분입니다. 솔직히 그때까지 진정한 제 자신을 알지 못했습니다. 조만간 선생님을 찾아뵙겠습니다. 오래 기다리지 않으셔도 될 겁니다. 성공한 모습으로 꼭 돌아오겠습니다. 그리고 다시 선생님을 뵈면 수표 한 장을 드리겠습니다. 수령인 란에는 선생님 성함이, 발행인 란에는 제 이름이 적혀 있을 겁니다. 그리고 백지수표일 겁니다. 선생님이 원하시는 액수를 적으면 됩니다. 제 인생에서 가장 큰 전환점을 마련해주신 선생님에 대한 제 깊은 고마움의 표시입니다."

그는 그 말을 남기고 시카고의 혼잡한 거리로 사라졌다. 떠나는 그의 뒷모습을 보면서 나는 그를 다시 볼 수 있을지 궁금해졌다. 또한 그가 정말 성공할지도 궁금했다. 딱히 뭔가를 기대해서가 아니라 그저 자꾸 궁금해졌다. 마치 《아라비안 나이트》를 읽을 때 다음 이야기가 궁금해지는 것과 거의 비슷한 심정이었다.

내가 앞에서 가장 놀라운 사례를 들려주겠다고 장담한 이유가 바로 여기에 있다. 이제는 그 이야기의 마침표를 찍어보자.

그는 정말로 다시 찾아왔다. 그것도 자신이 호언했던 대로 성공해서 말이다. 요즘은 대부분의 사람들이 그의 이름을 안다. 그는 경이로운 성공을 거뒀고 미국 전역에 알려진 기업의 최고 자리에 올랐다.

오늘날 나는 내가 출간하는 잡지에 그가 자신의 이야기를 기고해주기를 설득 중이다. 그의 사례가 많은 사람들에게도 영감을 주고 도움이 될 수 있어서다. 나는 정말로 그가 직접 자신의 이 야기를 들려주길 간절히 바란다. 예전에 그가 그랬듯, 지구상에 서 자신을 위해 뭔가를 해줄 수 있는 유일한 사람, 자기 자신에 대한 믿음을 잃어버린 사람이 셀 수도 없이 많기 때문이다. 그들도 그의 경험을 통해 자신을 찾을지 누가 알겠는가?

• 자신감을 기르는 일곱 가지 공식

이제 다시 처음으로 돌아가자. 가장 깊은 절망의 나락에 떨어졌던 그 사람을 일으켜 세워 이처럼 놀라운 변신을 가능하게 해준 글이 어떤 건지 궁금하지 않은가?

잘만 활용한다면 이 글은 당신 평생에서 가장 유익한 교훈이 될 수도 있다. 당연한 말이지만 성공을 위해서는 다양하고도 많은 자질이 필요하다. 그중에서도 가장 필수적인 성격적 특성은 자신에 대한 믿음, 즉 자신감이다. 그리고 자신감을 키우려면 두 가지 원칙의 도움을 받아야 한다. 자기 암시와 집중이다. 지금부터 이 두 가지를 적용해 자신감을 기르는 방법을 알아보자.

모든 사람이 열망하는 큰 목표는 얼추 두 가지로 추려진다. 하나는 행복해지는 것이고 다른 하나는 물질적인 부를 축적하는 것, 쉽게 말해 부자가 되는 것이다.

자신감을 기르는 것이 얼마나 중요한지 이해하려면 선행되어야 하는 것이 있다. 자신감 없이는 위의 두 가지 삶의 목표 중 어느 것도 달성할 수 없다는 사실부터 깨달아야 한다. 아무리 노력해도 자기 자신을 믿지 않으면 행복해질 수 없다. 가용한 모든 힘을 쏟아 부어도 스스로를 믿지 않으면 원하는 만큼 큰 부자가 될 수는 없다.

이 넓은 세상에서 오직 단 한 사람만이, 어떤 상황에서도 당신의 행복을 위해 노력을 아끼지 않고, 당신이 합법적으로 물질적인 부를 축적하도록 최선을 다해 돕는다. 그 사람이 바로 당신 자신이다.

이 위대한 진리를 완벽히 깨닫는 것이 시작이다. 그래야 당신은 영감이라는 짜릿하고 새로운 감정으로 충만해질 수 있다. 또한 이제까지 당신 안에 있는지도 몰랐던 엄청난 활력과 힘을 조우하게 될 것이다.

용기를 내 더 많은 일을 시작할테니 더 많이 이룰 수 있다. 어쩌면 생전 처음으로, 원하는 것이 무엇이든 그것을 달성할 능력이 당신 안에 있다는 사실을 깨달을 것이다. 어떤 일이건 당신이 이룬 성공에서 다른 사람보다 당신의 역할이 매우 중요하다는 사실을 이해하게 될 수도 있다.

《랄프 왈도 에머슨의 에세이》에 실린 〈자기 신뢰〉를 꼭 읽어보라. 새로운 영감과 열정과 결의가 당신을 가득 채울 것이 확실하다. 그 다음 보상에 관한 글도 읽어보라. 그 두 편의 에세이에서 당신은 놀랍도록 유익한 몇 가지 진실을 발견할 수 있다.

자신감을 기를 때 가장 먼저 해야 하는 여러 단계 중 하나는, 당신이 무슨 일을 시도해도 결국 실패할 거라는 생각을 머릿속에서 완전히 지우는 것이다. 두려움은 당신과 자신감 사이를 이간질하는 가장 부정적인 힘이다.

당신의 뇌 속에는 천재가 잠자고 있다. 그 천재를 깨울 수 있는 방법은 딱 하나다. 자신감을 발휘하는 것이다. 잠자는 숲속의 공주가 왕자의 입맞춤에 깨어나듯 잠자는 그 천재도 자신감의 입맞춤에 눈을 뜬다. 그리고 일단 그 천재가 깨어나면 당신도, 당신을 아는 모든 사람들도 깜짝 놀랄 일이 벌어진다. 당신은 자신이 무엇을 성취할 수 있는지에 놀라고, 지인들은 당신의 달라진 모습에 놀랄 것이다. 어떤 장애물에도 꺾이지 않는 굉장한 힘이 당신을 도울 것이고 당신은 모든 장애물을 뛰어넘어 성공을 향해 돌진할 것이다.

전 세계의 성공한 사람들을 면밀히 분석한 뒤에 그들의 공통된 지배적인 특성을 하나 찾았는데, 그것이 바로 자신감이었다. 아래에 열거해두었지만 자신감을 기르는 로드맵은 일곱 가지 공식으로 이뤄진다. 자신감의 핵심은 의식 영역에 생각이나 욕구를 단단히 주입한 다음, 그것이 실현될 때까지 의식 영역에 계속 머물도록 만드는 데 있다. 아래 로드맵의 최종 목적이 바로, 자기 암시와 집중을 통해 그렇게 할 수 있도록 만드는 것이다. 이 공식은 과학적이고 정확한 것이니 안심해도 좋다. 또한 전 세계 내로라하는 과학자들이 수천 번의 실험을 거쳐 효과를 증명했으니 믿어도 좋다. 그래도 이 일곱 가지 공식의 효과에 의문이 생긴다면 당신이 직접 해보면 된다. 이미 수백 명의 사람들이 실천하고 있다. 당신도 모든 공식을 외워 매일 실천해보라.

1. 나는 내가 시도하는 모든 것을 성취할 능력이 있음을 안다. 내가 성공할 수 있는 유일한 방법은 그 능력을 믿고 열정적이고 적극적인 행동으로 그 믿음을 끝까지 증명하는 것이다. 고로 나는 나 자신을 믿을 것이다.

2. 나는 내 생각들이 결국에는 물질적인 형태와 실체로 발현되고, 세상에서 물리적으로 구체화된다는 것을 이해한다. 따라서 날마다 내가 되고 싶은 모습에 대해 생각하고 심상으로 그 모습을 정확히 표현하며, 그것을 실현시키는 데에 집중할 것이다. (여기서 당신이 평생을 바치기로 선택한 일이나 당신 삶의 "중점 목표"를 상세히 설명하라.)

3. 나는 삶의 바람직한 것들을 내게로 끌어당기는 근본적인 원칙들을 반드시 숙달할 것이다. 지금은 그 확실한 목표를 달성하기 위해 공부하며, 이런 시간을 통해 나 자신을 더욱 신뢰할 뿐만 아니라 더욱 긍정적이고 쾌활한 사람이 되어간다. 주변 사람들에 대한 공감 능력을 키우고 정

신적으로 신체적으로 더욱 강해지는 중이다. 웃는 시늉을 하는 것이 아니라 진심에서 우러나와 웃는 법을 배우고 있다.

4. 나는 뭔가를 시작하고 끝내지 못하는 나쁜 습관과 전쟁 중이고 이 싸움에서 승리할 것이다. 지금 이 순간부터는 뭔가를 시작할 때 먼저 철저한 계획을 세우고 그것에 대한 명확한 심상을 그릴 것이다. 그런 다음 계획을 실천하고 마침내 실현시킬 때까지 그 무엇도 내 계획을 방해하도록 내버려두지 않을 것이다.

5. 나는 향후 5년간 추진하고 싶은 일을 실현하기 위해 명확한 로드맵을 작성했고 계획도 세웠다. 5년간 해마다 내가 제공하는 서비스의 적정한 가격을 결정했다. 그 돈을 당당히 요구할 수 있도록 효율적이고 만족스러운 서비스를 제공한다는 원칙을 엄격히 준수할 것이다.

6. 나는 "황금률" 원칙들을 철저히 적용할 때에만 진정한 성공을 이룰 수 있다고 확신한다. 따라서 모든 관련자들에게 엇비슷한 이득을 돌려주지 못한다면 어떤 거래에도 발을 담그지 않을 것이다. 성공하기 위해 내가 사용하고 싶은 힘들을 내게로 끌어당길 것이다. 내가 먼저 봉사함으로써 사람들이 내게 봉사하도록 만들 것이다. 내가 먼저 친절을 베풀고 친구가 되고자 손을 내밀어 주변 사람들의

우정을 얻을 것이다. 정신에서 용기를 길러 두려움을 완전히 몰아낼 것이다. 믿음을 쌓아 회의와 의심을 근절시킬 것이다. 인류에 대한 사랑을 키워 증오와 냉소를 뿌리 뽑을 것이다.

7. 나는 자립할 뿐만 아니라 나 자신을 명확하고 간결하며 단순한 언어로 표현하는 법을 배울 것이다. 아울러 사람들에게 확신을 주기 위해 힘과 열정을 담아 설득력 있게 말하는 법을 익힐 것이다. 내가 먼저 관심을 보임으로써 사람들이 내게 관심을 갖도록 만들 것이다. 이기심에서 벗어날 것이며 봉사의 정신을 함양할 것이다.

위에서 두 번째 공식을 특히 주의 깊게 살펴보자. 여기에서는 반드시 "중점 목표"를 명확하고 분명하게 설명해야 한다. 그 목표를 의식 영역에 의도적으로 주입하는 것은 자기 암시의 원리를 사용한다는 뜻이다. 위의 공식들을 확실히 외워 항시 '출격할 준비'를 해두어라. 그렇게 하면 필요할 때 순식간에 정신의 의식 영역으로 소환할 수 있다. 그리고 하루에 여러 번 그것을 당신의 의식 영역으로 불러들인다는 것은 집중의 원칙을 사용한다는 뜻이다.

비난을 피하는 확실한 방법이 있다. 아무것도 되지 않고 아무것도

139

하지 않는 것이다.

거리를 청소하는 일을 구하고 야망을 죽여라. 이것은 불패의 법칙
이다.

우리의 정신은 카메라의 감광판을 닮았을지도 모르겠다. 그
렇다면 우리가 뚜렷하고 명확한 사진으로 남기고 싶은 피사체는
무엇일까? 바로 정신의 맨 앞에 놓인 "중점 목표"이다. 잠재의식
영역의 감광판이 그 피사체를 포착해 영구적인 영상으로 만들
때, 우리는 새로운 현실을 맞게 된다. 우리 신체의 모든 행위와 움
직임이 그 영상을 물리적인 현실로 전환시키는 데에 앞장설 것
이다.

요컨대 인간의 정신은 먼저 자신이 원하는 것의 심상을 그리
고, 그다음 그것을 획득하도록 신체 활동을 지배한다. 그러므로
의식 영역에 두려움의 그림자도 얼씬거리지 못하게 해야 한다.
정신의 의식 영역과 두려움의 관계는 음식과 독의 관계와 같다.
음식에 독을 타지 않을 것 아닌가? 두려움은 당신과 자신감 사이
를 가로막는 장애물이자 독이다.

자신감을 구축하는 위의 로드맵을 기억에 단단히 각인시키고
하루에 최소 두 번 큰소리로 말하는 습관을 길러라. 생각이 신체
를 지배하기 때문에 그렇다. 우리의 신체는 생각의 지시를 받아
그 생각에 부합하거나 그에 적절한 활동을 하게끔 되어 있다는

이야기다. 더욱이 생각을 긍정적인 말로 확언해주면 말로써 표현하지 않았을 때보다 훨씬 짧은 시간 안에 현실로 구체화할 수 있다. 한 걸음 더 나아가, 말에 글까지 더해보자. 말과 글은 강력한 시너지 효과를 낸다. 말과 글로 표현되는 생각은, 위축된 상태로 의식 영역에 그저 조용히 머무는 생각보다 더 빨리 물리적 현실로 구체화될 가능성이 크다. 이런 점에서 한 가지를 더 당부한다. 자신감을 키우는 일곱 가지 공식을 외우는 것은 물론이고, 최소 2주간 하루에 두 차례 이상 그것을 글로 쓰고 큰소리로 말해보라. 이렇게 한다면, 중점 목표를 달성하기 위한 결정적인 세 단계를 한꺼번에 완성하는 일거삼득一擧三得의 효과를 노려볼 수 있다.

첫째, 당신의 목표를 생각 속에 확실히 각인시킬 수 있다.

둘째, 큰소리로 말함으로써 발성기관의 근육이 움직이고, 이는 그 생각을 현실화시키는 신체 활동을 시작했다는 뜻이다.

셋째, 글로 적을 때는 손의 근육이 움직이고, 당신은 이를 통해 그 생각이 물리적 현실로 전환하는 과정을 시작하도록 만들 것이다.

이 세 단계를 철저히 이용하면 아주 많은 분야에서 일을 끝까지 완수할 수 있다. 예를 들어, 건축가는 먼저 집중해서 생각하고, 정신의 감광판에 자신이 짓고자 하는 건물에 대한 명확한 상을 기록하며, 마지막으로 그 상을 종이 위에 옮겨 손으로 설계도를 그린다. 이로써 놀랍게도 그 일이 완결된다.

• 기도는 자신감을 키워주는 조력자이다

자신감을 구축하는 일곱 가지 공식을 입으로 반복할 때 효과를 배가시킬 수 있는 좋은 방법이 있다. 당신의 모습을 똑똑히 볼 수 있도록 거울 앞에 서서 큰소리로 말하는 것이다. 마치 타인을 보듯 거울 속 당신의 눈을 똑바로 쳐다보며 열정을 담아 큰소리로 말하라. 거울에 비친 사람의 용기가 부족하게 느껴지면, 바로 코앞에서 주먹을 휘둘러 그가 반발심을 갖게 만들어라. 거울 속의 그가 무언가를 말하고 싶도록, 몸으로 하고 싶도록 만들어야 한다.

얼마 지나지 않아 당신 얼굴의 주름은 나약함의 징후에서 강인함의 표식으로 변하고, 당신은 그 변화를 인식할 수 있을 것이다. 또한 그 얼굴에서 일찍이 한 번도 본 적 없는 강인함과 아름다움도 볼 수 있을 것이다. 뿐만 아니라 주변 사람들도 이 놀라운 변신을 단박에 알아챌 수 있을 것이다.

당연히 자신감 구축 공식의 모든 단어를 똑같이, 그대로 따라 할 필요는 없다. 당신의 욕구를 적절하게 표현하는 단어들을 선택하면 된다. 솔직히 말해 완전히 새로운 로드맵을 작성해도 상관없다. 당신이 현실로 만들고 싶은 심상을 명확히 정의한다는 가정 하에, 문구는 조금도 중요하지 않다.

위의 로드맵을 당신이 되고 싶은 사람에 대한 청사진이나 상세한 설명서라고 생각하라. 당신이 느끼고 싶은 감정, 실천하고 싶은 행위와 행동, 사람들에게 보이고 싶은 당신 자신의 모습에 관한 명확한 세부 사항 등을 그것에 전부 포함시켜라. 또한 두 가지를 똑똑히 기억하라. 그 로드맵이 당신의 작업 계획서라는 사실과, 조만간 당신이 그 계획서의 모든 내용과 꼭 닮은 사람이 될 거라는 사실이다.

신앙심이 깊은 사람은 이 로드맵을 일일 기도문으로 활용해도 좋다. 다만, 꾸준히 반복해야 한다. 기도의 힘을 믿는다면 자신감 구축 로드맵으로 표현된 당신의 바람이 완벽히 실현될 거라는 사실도 완벽히 믿어야 한다. 따라서 그 로드맵을 기도문으로 반복해서 사용할 때 당신은 강해질 수밖에 없다. 또한 기도의 힘까지 더해지면 자기 자신에 대한 믿음이 한층 깊어진다. 그런 믿음은 당신의 긍정적 확언을 물리적 현실로 신속하고 확실하게 전환시키는 데서 대단히 활약할 것이다. 확실히 보장한다. 목표 실현을 위해 무한한 존재의 힘을 빌리는 이 방법이 불러올 커다란 가능성을 기대해도 좋다.

어떤 종교든 마찬가지다. 자신을 계발하기 위해 "기도"라는 방법을 사용하는 것은 신앙과 절대로 모순되지 않는다. 종교를 불문하고 신앙인은 자신의 종교가 기도의 토대 위에 존재할 뿐만 아니라 기도가 종교를 움직이는 핵심적인 힘 중 하나라는 사실을 잘 안다. 이처럼 기도가 모든 종교의 인정과 지지를 받는다면, 합법적인 목표를 달성하기 위해 기도라는 방법을 사용하는 것이 가치 있다는 사실은 틀림없다.

두려움은 인간에게 내려진 최악의 저주이자 형벌이다. 따라서 인간의 정신을 두려움에서 해방시키는 것보다 더 가치 있는 목표가 있을까? 두려움을 없애고 용기를 기르는 것 말고 자신감 구축 로드맵의 다른 목표가 있을 수 있을까? 결국 우리는 양자택일의 특이한 상황에 놓일 수밖에 없다. 자신감을 기르든가 아니면 기도와 열망의 힘을 부인하든가 둘 중 하나다. 나는 당신의 선택은 하나라고 믿는다. 기도에 믿음까지 더해져 강력한 추진력이 생기면 당신의 일은 순풍에 돛을 단 배처럼 순항할 것이다.

한편으로 자신감을 기르기 위해 기도라는 방법을 사용한다는 것은 조물주를 당신의 성공을 돕는 든든한 지지자로 삼는다는 뜻이다. 이토록 좋은 방법을 발로 차버릴 이유가 있을까? 선택은 당신의 몫이다. 자신감을 기르는 수단으로 기도를 사용한다면 실패하기는 불가능할 것이다. 기도 자체가 당신에게 최고의 동맹이 될 것이기 때문이다.

믿음은 인간이 이룬 문명의 토대다. 하물며 자신감을 키우는 과정에서 믿음이 어떤 역할을 할지는 불을 보듯 빤하다. 믿음을 주춧돌로 사용한다면 이루지 못할 것이 없다. 믿음을 사용하면 당신은 목표를 달성하는 과정에서 모든 장애물을 극복하고 모든 저항을 제압할 수 있다. 어떤 편견이나 선입견도 당신이 믿음을 사용하는 것을 방해하지 못하게 하라. 믿음의 힘을 의심하는 것은 기도의 힘을 의심하는 것과 다르지 않다.

당연한 말이지만 위의 로드맵을 자신감을 키우는 데만 국한시킬 필요는 없다. 당신이 개발하고 싶은 다른 모든 특성도 그 로드맵에 추가하면 된다. 그 로드맵은 철저히 주문 생산 방식을 따른다. 즉 당신이 주문한 것을 만들어낼 거라는 뜻이다. 이것을 부인하는 것도 기도 자체의 힘을 부인하는 셈이다.

이제 당신은 중요한 문 앞에 서 있다. 그 문을 열면 당신이 원하는 어떤 사람도 될 수 있다. 게다가 당신은 이미 그 문을 열 수 있는 열쇠를 갖고 있다. 나는 자신감 구축 공식이 그 문을 열 수 있는 만능열쇠라고 확신한다. 행여 만능열쇠라는 단어가 마음에 들지 않으면 원하는 대로 불러라. 그것을 순전히 과학적인 힘의 견지에서 생각해도 좋다. 또한 많은 미지의 현상에 대해 그러하듯이 신적 능력이라고 여겨도 무방하다. 어떤 식으로 생각하든 결과는 같다. 성공이 어느새 당신의 발밑까지 다가와 있을 것이다.

이제 자신감과 관련해 마지막 당부를 하고 싶다. 당신이 어떤 사람이 되기를 간절히 바란다면 당신은 그 사람이 될 수 있다. 그러니 당신이 가장 바라는 것이 무엇인지부터 확인하라. 그것을 찾았다면 목적한 바를 이루기 위한 토대를 놓은 셈이다. 정신 속에 깊이 뿌리를 내린 강렬한 욕구는 인류가 이루는 모든 성취의 출발점이자 씨앗이요, 싹이다.

명백하고 확실한 갈망으로 당신의 온 정신을 감정적으로 충만하게 만들거나 정신을 고무시켜라. 그리하면 당신의 인격은 강력한 자석이 되어 당신이 바라는 바를 당신에게 끌어당길 것이다.

명심해야 한다. 이에 대해 의심하는 것은 계속 무지의 세상에 남겠다고 선택하는 것과 다르지 않다.

7장

성공과 실패를 가르는 조건

환경과 습관

○ NAPOLEON
HILL'S
GOLDEN
RULES

자신감에 관한 교훈은 심리학의 또 다른 보편적인 원칙, 환경과 습관으로 자연스럽게 이어진다.

환경: 인간의 정신은 두 가지 지배적인 성향이 있다. 첫째, 자신을 둘러싼 환경을 흡수한다. 둘째, 그 환경과 조화를 이룰 뿐만 아니라 그 환경에 적절히 어울리는 신체 활동을 유발한다. 또한 인간의 정신은 스스로가 주변 환경으로부터 흡수한 감각 인상들을 자양분으로 삼아 성장하고 점차 그런 인상을 닮아간다. 환경에 맞춰 색깔을 바꾼다는 점에서 카멜레온과 비슷하기도 하다. 오직 강인한 정신만이 주변 환경을 흡수하는 선천적인 성향과 싸워 이길 수 있다.

습관: 습관은 환경의 산물이다. 똑같은 행동을 똑같은 방식으로 되풀이하고 똑같은 생각을 반복함으로써 습관이 만들어진다.

그리고 일단 형성된 습관은 시멘트처럼 일정한 틀로 굳어져 깨뜨리기 어렵다.

> "교육의 힘은 정말 대단하다. 교육을 통해 아이들의 정신과 태도를 어떤 형태로도 만들 수 있다. 또한 그런 습관이 영원할 거라고 믿게 만들 수도 있다."
>
> ─영국 로체스터 교구의 프랜시스 애터베리 주교(1663~1732년)

인간의 정신은 주변 환경으로부터 취한 재료로 생각과 행동을 형성한다. 습관은 그렇게 만들어진 생각과 행동을 인격이라는 영구적인 형태로 구체화시키며, 정신의 잠재의식 영역에 고이 저장해둔다.

습관은 축음기 음반의 소릿골groove에, 인간의 정신은 그 소릿골을 긁어 음을 읽어내는 바늘 끝에 비유할 수도 있다. 어떤 생각이나 행동을 반복함으로써 특정 습관이 잠재의식 영역에 확실히 뿌리를 내리면 우리의 정신은 저절로 그 습관에 이끌리고 그 습관을 충실히 따르는 성향이 있어서다. 마치 축음기의 바늘이 자연스럽게 음반의 소릿골을 따라 움직이듯 말이다.

이것은 어떻게 해석해야 할까? 최대한 신중하게 환경을 선택하는 것이 굉장히 중요하다는 뜻이다. 우리 정신에 들어오는 모든 것이 환경에서 나오는 까닭이다. 요컨대 환경은 정신에 자양분을 공급하는 원천으로서 정신이 먹을 음식과 생각의 원재료를 공급하고, 습관은 그런 재료에 영구적인 생명력을 주입하고 구체화시킨다.

• 습관은 성공으로 이어지는 고속도로

먼저 습관에 집중해보자. 세계적으로 권위 있는 심리학자 중 한 사람인 에드워드 E. 빌스Edward E. Beals의 글을 읽어보면 습관의 특징에 대해 더 많이 배울 수 있다.

─────── "보통의 상식적인 사람이라면 누구나 습관이 강력한 힘을 발휘한다는 것을 안다. 하지만 대부분의 경우 습관의 긍정적인 특성은 모조리 무시되고 오직 부정적인 측면만 부각된다. 습관과 관련해 널리 알려진 격언 두 가지만 봐도 그렇다. '모든 인간은 습관의 동물이다.' '우리는 매일 습관이라는 굵은 밧줄을 엮고, 그 밧줄이 너무 단단해져 끊지 못하게 된다.' 이런 말들은 습관의 부정적인 측면만을 강조하는 효과가 있다. 마치 사람들이 습관의 단단한 손아귀에 뒷덜미를 잡혀 끌려다니는 습관의 노예처럼 보이게 만든다. 그러나 습관에는 동전의 양면처럼 다른 얼굴이 있다. 지금부터 그것에 주목해보자.

많은 경우에서처럼 습관이 사람들을 지배하고 그들이 자신의 의지, 욕구, 성향에 반하여 행동하도록 강요한다는 말이 진실이라면, 어떻게 해야 할까? 습관이라는 강력한 힘도 인류에 이로운 방향으로 이용하고 통제할 수 있지 않을까? 이렇게만 된다면, 인간은 습관을 충실히 따르는 대신에, 습관을 마음대로 부릴 수도 있지 않을까? 오늘날의 심리학자들도 확신에 찬 목소리로 비슷한 주장을 펼친다. 습관이 우리의 행동과 인격을 제멋대로 주무르게 내버려두지 말고, 우리가 습관을 지배하고 활용하며 마음대로 부리는 것이 충분히 가능하다고 말이다. 게다가 새로 습득한 이 지식을 토대로 습관을 새로운 힘의 원천으로 탈바꿈시켜 톡톡히 효과를 보는 사람들이 많다. 심지어 그들은 습관을 길들여 자신의 신체를 움직이는 에너지원으로 만들고 습관의 힘이 낭비되도록 방치하지 않는다. 또한 습관이, 인류가 관심과 노력으로 힘들여 세운 사회 구조를 무너뜨리거나 정신이라는 대지를 황폐화시키도록 내버려두지 않는다.

습관은 행동이 얼마간 머물며 지나가는 '정신의 들판'이다. 사람의 발길이 닿을 때마다 다져지는 길처럼, 행동 하나가 그 들판을 지날 때마다 길이 약간 더 넓어지고 깊어진다. 당신이 만약 너른 들판이나 울창한 숲을 지나야 한다면 어떻게 할지 생각해보라. 가장 잘 닦인 길을 놔두고 일부러 사람들이 별로 다니지 않는 험한 길을 선택하지 않는 것은 당연한 일이다. 하물며 들판이나 숲속에 새로운 길을 내는 것보다 이미 나 있는, 가장 확실한 길을 선택하는 것 또한 더더욱 당연하다. 정신 활동도 정확히 그런 식으로 작동한다. 잘 닦인 길을 가듯, 저항이 가장 적고 가장 쉬운 길을 따라 움직인다.

습관은 반복을 통해 만들어진다. 또한 모든 생명체는 물론이고 일부의 주장대로라면 무생물에서도 발견되는 자연의 법칙에 맞춰 형성된다. 무생물이라는 말에 고개를 갸웃하는 사람들이 있을 것이다. 예를 들어, 빳빳한 새 종이를 가로든 세로든 특정한 방식으로 접은 다음, 그 종이를 펼쳤다가 다시 접어보라. 이때 종이는 정확히 접힌 선을 따라 접힌다. 또한 재봉틀처럼 정교한 기계를 사용하는 모든 사람은 기계나 도구가 '길들여지고' 나면 그 이후에는 길들여진 방식대로 작동하는 경향이 있음을 잘 안다. 악기에서도 동일한 원칙을 찾을 수 있다. 강과 하천은 또 어떤가? 물이 흐르면서 토양을 깎아 물길을 내고, 그렇게 물길이 만들어지면 물은 그 길을 따라 흐른다. 요컨대 이 법칙은 자연계의 모든 곳에서 작용한다.

위 사례들은 당신이 습관의 본질을 이해하고, 새로운 정신적 경로를 만드는 데에 도움이 된다. 아울러 하나를 더 기억해야 한다. 기존의 습관을 없앨 수 있는 최고의 방법은 나쁜 습관을 무력화시키고 그것을 대신할 새로운 습관을 만드는 것이다.

정신이 여행할 새로운 길을 닦아라. 그렇게 하면 이미 만들어진 길은 정신의 '발길'이 뜸해지고 조만간 사용하지 않아서 폐허가 될 것이다. 바람직한 정신적 습관의 길을 한 번 지날 때마다 그 길은 더욱 넓고 깊어지고, 결국 그 길을 지나는 것이 훨씬 수월해진다. 이처럼 정신에 길을 만드는 과정은 매우 중요하다. 당신이 가고 싶은 바람직한 길을 당신의 정신 안에 만들기 시작하라. 연습하고 연습하며 또 연습하라. 그리하여 정신 안에 길을 만드는 달인이 되어보라.

새로운 습관을 형성할 때 도움이 되는 몇 가지 규칙이 있다. 가장 먼저 행동이나 생각 또는 성격적 특성을 표현하는 데에 집중해야 한다. 정신에 새로운 길을 내기 위해 땅을 다지는 일을 시작했다는 사실을 명심해야 한다. 무슨 일이든 처음에는 어렵기 마련이다. 그러나 회가 거듭될수록 차차 쉬워질 것이다. 기왕 만드는 김에, 주변의 장애물을 가능한 한 말끔히 치워 처음부터 길을 깊고 뚜렷하게 만들어라. 그래야 다음에 그 길을 가고자 할 때 쉽게 찾을 수 있다.

1. 새로운 길을 닦는 일에 온 관심을 집중시켜라. 동시에, 예전의 익숙한 길로 발길이 향하지 않도록 당신의 눈과 생각을 그 익숙한 길에서 떨어뜨려 놓아라. 옛길에 관한 모든 것을 머리에서 지워버리고 오직 새길에만 집중하라.

2. 새로 만든 길을 가능한 한 자주 이용하라. 그 길을 이용할 기회가 저절로 나타나기를 기다리지 말고 그 기회를 일부러

만들어라. 새 길을 자주 이용할수록 신속하게 잘 다져져 쉽게 여행할 수 있는 익숙한 길이 되기 마련이다. 아예 길을 내기 시작할 때부터 그 길을 지나가고 이용할 계획을 세워라.

3. 더 익숙하고 쉬운 옛길을 선택하고 싶은 유혹을 뿌리쳐라. 그런 유혹을 물리칠 때마다 당신은 갈수록 더 강해지고 유혹을 이겨내기가 쉬워지게 된다. 한 번이 어렵지 두 번은 쉽다는 말도 있지 않은가? 반대의 경우도 마찬가지다. 그 유혹에 한 번 넘어가면 두 번 넘어가기 십상이고, 그 유혹을 물리치기가 갈수록 힘들어진다. 처음 한동안은 그 유혹을 뿌리치기가 힘들 테니 일전을 각오하라. 하지만 이때가 결정적인 고비다. 처음부터 당신의 투지와 끈기와 의지력을 총 동원해서 고비를 슬기롭게 극복하라.

4. 반드시 적절한 길을 내라. 다시 말해 계획을 철저히 세우고 그 길의 종착지가 어디일지 미리 확인하라. 그런 다음에는 두려워하지도 의심하지도 말고 불도저처럼 밀고 나아가라. '삽을 단단히 잡고 뒤를 돌아보지 마라.' 목표를 선택하고, 그런 다음 그 목표로 곧장 이어지는 깊고 넓고 매끄러운 정신적 탄탄대로를 만들어라.

습관과 자기 암시는 비슷한 점이 많다. 습관을 통해 어떤 행위를 똑같은 방식으로 계속 반복할 때 그 습관은 제2의 천성으로 굳어지는 경향이 있다. 그러고 나면 우리는 많이 생각하거나 집중하지 않고도 그 행위를 자동적으로 하게 된다. 피아노 연주를 생각해보라. 익숙한 곡은 딴생각을 하는 동안에도 손이 저절로 움직여 연주할 수 있다.

잠시 앞에서 배웠던 내용을 떠올려보자. 생각, 아이디어, 야망, 갈망 등은 자기 암시를 통해 정신에 오래 머물 때 의식 영역의 더 많은 부분을 차지하고 존재감이 더해진다. 그렇게 정신에 깊이 각인된 생각, 아이디어, 야망, 갈망 등은 정신을 탈출해 물리적 현실로 나오기 위해 적절한 신체 활동을 유발시킨다. 요컨대 자기 암시는 우리가 습관을 형성하기 위해 사용하는 첫 번째 원칙이기도 하다. 심지어 자기 암시의 원리를 통해 기존의 습관을 파괴할 수도 있다.

새로운 습관을 만드는 것이든 기존의 습관을 없애는 것이든, 우리는 하나만 잘하면 된다. 자기 암시의 원리를 끈기 있게 사용하는 것이다. 그저 스쳐지나가는 소원은 절대로 자기 암시가 아니다. 어떤 아이디어나 갈망이 현실로 전환되려면, 그것이 의식 영역에 고집스럽고 끈질기게 머물러 마침내 영구적인 집을 짓고 그 안에 들어앉아야 한다.

당신은 이미 이렇게 할 수 있는 방법을 안다. 당신의 정신이 단단히 '꽂힌' 하나의 목표에 자기 암시의 원리를 지속적이고 단호하게, 끈기 있게 적용하면 된다. 당신이 바라는 목표를 결정했고,

그것에 초점을 맞추는 방법을 알았다면, 이제 다음 단계로 넘어가자. 목표와 목적을 달성할 때까지 집중력을 잃지 않고 끈기를 배우는 것이다.

목표를 이루는 데는 죽기 살기로 매달리는 것만큼 좋은 방법이 없다. 주변을 둘러보라. 머리가 좋고 수완도 뛰어나며 부지런하고 성실한데도 목표를 달성하지 못하는 사람이 많다. 이는 한 가지가 부족해서다. "목표를 물고 늘어지는" 끈기다. 우리는 한 번 물면 놓지 않는 불도그 같은 고집을 길러야 한다. 옛날 서부 개척시대의 위대한 어떤 사냥꾼을 떠올려보라. 데이비드 크로켓 David Crockett(미국의 군인이자 정치가로 서부 개척자 중 한 사람이며 사냥의 명수였다고 알려져 있다. ―역주)은 일단 사냥감을 발견하면 "넌 내 밥이야!"라고 말한 다음, 수십 일이 걸리고 사냥감을 놓치는 한이 있더라도 스스로 사냥을 중단하거나 사냥감을 뒤쫓는 일을 포기하지 않았다. 오히려 나무 위로 피신한 너구리가 그의 집요한 추격에 항복해 "사냥꾼님, 제발 총을 쏘지 마세요. 제가 그냥 내려갈게요"라고 소리칠 지경이었다.

개중에는 불굴의 끈기를 선천적으로 타고나는 사람도 있다. 흔히 그것을 "의지"라고 부르지만, 그보다는 인류의 오랜 친구인 "끈기"이다. 엄밀히 보면 끈기는 목표물을 향해 의지를 불태우고 끝까지 유지하는 능력이다. 빠르게 돌아가는 물레에 단단한 물체를 올려놓고 끌로 연마하는 기능공을 떠올려보라. 그는 바라는 결과물을 얻을 때까지 끝이 미끄러지거나 떨어지지 않도록 온 힘을 다해 원심력에 맞서 버틴다. 끈기도 똑같다. 어떤 저항이 있어도 목표를 달성할 때까지 의지를 꺾지 않는 능력이 바로 끈기다.

강인한 의지를 가지는 것과 끈기는 엄연히 다르다. 아무리 강인한 의지로 무장해도 의지를 끈기 있게 발휘하는 기술을 익히지 못하면 최상의 결과를 얻지 못한다. 바라는 목표가 있다면, 한눈 팔지 말고 젖 먹던 힘까지 다해 일관되게 의지를 집중하는 법을 터득해야 한다. 그런 끈기가 있어야만 당신이 원하는 형태로 목표가 실현될 때까지 그 목표에 대한 의지를 단호히 지켜갈 수 있다. 하루 이틀에 끝날 거라고 기대하지 마라. 목표를 달성하는 그날까지 끈기를 갖고 매일 그렇게 해야 한다.

19세기 영국 의회 의원으로 노예제도 폐지에 앞장섰던 토머스 파웰 벅스턴 경Sir Thomas Fowell Buxton은 이렇게 말했다. "오래 살수록 사람들 사이의 커다란 차이가 더 또렷이 보인다. 약한 자와 강한 자, 위대한 자와 하찮은 자의 차이는, 누구도 무엇도 꺾을 수 없는 단호한 결의에 있다. 이는 일단 목표를 세우면 죽기 아니면 까무러치기의 각오로 끝장을 본다는 의미다. 그 같은 에너지만 있으면 이 세상에서 불가능한 것만 빼고 무엇이든 해낼 수 있다. 아무리 재능이 뛰어나고 환경이 좋고 기회가 많아도 그런 에너지 없이는 온전한 삶을 살지 못한다."

미국의 수필가이자 소설가였던 도널드 G. 미첼Donald Grant Mitchell도 이런 말을 했다. "결의는 사람의 능력을 발현시키는 원동력이다. 나약한 결의와 어설픈 투지, 그릇된 목적으로는 어려움과 위험을 극복하지 못한다. 어린 아이가 한겨울 서릿발을 뭉개듯, 꺾을 수 없는 강인한 의지만이 어려움과 위험을 짓이길 수 있다. 또한 그런 의지는 긍지와 뜨거운 집념으로 눈이 이글거리고 두뇌가 활활 타올라 불가능한 것도 달성하게 해준다. 의지가 사람을 위대하게 만든다."

영국의 정치가이자 문인이었던 벤저민 디즈레일리Benjamin Disraeli도 의지의 힘에 대해 논했다. "나는 오랜 명상 끝에 한 가지를 확실히 깨달았다. 명확한 목표를 세우면 반드시 그것을 성취하게 되어 있다. 목표를 달성하는 데에 목숨까지 거는 의지는 그 무엇도 꺾지 못한다."

영국의 정치인 존 심슨 경Sir John Simpson은 "뜨겁게 타오르는 욕구와 식지 않는 의지가 있으면, 열정이 없고 의지가 박약한 사람들이 불가능하다며 포기하는 것도 해낼 수 있다"라고 했고, 존 포스터John Foster도 "꺾이지 않는 정신력을 가진 사람에게는 삶의 고난도 비껴가는 것 같다. 처음에는 호랑이처럼 잡아먹을 듯 으르렁거리는 것 같아도, 단호하고 강단 있는 사람 앞에서는 운명도 꼬리를 내리고 온순한 양이 되는 것 같다. 강인한 정신력이란 이토록 경이로운 것이다. 또한 그런 정신을 지닌 사람에게는 그 주위의 모든 장애물이 치워지고 기회와 자유가 주어지는 것도 참으로 희한하다"라고 말했다. 에이브러햄 링컨은 남북전쟁 당시 북부군의 장군이자 훗날 미국 대통령이 되는 율리시스 그랜트Ulysses Grant에 대해 이렇게 말했다. "그랜트 장군의 커다란 장점은 목표를 정하면 침착하고 끈질기게 그 목표에 전념한다는 것이다. 그는 쉽게 흥분하는 일도 없고 불도그처럼 집요하다. 그 이빨에 물리면 절대로 빠져나오지 못한다."

위의 인용구들이 끈기보다는 의지에 관한 것이라고 반박하는 사람들도 있을 것이다. 그러나 잠시만 생각해봐도, 모든 이야기의 핵심은 단순한 의지가 아니라 "끈기가 더해진 의지"라는 사실을 알 수 있다. 또한 위에서 언급한 모든 일은 끈기가 필요하고, 따라서 아무리 의지가 강해도 끈기가 없으면 그중 아무것도 이룰 수 없다는 사실도 명확히 보인다. 앞서 예로 들었던 기능공과 끌을 다시 생각해보자. 여기서 단단한 끌은 의지다. 그리고 형태를 만들려는 물체의 적절한 위치에 끌을 갖다 대고 끌이 미끄러지거나 튕겨 나오지 않게 끝까지 온 힘을 다해 누르는 모든 과정이 바로 끈기다. 위의 인용구를 주의 깊게 읽으면 입술이 절로 앙다물어지고 턱이 딱딱하게 굳는 기분이 들 수밖에 없다. 그것이 바로 끈기 있고 집요한 의지가 외부로 표출되는 방식이다.

끈기가 부족하다면, 지금 당장부터 끈질기게 물고 늘어지는 습관을 기르는 훈련법을 찾아 단련하라. 이렇게 하면 새로운 정신적 습관이 만들어질 수 있다. 또한 적절한 뇌 세포가 발달해서 당신이 원하는 바람직한 특성이 당신의 영구적인 인격으로 고착화될 수도 있다. 누구나 손쉽게 시작할 수 있는 훈련법이 하나 있다. 먼저 공부, 업무, 취미, 일과 등등 어느 한 가지에 초점을 맞춰라. 그런 다음 집중력을 발휘해 그것에 지속적으로 관심을 기울여라. 정신이 분산되겠지만 정상 항로에서 벗어나 "삼천포로 빠지게" 만드는 외부의 영향에 저항하는 습관이 들 때까지 포기하지 마라. 이는 순전히 훈련과 습관의 문제다. 앞서 말했듯이, 기능공은 자신이 원하는 형태를 만들 때까지 절대로 물체에서 끌을 떼지 않는다는 조건을 정신에 깊이 각인시켜야 한다. 별것 아닌 듯해도 이것은 의외로 큰 도움이 될 수 있다. 그러니 당신의 정신이 그것을 완벽히 이해하고 체화할 때까지 반복해서 읽어라. 끈기를 갖고 싶은 열망이 생기고 나면 과일나무에 싹이 돋고 꽃이 피고 열매가 열리듯 나머지는 자연의 순리대로 흘러가게 된다.

물방울 하나는 힘이 없지만 물방울이 계속 떨어지면 단단한 바위에 구멍을 뚫는다고 하지 않던가. 끈기를 그런 물방울처럼 생각해도 좋다. 또한 평생을 바치는 과업을 대하소설을 쓰는 일로 생각해도 된다. 마지막 장을 탈고하고 나면 끈기의 역할이 얼마나 대단한지 절로 알게 될 것이다. 대개의 경우 끈기가 있는 곳에는 성공이, 끈기가 부족한 곳에는 실패가 있다.

끈기와 자기 암시와 습관은 이인삼각 경주를 벌이는 하나의 조처럼 움직인다. 하나라도 절대 간과해서는 안 된다는 뜻이다. 특히 끈기는 이인삼각의 끈처럼 자기 암시와 습관이 하나로 합쳐져 영구적인 현실로 구체화될 때까지 둘을 단단히 묶는다.

나치 독일의 선전propaganda에서 전략적인 핵심 가치는 반대자들의 정신을 붕괴시키는 것이었다. 나도 그 희생양이 될 뻔했다. 프로이센 출신의 어떤 선전 요원은 나를 무너뜨리고 나의 교육 활동을 무의미하게 만들라는 특명을 받았다. 그 요원은 먼저 정신을 무너뜨려야 끈기를 꺾을 수 있다는 원칙을 광범위하게 사용했다. 프로이센 왕의 특명을 받고 투입된, 고도로 훈련받은 그는 은밀하고 교묘하게 내 친구들과 사업 파트너들이 내게 등을 돌리도록 공작했다.

끈기의 위력을 누구보다 정확히 간파했던 그로서는 선택지가 하나였다. 그 힘을 붕괴시키는 것. 자신에게 걸림돌이 되는 사람들의 정신을 짓밟고 끈기를 깨부수는 것이 독일 선전가의 일에서 중요한 요소였다. 군대의 "사기(끈기)"를 무너뜨리는 것은 전략적으로 중요하고 커다란 가치가 있다. 군대의 사기를 꺾어라. 사기가 꺾인 군대는 이미 패잔병 무리와 같다. 군대가 그럴진대 하물며 규모가 작은 인간 집단이나 한 사람의 개인이야 두말하면 잔소리다. 끈기가 없으면 허수아비에 지나지 않는다.

반대로, 끈기를 기르려면 어떻게 해야 할까? 방법은 딱 하나다. 절대적인 자신감을 키워야 한다. 앞서 자신감의 가치를 그토록 열심히 강변한 것도, 자신감을 응용 심리학에서 가장 중요한 교훈으로 여기라고 강권한 까닭도 바로 여기에 있다. 자신감의 교훈에서 근본적인 토대는 이렇다. 자신감은 당신의 잠재된 능력을 어떻게 발휘할 수 있는지 그리고 무한한 힘에 대한 믿음으로 그 능력을 어떻게 보완할 수 있는지를 정확히 보여준다.

이쯤에서 6장을 다시 살펴보고 깊이 생각해보라.

자신감에 관한 교훈의 이면을 들여다보면, 원하는 것을 성취할 수 있는 비결과 꺾이지 않는 의지력에 대한 비밀을 푸는 열쇠를 발견할 수 있다. 자신감에 관한 이론에서 전문적인 세부 사항을 전부 제거하고 나면 "미묘한 무언가"만 남게 된다. 당신의 뇌는 그것으로 인해서 활성화되고 온몸은 광채를 발산하게 되며, 당신은 당장 바깥으로 뛰쳐나가 뭔가를 하고 싶어 몸이 근질거리게 될 것이다.

교육자가 할 수 있는 가장 위대한 일은 끈기와 관련해 사람들을 계몽시키는 것이다. 사람들이 자신의 뇌 안에 잠자는 끈기를 깨우고 가치 있는 일을 성취하겠다는 야망을 품도록 계몽하는 것이다. 끈기는 교육이나 가르침을 통해 당신의 머릿속에 억지로 주입해서 유익하게 사용하게 하는 것이 아니다. 그것은 이미 당신 정신 안에 있다. 당신 스스로가 그 끈기를 불러내어 일하게 만들어야 한다.

끈기는 형언할 수 없는 대단한 힘을 각성시킨다. 그 힘이 무엇이든 일단 각성하고 나면 당신은 새로 발견한 그 힘으로 당신 앞에 놓인 모든 장애물을 뛰어넘을 수 있고, 당신의 목표를 성취하기 위한 여정을 곧바로 시작할 수 있다. 그 힘은 새로 만들어진 것이 아니다. 항상 당신 내면에 존재했던 것으로, 이제야 당신이 새로 발견했을 뿐이다.

뿐만 아니라 당신의 뇌 속에서 잠자는 끈기를 깨우고 나면, 세상의 누구도 당신을 지배하거나 당신을 마음대로 이용하거나 주무를 수 없다. 당신은 당신 안에 숨은 엄청난 정신적 힘을 발견한 셈이다. 이것은 마굿간에서 탈출한 말이 자신의 신체에 잠재된 막대한 힘을 발견하는 것과 같다. 그렇게 위대한 정신의 힘을 발견하고 나면 이제 누구든 당신을 저지하거나 방해할 수 없다.

이 책에서 소개하는 끈기 이론에 기초하여 계획을 세우고 그 계획을 성실히 따른다면, 장담컨대 당신은 이 엄청난 위력의 주인이 될 수 있다. 그런 다음에는 당신 자신을, 당신다움을 되찾을 수 있다. 이는 당신이 인류가 유구한 세월에 걸쳐 동물 차원의 진화 단계를 점차적으로 넘어설 수 있었던 진정한 원칙을 이미 발견했다는 뜻이다.

자, 그럼 이제 환경에 대해 살펴보자.

• 부와 성공을 부르는 환경을 조성하라

이 책에서 말하는 환경은 아주 광범위한 영역을 아우른다. 국가, 지역 사회, 일터, 본업, 주변 사람들, 옷차림, 책, 노래, 생각 등 모두를 총칭한다.

환경에 대해 이야기하는 목적은 크게 두 가지다. 우리가 계발하는 인격과 환경이 직접적으로 연결되어 있다는 사실과, 우리가 열망하는 "중점 목표"를 세울 수 있는 환경을 조성하는 것이 얼마나 중요한지 알리고 싶어서다.

정신은 우리가 환경을 통해 공급하는 것을 주식으로 먹고산다. 따라서 정신이 "중점 목표"를 완벽히 구현하기 위해 사용할 적절한 원재료를 제공하겠다는 목적에 맞춰 환경을 잘 선택해야 한다.

지금의 환경이 당신의 목표에 부합하지 않다면 환경을 바꿔야 한다. 가장 먼저 할 일은, 당신이 최선을 다할 수 있으면서도 목표를 달성하는 데에 추진력을 제공할 감정과 특성을 이끌어낼 가능성이 높은 환경이 무엇인지 결정하는 것이다. 그런 다음 그 환경에 대한 심상을 세부적이고 명확히 그려라.

무엇을 성취하고 싶든 첫 번째 단계는 똑같다. 당신이 현실에서 구축하려는 목표에 대한 정확한 윤곽이나 모습을 머릿속으로 그려보는 것이다. 이렇게 심상을 그리는 작업은 모든 성취에서 필수다. 이 단계를 건너뛰어서는 원하는 것을 얻을 수 없다. 당신이 이루고자 하는 다른 모든 일에서와 똑같이 바람직한 환경을 구축하는 데도 이 위대한 진실이 적용된다.

당신이 일상에서 상호작용하는 사람들은, 당신의 환경에서 가장 중요하고 가장 영향력 있는 요소를 책임진다. 심지어 당신이 진전하는가 아니면 후퇴하는가가 이 요소에 달렸다고 봐도 과언이 아니다. 그러니 어떤 사람들을 가까이 두면 도움이 될지 명백해진다. 당신의 목표와 이상적 관념을 지지해줄 수 있고 당신에게 열정과 결의와 야망을 불어넣어주는 정신적 태도를 지닌 사람들을 가까이 해야 한다. 반대로 일찌감치 관계를 끊는 것이 정답인 사람들도 있다. 삶의 부정적인 측면만을 보는 사람, 언제나 불평불만으로 가득한 사람, 인간의 단점과 실패에 대해서만 말하는 사람 등이다. 주변에 이런 사람이 있다면 가능한 한 빨리 관계에서 발을 빼라.

당신의 귀에 들려오는 말과 눈길이 닿는 광경만이 아니라, 당신의 오감을 통해 들어오는 모든 감각 인상이 당신의 생각에 영향을 미친다. 이것은 해가 동쪽에서 떠올라 서쪽으로 지는 것과 같이 의심할 여지가 없는 진실이다. 이제 당신은 무슨 일을 해야 할지 알 것이다. 당신의 정신이 포착하는 모든 감각 인상을 가능한 한 최선을 다해 통제하고, 당신의 주변 환경을 확실히 관리하라. 당신의 "중점 목표"와 직접적으로 관련이 있는 주제에 관한 책을 찾아 읽어라. 당신은 물론이고 당신의 목표에 공감하는 사람들, 당신이 더욱 노력하고 분발하도록 독려하고 용기를 북돋 워주는 사람들과 대화하라. 이 네 가지는 정말 중요하다.

재차 말하지만 당신이 귀로 듣고 눈으로 보는 모든 것은 암시의 원칙을 통해 당신의 행동에 영향을 미친다. 의식적으로든 무의식적으로든 당신은 당신과 상호작용하는 모든 사람의 이상적 관념, 생각, 행위 등을 흡수하고 그것에 동화되며, 결국에는 그것을 당신의 일부로 만든다. 가령 정신에 사악한 의지를 품은 사람들과 지속적으로 접촉하면 조만간 당신의 정신도 그런 악한 의지에 물들어 그 사람의 수준으로 떨어지기 마련이다. 근묵자흑이라고 하지 않던가? 또한 평판이 안 좋은 이들과 어울리면 어떻게 될까? 사람들의 눈에는 당신도 그들과 똑같아 보이게 될 것이다. 이것만으로도 그런 사람을 피해야 하는 이유로 충분하지만 더 중요한 이유가 있다. 당신이 주변 사람들의 아이디어를 끊임없이 받아들이고 그것을 당신의 일부로 만들기 때문이다.

오늘날 우리의 문명화된 환경은 단시간에 만들어진 것이 아니다. 대자연이 수백만 년 전부터 진화의 과정을 통해 구축해온 결과이다. 또한 현재 인류가 지적으로, 신체적으로 얼마나 발달했는지를 보여주는 거울이기도 하다. 대자연이 진화 과정을 통해 수천 년에 걸쳐 증명해온 환경의 강력한 영향력은 한 인간의 주변 환경이 20년 안에 어떤 일을 할지 깊이 생각해보기만 해도 쉽게 알 수 있다. 난폭한 아이가 사나운 부모의 손에서 자라면 성인이 되어서도 난폭한 기질을 유지한다. 반면 교양 있는 가정에서 성장한다면 난폭한 아이도 (몇 가지 폭력적인 본능을 제외하면) 야만적인 성향에서 벗어나 한 세대 만에 문명화된 환경을 흡수한다.

인류가 환경의 영향으로 늘 진보하는 것만은 아니다. 빠르게 진보하듯이 신속하게 퇴보하기도 한다. 전쟁이 좋은 예다. 평소에는 사람을 죽인다는 생각만으로도 몸서리치는 교양인도 전쟁터에서는 피에 굶주린 살인자로 돌변한다. 심지어 사람의 목숨을 빼앗는 행위 자체에서 순수한 쾌락을 느끼는 학살자가 되기도 한다.

우리의 옷차림도 우리에게 영향을 미친다. 지저분하거나 남루한 옷차림은 우리를 우울하게 만들고 자신감을 떨어뜨리지만, 깨끗하고 단정하고 세련되게 차려 입으면 일종의 용기가 샘솟고 당당하고 빠른 걸음으로 걷게 된다. 작업복 차림일 때의 느낌과 말쑥한 나들이옷을 입을 때의 기분은 또 얼마나 다른가. 당신도 그런 차이를 수없이 경험했을 테니 잘 알 것이다. 옷차림에 따라 우리의 첫인상이 결정될 뿐더러 우리가 무슨 옷을 입는가는 상당 부분 스스로를 판단하는 잣대도 된다.

기왕 옷차림에 관한 이야기가 나온 김에 내 경험 하나를 들려주고 싶다. 결론부터 말하면 나는 그 일을 통해 옷차림이 용기를 내는 데에 큰 영향을 미친다는 것을 똑똑히 배웠다. 예전에 물리

치료법 분야에서 꽤나 이름을 날렸던 친구가 있었는데, 어느 날 그가 나를 자신의 사무실에 초대했다. 그는 내게 무료로 간단한 물리 치료를 해주겠다고 제안했고, 나는 그의 설득에 넘어가 속옷 차림으로 처치를 받았다. 처치가 끝나자 나를 데리러 어떤 직원이 왔고, 나는 미처 옷을 입을 새도 없이 그의 호화로운 사무실로 안내받았다. 나는 처치받던 차림 그대로 사각팬티만 걸친 반나체 상태였지만, 내 친구는 커다란 마호가니 책상을 앞에 두고 말쑥한 정장 차림으로 전문가의 권위를 풍기며 앉아 있었다. 그림이 그려지지 않는가? 그의 양복 차림과 내 속옷 차림이 너무나 극단적으로 비교되어 나는 너무 무안하고 당혹스러웠다.

그런데 알고 보니 내가 거의 벌거벗은 채 그의 사무실로 안내된 것은 단순한 우연이 아니었다. 사실 친구는 실용 심리학자이기도 했다. 자신의 물리 치료 서비스를 구매할 잠재적 고객이 그런 불리한 상황에 놓일 때 어떤 기분이 드는지 아주 잘 알고 있었다는 뜻이다. 그러니까 공짜 처치는 "한편의 연극"이었고, 그 연극을 용의주도하게 이끌었던 주연 배우는 적절한 차림새를 하고 마호가니 책상 건너편에 앉아 있던 그 친구였다.

바로 그 연극 무대에서 나는 그의 영향력에 압도되어 아무런 힘도 쓸 수 없었다. 친구는 내가 자신의 서비스를 구매하도록 유도했고, 어느 순간 나는 그의 고객 명단에 올랐다. 다시 제대로 옷을 갖춰 입고 익숙한 환경으로 돌아온 후, 그 일을 차근차근 되짚어보니 전후사정이 명확히 보였다.

내 경험과는 반대로, 적절한 옷차림은 우리에게 두 가지 긍정적인 영향을 준다. 첫째, 용기와 자신감이 커진다. 다른 모든 이유는 차치하고 이 효과만으로도 우리가 적절하게 갖춰 입어야 하는 이유는 충분하다. 둘째, 사람들에게 좋은 인상을 줄 수 있다. 우리가 누군가를 만날 때 여러 감각 인상 중 시각적 인상이 상대방의 정신에 가장 먼저 도달한다. 상대방은 우리를 신속하게 훑어보고 우리의 옷차림에 대한 '조사'를 마친다. 바로 이런 과정을 통해 시각적 인상이 만들어진다. 가끔은 우리가 입 밖으로 한 마디 꺼내기도 전에, 좋은 사람인지 나쁜 사람인지, 별볼 일 없는 사람인지 아닌지 등 우리에 대한 판단이 끝나기도 한다. 오직 우리가 어떤 옷을 어떤 방식으로 입었는지에서 기인한 시각적 인상에 근거해서 그런 모든 판단이 내려진다.

따라서 적절한 옷차림에 투자하는 돈은 사치가 아니라 최고의 수익률을 돌려줄 일종의 사업상의 투자다. 우리는 절대로 자신의 용모를 가볍게 생각해서는 안 된다. 용모가 자신에게 미칠 효과 때문에도 그렇고, 우리가 어떤 일을 하느냐에 따라 사회적으로나 상업적으로, 또는 직업적으로 접촉하는 사람들에게 미칠 효과 때문에도 그렇다. 좋은 옷차림은 사치도 낭비도 아니다. 오히려 필수적인 소비다. 이런 모든 주장은 과학적으로 타당한 원칙에 근거한다. 우리의 물리적 환경에서 가장 중요한 부분이 의복을 통해 구축되기도 하는데, 옷 같은 환경적 구성 요소가 우리 자신은 물론이고 우리가 교류하는 모든 사람에게 영향을 주기 때문이다.

다음으로 중요한 환경적 구성 요소는 우리가 일하는 공간이다. 업무 공간과 관련해 다양한 실험으로 확실히 입증된 결과가 있다. 작업자는 일할 때 업무 공간의 환경이 얼마나 조화로운지에 큰 영향을 받는다고 한다. 일하는 공간이 정리되지 않아 어지럽고 어수선하며 지저분하면, 작업자는 우울해지고 자신의 일에 대한 열정과 흥미도 줄어드는 경향이 있다. 반면에 정리 정돈이 잘 되어 깨끗하며 체계적인 업무 공간은 정반대의 효과를 가져다준다.

최근 몇 년간 일부 고용주들은 직원들의 능률을 끌어올리기 위해 심리학 원칙들을 사용하는 방법을 이해하게 되었다. '계몽된' 그들은 그런 이해를 바탕으로 깨끗하고 편안하며 조화로운 업무 공간을 제공했고, 결과적으로 상당한 경제적 이득을 실현했다. 일부 혁신적인 고용주들은 직원들의 열정과 능률을 끌어올리기 위해 운동장, 테니스장, 깨끗하고 편안한 화장실, 잘 꾸며진 도서관과 독서실 등을 만들기도 했다.

실질적인 사례를 한 번 살펴보자. 시카고에 아주 혁신적인 세탁소 사장이 있었다. 대공황으로 다른 세탁소들이 죽는소리를 하는 불경기에도 그의 세탁소는 문전성시를 이뤘다. 그의 비결이 뭘까? 먼저 그는 세탁소에 전자 피아노를 들여놓았고 멋진 차림의 젊은이가 영업시간 내내 전자 피아노를 연주했다. 또한 종업원 모두가 하얀색 유니폼을 깔끔하게 차려 입었으며, 용모는 단정했고, 얼굴은 밝고 유쾌한 기색이 역력했다. 그의 세탁소가 1층에 위치한 덕분에 바깥에서도 세탁소 내부를 훤히 볼 수 있었다. 종업원 자체가 그 세탁소의 가장 효과적인 광고 중 하나였다. 또한 조화로운 환경에서 일하니 종업원 각자의 업무 능률도 덩달아 증가했다.

이런 세탁소와, 용모에 신경 쓰지 않는 종업원과 체계 없고 어수선해서 싸구려라는 인상을 풍기는 세탁소의 모습을 비교해 보라. 혁신적인 시스템의 경쟁적 우위가 한눈에 그려지지 않는가? 혁신적인 세탁소 주인은 환경적 우위를 만듦으로써 매출 증가와 종업원들을 위한 업무 공간이라는 두 마리 토끼를 거머쥐었다.

나는 사람들이 일하는 모든 업무 공간에서 특정 장르의 음악이 필수 요소로 여겨질 날도 머지않았다고 본다. 음악이란 본래 조화와 열정을 이끌어내고, 조화와 열정이야말로 직원에게서 능률을 최대한으로 이끌어내는 필수 요소다. 자신과 자신의 환경, 즉 자신의 업무 여건을 사랑하지 않는 사람이 능률을 최대한 발휘하는 것은 불가능하다. 적절한 음악은 직원의 피로도를 최소화시키는 반면 그의 생산성을 최소 10퍼센트에서 최대 50퍼센트까지 끌어올릴 수 있다.

하지만 이런 데에서 교훈을 얻는 고용주가 많아지지 않는 이유는 무엇일까? 사람들이 에너지 소모가 큰 활동을 몇 시간씩 계속하고도 피곤함을 느끼지 않도록 만드는 것과 같은 심리학적 원리를 사용하는 고용주가 늘지 않는 까닭은 무엇일까? 그렇게만 하면 직원들의 노력을 자극할 수 있을 텐데 말이다.

이 심리학의 중요성을 일찌감치 이해해서 적극적으로 활용하는 유능한 "능률 전문가"들도 있다. 그들은 업무 공간에 관한 계획을 세울 때부터 그 심리학을 적극적으로 활용한다.

누군가의 능률이 향상된다면 그것은 오직 그 사람의 정신에서 시작한다. 예외가 없다. 사람들이 커다란 결과를 이룬다면 그것은 스스로가 그렇게 하고 싶어서다. 이제 우리가 무엇을 해야 하는지는 분명하다. 사람들이 일을 더 많이, 더 잘하고 싶도록 만드는 방법과 수단, 장치와 장비, 환경과 여건, 분위기와 업무 조건 등을 찾아야 한다.

진실로 유능한 "능률 전문가"라면 가장 먼저 환경을 주목하고 이해하기 마련이다. 그러나 심리학에 능통하지 않고서는 누구도 유능한 능률 전문가가 될 수 없다.

나는 어릴 적 시골 농장에서 자랐는데, 그때의 경험에서도 환경에 관한 유익한 교훈 하나를 얻었다. 그 교훈을 바탕으로 내가 만약 가족 농장을 운영한다면 무엇부터 할지 정해놓았다. 농장 인근에 야구든 뭐든 아이들이 좋아하는 놀이를 할 수 있는 공간을 마련할 것이다. 그리고 맡은 일이나 미리 약속된 작업을 끝내면 우리는 이 "열정 구축 공간"으로 우르르 몰려가 함께 땀을 흘릴 것이다.

이처럼 즐겁게 기다리는 인센티브가 있는 아이는 그런 인센티브가 없을 때보다 더 많이 일하면서도 덜 피곤해한다. (대부분의 성인도 몸만 자란 아이일 뿐이다.) "일만 하고 놀지 않으면 우둔해진다"는 옛말이 괜히 있는 게 아니다. 그것은 예리한 통찰이 번득이는 엄연한 과학적 진리다.

감독관이든 관리자든, 또는 평범한 직원이든 간에 언제 어디에선가 환경에 관한 이런 교훈을 읽고 그 안에 숨은 성공 비법을 간파하는 사람이 있다. 그들은 직원들의 노동 시간을 즐거움으로 채워주고 그들에게 유쾌하고 조화로운 환경을 제공하는 것이 얼마나 가치 있는지 알아볼 것이다. 그리고 그런 가치를 알아본 것에 안주하지 않고 현실에 적용하고 이를 통해 더 높은 자리로 올라가, 종국에는 더 유능한 리더로 성장할 것이 틀림없다.

당신이 바로 그 사람이 되지 말라는 법은 없다.

앞서 나는 자신감을 구축하는 방법에 관해 여러 아이디어를 제안했다. 만약 내 아이디어들을 성실하게 실천하고 있다면, 단언컨대 당신은 이미 리더의 길을 걷기 시작했다고 봐도 된다. 이제 당신에게 필요한 것은 그 여정을 끝까지 완주하도록 만들어줄 위대한 아이디어다. 어쩌면 당신은 이 책에서 그 아이디어까지 발견할 수도 있다.

누구든 이번 생에서 정말로 필요하거나 실질적으로 이용할 수 있는 위대한 아이디어 하나만 있으면 성공적인 인생이라고 자부해도 좋다. 그렇다면 위대한 아이디어는 대체 어디에서 찾을 수 있을까? 십중팔구 주변 사람들에게 건설적인 도움을 주는 일에서 그런 아이디어를 찾게 된다! 어떤 일이든 상관없다. 가령 소비자에게 저렴하되 품질 좋은 생필품을 제공할 수 있는 아이디어여도 좋고, 사람들이 정신의 놀라운 힘을 발견하고 그것을 활용하는 방법을 찾도록 도와주는 아이디어여도 괜찮다. 또는 사람들이 자신의 업무 환경을 개선할 계획을 세움으로써 더욱 즐겁고 행복하게 일하도록 돕는 아이디어여도 된다. 그러나 한 가지는 꼭 기억해야 한다. 그런 긍정적이고 분명한 결과를 보장하지 못한다면, 이는 심각한 결격 사유로 결코 위대한 아이디어가 아니다.

산업화되고 상업화된 세상 어디에서나 노동자의 정신에는 불안이 크게 자리한다. 오늘날 전 세계 인류가 직면한 최대 문제가 바로 이것, 노동자들 사이에 널리 퍼져 있는 불안일 것이다. 노동계와 금융 산업의 리더들은 노동자들 사이에 이미 불안이 만연할 뿐 아니라 갈수록 커지고 있음을 잘 안다. 다행히도 그들은 그 문제를 해결하기 위해서는 즉각적이고 현명한 도움이 필수적이라는 사실도 정확히 간파하고 있다.

누군가에게 이 상황은 자신의 위대한 아이디어를 만들 절호의 기회다. 일례로 노동자들 사이에 만연한 불안이 야기하는 커다란 문제의 일부라도 해결한다면, 부와 명예를 동시에 거머쥘 수도 있다. 완전히든 부분적으로든 그 문제를 해결할 때 노동자들에게 적절한 노동 환경을 제공하는 문제가 중요한 역할을 할 것은 자명하다.

당신이 그 주인공이 되지 말라는 법은 없다. 노동자의 불안을 해소하는 일에서 위대한 아이디어를 찾으면 누이 좋고 매부 좋은 일이다. 노동으로 생계를 이어가는 사람들의 환경을 개선하는 데에 도움을 주는 것만큼 가치 있는 대의가 또 있을까? 삶의 갓길에 처박힌 사람들에게 행복을 찾아주는 대승적인 방향으로 헌신할 수 있는 일을 발견한다면 얼마나 좋은 일일까!

이런 식의 노력은 금전적으로는 커다란 보상을 안겨주지 못할 수 있지만 정신적으로는 큰 보상이 반드시 따라오게 되어 있다. 인류의 발전과 계몽을 위해 일생을 바치는 사람들을 보라. 당신도 그들과 똑같이 고요하고 조화로운 정신 환경이라는 선물을 틀림없이 받을 것이다. 이것은 환경에 관한 우리의 마지막 논의로 이어진다. 바로 정신적 환경이다.

지금까지는 순전히 의복, 작업 장비와 도구, 업무 공간, 주변 사람들 등 환경의 물리적 측면에만 초점을 맞췄다. 그러나 환경은 정신적 측면과 물리적 측면으로 구성되고, 둘 중에서 정신적 측면이 훨씬 더 중요하다. 정신적 환경은 정신의 조건으로 대변된다. 결국 물리적 환경은 정신적 환경을 만드는 원재료일 뿐이다. 특정한 순간 당신의 정신 상태가 정확히 어떠한가는, 물리적 환경으로부터 당신 정신에 수시로 도착하는 감각 인상들이 만들어낸 결과이며, 매 순간의 정신 상태가 당신의 정신적 환경을 구성한다.

물리적 환경이 부적절하고 부정적이라면 노력으로 충분히 해결할 수 있다. 머릿속에서 긍정적인 환경을 구축해도 되고, 부정적인 물리적 환경에 관한 생각을 모조리 차단해도 된다. 그러나 정신적 환경이 부정적인 것은 해결할 도리가 없다. 새로 구축하는 것만이 유일한 해결책이다. 우리의 신체 활동을 촉진하는 모든 자극은 정신적 환경에서 나온다. 이를 역으로 생각해보면, 좋은 신체 활동을 현명하게 유도하려면 반드시 건전한 정신적 환경이 선행되어야 한다. 내가 어째서 정신적 환경과 물리적 환경 중에서 정신적 환경이 훨씬 더 중요하다고 말했는지 알겠는가?

• 환경과 습관 완전정복

이번 장을 통해 당신은 성공과 실패에서 환경과 습관이 어떤 역할을 하는지 배웠다. 또한 환경에는 정신적 환경과 물리적 환경이 존재하고, 물리적 환경을 통해 정신적 환경이 만들어진다는 사실도 알게 되었다. 나아가 정신적 환경을 위해서는 물리적 환경을 통제하는 것이 중요하다는 사실도 확인했다.

당신은 끈기와 자기 암시를 통해 새로운 습관을 만드는 방법도 공부했다. 반대로 기존 습관을 없애거나 바꾸고 싶을 때에도 그 두 가지를 어떻게 활용할 수 있는지 이해했다. 또한 어떤 것이든 습관을 만드는 데서 자기 암시와 집중이 중대한 역할을 한다는 사실도 깨달았다.

당신은 인간 정신의 핵심적이고 지배적인 성향 하나를 배웠다. 정신은 주변 환경을 흡수하고 그 환경을 모방하는 신체 활동을 촉진하는 충동을 만들어낸다. 환경은 생각과 인격을 만드는 원재료다. 이것은 환경의 중요성에 관한 또 다른 깨달음으로 이어진다. 건전한 정신도 범죄적 정신과 잘못 교류하면 범죄적 성향을 흡수할 수 있다.

당신은 어떤 옷을 어떻게 입는가가 당신의 노동 환경을 구성하는 필수 요소라는 사실을 알게 되었다. 또한 옷차림은 당신이 접촉하는 사람들은 물론이고 당신 자신에게도 음으로 양으로 영향을 미친다는 사실도 확인했다. 옷차림이 부정적인 영향을 미치는가 아니면 긍정적인 영향을 주는가는 옷차림이 얼마나 적절한가에 달려 있다.

당신은 노동자들에게 즐겁고 조화로운 물리적 환경을 제공하는 것이 매우 중대하다는 것도 배웠다.

많은 사람이 기쁨을 갈구한다.

그런 기쁨은 사랑과 우정에서 나오는데

친구가 되려는 노력은 하지 않은 채 친구를 원한다.

많은 사람이 높은 지위를 추구한다.

모두가 선망하는 일을 하고

사람들을 지배하고 싶으면서도

사람들을 거의 믿지 않는다.

많은 사람이 꼭대기도 보이지 않는

아스라이 높은 산을 정복하고 싶어 하면서도

그 산을 오르기 위한

지루하고 힘든 등반은 외면하고 싶어 한다.

정작 자신이 그렇게 그릇된 선택을 해놓고선

불평하는 사람이 많은데

삶의 법칙들은 변화도 예외도 용납하지 않고

언제나 진실과 정의가 승리하기 때문이다.

삶이 모하메드에게 그랬듯

우리에게도 가르쳐준다.

모두가 산을 오르고 싶을지는 몰라도

그 산은 누구에게도 무릎을 꿇지 않는다는 사실을.

—〈쉬운 길〉, G.S.W.

대자연은 진실하고 탐구적인 모든 정신에 선언한다. "원하는 것을 말해보라. 원하는 것을 갖도록 내가 해주겠다." 그러나 안타깝게도 대부분은 자기 자신이 무엇을 원하는지 모른다. 게다가 똑같은 것을 두 번 연속해서 원하지도 않는다. 바로 이 때문에 더 많은 꿈이 실현되지 못하는 것이다. 삶의 "중점 목표"를 선택하라.

8장

부와 성공을 담는 그릇

기억력

NAPOLEON
HILL'S
GOLDEN
RULES

누구나 정확하고 조직화된 기억력을 원한다. 그리고 고맙게도 그런 기억력을 기르는 원칙들이 있다. 이는 심리학에서 중요한 핵심 주제 중 하나다. 완벽한 기억력을 소유하는 것은 굉장한 "재능"이다. 기억력이란 이제껏 만났던 사람들의 이름과 얼굴을 떠올리는 것만이 아니라 "경험"을 통해 잠재의식 영역에 도달한 감각 인상들까지 불러내는 능력이다.

탁월한 기억력이 어째서 귀중한 자산인지에 대해서는 굳이 설명할 필요가 없다고 본다. 그래서 곧장 본론으로 직행해 기억과 관련된 세 가지 핵심 원칙들을 살펴보려고 한다. 각 원칙의 정의는 다음과 같다.

1. **유지**retention: 오감 중 하나 이상의 감각을 통해 감각 인상을

포착하고 그 인상을 잠재의식 영역에 기록하는 것을 말한다. 이런 유지 과정은 카메라의 감광판에 피사체의 영상을 기록하는 것과 비슷하다.

2. **회상**recall: 잠재의식 영역에 기록된 감각 인상들을 되살려 의식 영역으로 불러오는 것을 의미한다. 이 과정은 카드 색인을 뒤져 필요한 정보가 기록된 카드를 뽑는 행위에 비유할 수 있다.

3. **재인식**recognition: 의식 영역으로 소환된 감각 인상을 인정하고 그것이 원본의 복제품이라는 사실을 확인하는, 다른 말로 원본과 동일시하는 능력을 일컫는다. 이런 재인식을 통해 우리는 "기억"과 "상상"을 구분할 수 있다.

• 기억의 세 가지 원칙을 효과적으로 이용하는 방법

1단계: 가장 세부적인 사항에 관심을 집중시켜 강렬하고 생생한 첫인상을 만든다. 나중에 쉽게 회상하고 싶다면 당신은 감각 인상을 적절히 기록하도록 잠재의식 영역에 반드시 시간을 주어야 한다. 이는 사진을 찍을 때 카메라 감광판에 영상이 명확히 기록되도록 "노출" 시간을 적절히 유지하는 것과 같은 이치다.

2단계: 기억하고 싶은 것이 있을 때는, 물건이나 이름 또는 장소처럼 아주 익숙해서 아무 노력 없이 언제라도 떠올릴 수 있는 무언가와 연결시켜라. 고향, 어머니, 친한 친구 등이 좋은 예다.

3단계: 기억하고 싶은 것을 수없이 반복하는 동시에 그것에 초점을 맞춰 집중하라. 대부분은 누군가의 이름이 떠오르지 않아 애먹었던 경험이 있다. 우리가 이름을 기억하지 못하는 이유는 딱 하나다. 처음부터 그 이름을 제대로 기억하지 않은 탓이다. 이제부터는 이름을 곧바로 떠올리고 싶은 사람을 만나면, 그 사람을 처음 만난 자리에서 그의 이름을 두세 번 반복해서 말함으로써 의식에 확실히 주입시켜라. 단순해도 이 방법은 매우 효과적이다.

정확히 기억할 수 있는 쉽고 간단한 방법이 있다. 원하는 대로 명확한 사진을 찍는 방법을 그대로 따라하면 된다. 피사체의 특징, 윤곽, 빛, 그림자 등이 잠재의식의 감광판에 전부 기록되도록 네거티브 필름negative film(사진기에 사용되는 투명한 플라스틱 필름으로 특히 피사체와 흑백 부분의 관계가 반대로 되어 있는 사진 필름이나 화상畵像을 말하고 우리말로는 음화陰畵라고도 한다. —역주)을 적절히 노출시켜라.

요즘에는 기억 훈련을 가르치는 프로그램이 많고, 그중 몇몇은 상당히 넓은 범위를 다룬다. 그러나 지금 당신이 원하는 것은 가능한 한 신속하게 정확한 기억력을 기르는 것이고, 이것은 근본적인 기억 작동 원리를 이해하는 것으로 충분하다. 그렇다고 어떤 것이든 기지의 공식을 지나치게 고집할 필요는 없다. 오히려 당신만의 기억법을 개발하기를 권한다. 가령 집중의 원칙만 잘 사용해도 놀랍도록 정확한 기억력을 기를 수 있다.

과도한 규칙과 공식은 본질을 흐리고 혼란을 가중시킨다. 기억력을 길러주는 근본적인 원칙들을 명확히 이해하고 그런 원칙을 당신의 방식대로 적용하는 것이야말로 최선의 방법이다. 아래의 이야기 속 주인공처럼 비교적 단순한 방법으로도 기억력을 키울 수 있다.

──── 가출한 정신을 찾아 데려오다

"나는 현재 쉰 살이고, 지난 10년간 큰 공장에서 부장으로 일했다. 처음에는 부장 업무가 상당히 수월했다. 그런데 회사가 사업을 급격하게 확장하는 바람에 내 책임도 크게 늘어났다. 우리 부서에는 매우 열정적이고 능력이 출중한 젊은 남자 직원이 몇 명 있었는데, 그중 한 명이 내 자리를 호시탐탐 노렸다.

어느덧 오십줄에 가까워지니 나도 편안함을 좋아하게 되었다. 더군다나 한곳에 오래 근무하다보니 타성에 젖었는지 그냥 이대로 편한 자리에 안주해도 좋겠다 싶었다. 나는 이런 정신 자세가 독이 될 줄은 꿈에도 몰랐다. 하지만 이런 태도는 거의 재앙적인 결과를 가져왔고 내가 지난 세월 쌓아온 공든 탑을 뿌리째 위협했다.

2년 전쯤이었다. 나는 내 집중력이 예전 같지 않다는 사실을 절감했다. 엎친 데 덮친 격으로 일에서도 권태를 느꼈다. 편지 뭉치가 높이 쌓여 나를 노려보는 것 같아 더는 버틸 재간이 없을 때까지 답장을 차일피일 미뤘다. 또한 검토하고 결재할 보고서도 산을 이뤘다. 이처럼 내 일처리가 늦어지는 바람에 부하직원들이 힘들어했다. 내 몸은 책상에 앉아 있었지만 내 정신은 다른 어딘가를 방황하고 있었다.

　내 정신이 업무에 집중하지 못한다는 것을 극명하게 드러내는 다른 징후들도 많았다. 회사 임원들이 참석하는 중요한 회의를 잊은 적도 있고, 화물차 한 대에 적재 가능한 상품 개수를 추정하면서 끔찍한 실수를 저지른 적도 있었다. 특히 후자의 경우, 부하직원 한 명이 내 실수를 알아차렸기에 망정이지 대형사고로 이어질 뻔했다. 그리고 그는 당연히 윗선에 내 실수를 보고했다.

　나는 그 사건에 화들짝 놀라 정신이 번쩍 들었다. 그래서 엎어진 김에 쉬어간다고, 이참에 생각할 시간도 가질 겸 일주일 휴가를 냈다. 나는 양단간에 결정을 해야 했다. 퇴사하든가 아니면 내 문제를 찾아 고쳐야 했다. 산간벽지의 휴양지에 처박혀 생각하고 또 생각했다. 며칠간의 혹독한 자기 성찰 끝에 나는 내 문제가 무엇인지 확실히 깨달았다. 내 정신이 방황하고 있었다. 집중력이 부족했고, 책상에 앉아서도 몸과 정신 모두가 산만하게 제멋대로 움직였다. 신중하지 못했고 의욕도 야심도 없이 무기력했으며 나태했다. 그리고 이 모든 것의 원인이 내 정신에 있었다. 내 정신이 경각심을 갖고 일에 집중하지 못한 탓이었다. 나는 자가 진단한 내 '병명'을 받아들였고, 이제 치료법을 찾을 차례였다. 생각해보니 확실히 새로운 일련의 업무 습관이 필요했다. 그래서 그런 습관을 기르겠다고 단단히 마음을 다잡았다.

나는 종이와 펜을 들고 일과표를 짰다. '출근하면 가장 먼저 우편물을 처리한다. 그런 다음 주문서 작성, 지시, 부하직원들과의 회의 등을 포함해 일상 업무를 해결한다. 마지막으로 퇴근 시간사무실을 나서기 전에 책상을 말끔히 정리한다.'

나는 마음속으로 자문자답을 시작했다. 먼저 "습관은 어떻게 만들어질까?"라고 물었고 "반복하는 것 외에는 방법이 없지"라는 목소리를 들었다. 이에 내 안의 또 다른 내가 "지금까지 이런 일을 수천 번도 더 했는데 새삼스럽게 왜 반복?"이라고 반박했다. 이번에도 내 마음속 메아리가 응수했다. "맞아, 그래도 체계적이고 집중된 방식으로 반복한 것은 아니잖아."

나는 정신을 단단히 무장한 채 업무에 복귀했지만 마음은 여전히 심란했다. 그래도 애써 마음을 다잡고 새로 작성한 업무 일정표를 곧장 실천했다. 그리고 매일, 가능한 한 거의 똑같은 시간에 똑같은 열정으로 똑같은 일을 처리했다. 내 정신이 갓길로 빠지기 시작하면 얼른 정신의 고삐를 잡아 다시 들어앉혔다.

나는 새로운 업무 습관을 기르기 위해 의지력으로 똘똘 뭉친 정신적 자극을 사용했다. 그렇게 날마다 생각을 집중하고 통일 시키는 훈련을 계속했다. 그러다 보니 어느 순간 몸에 꼭 맞는 옷처럼 그런 반복적인 일과가 편안해졌다. 이로써 나는 방황하는 정신과의 싸움에서 이겼다."

다시 한 번 당부하고 싶다. 기억력이 "응용" 심리학의 한 분야라는 사실을 명심해야 한다. 아울러 이 글의 주된 목적은 어떤 일이건 당신이 추진하는 모든 일에서 성공의 밑거름이 되는 특성을 명확히 알려주는 것이라는 사실도 절대 잊지 마라.

앞서도 말했듯, 기억력을 키우기 위해 기존의 교육법에 매달릴 하등의 이유가 없다. 당신은 이미 인간 정신에 관한 정보를 수집하기 시작했고, 평생을 헌신할 일에서 성공하는 방법과 정신의 관계를 이해하기 위한 노력도 시작했다. 따라서 기존의 방법은 더 이상 당신에게 도움이 되지 않는다. 당신이 무엇을 원하는지 생각해보라. 당신에게 필요한 것은 이론 심리학이 아니라 실제로 현실에 적용할 수 있는 응용 심리학이다. 다시 말해, 당신은 하고 싶은 일을 하면서도 경제적 안정과 행복을 이룰 방법과 심리학 원칙 사이의 관계를 이해해야 한다.

이제부터 심리학 연구실이 아닌 바깥세상에서 적용되는 심리학 원칙을 설명해주는 실질적인 데이터를 알려줄 테니 집중해주길 바란다. 특히 이 책에서 다루는 원칙들이 현실의 비즈니스 에서 실제로 어떻게 적용되는지 보여주고 싶다. 당연히 여기에는 그런 원칙을 사용했던 사람들의 실제 경험과 그들이 어떤 성과를 거두었는지도 포함된다. 그런 점에서 아주 안성맞춤인 사례가 있다. 어떤 기업가는 정확한 기억력과 그런 기억력을 기르기 위해 사용하는 아주 단순한 몇 가지 기법으로 놀라운 성공을 거뒀다.

——— 뛰어난 기억력으로 치열한 비즈니스 세상을 제패하다

기억력이 아주 뛰어난 기업가가 있다. 그의 굉장한 기억력은 타고났다기보다 순전히 후천적인 능력이었다. 그는 면밀히 관찰하고 생생하게 상상하며 한결같은 근면함과 지칠 줄 모르는 끈기로 대단한 기억력을 키웠다.

그의 정신에는 세계 모든 국가의 국경이 마치 코네티컷에 있는 그의 고향 마을의 도로처럼 정확하게 그려져 있었다. 마치 그의 정신 속에 움직이는 세계 지도가 들어 있는 것 같았다. 그는 선주도 선장도 아니었지만 진짜 선주나 선장에 뒤지지 않을 정도로 해운 산업에 대한 해박한 지식을 자랑했다. 세관원이나 관세 전문가도 아니었는데도 그의 머릿속에는 국내외 관세와 국제 관세율 등 지구상에 존재하는 모든 관세에 관한 매우 상세한 정보가 가득했다.

그는 27만 명의 종업원을 거느린 대기업의 사장이었고, 그의

회사는 미국 대륙의 3분의 1에 걸쳐 있었다. 27만 명은 미네소타주의 세인트폴, 켄터키주의 루이빌, 콜로라도주의 덴버, 조지아주의 애틀랜타의 인구보다 더 많은 숫자였다. 그는 뉴욕에 위치한 사무실에서 회사를 자신의 분신처럼 생각하는, 운영과 영업 분야의 고위자들을 만났다. 또한 세계 최대 기업의 무수한 세부사항과 관련해 아이디어를 제안하고 권고했다.

그의 일정표는 거의 매일 평균 40개 내지 50개의 약속으로 채워져 있고, 이를 한 달로 환산하면 매달 1200개에서 1500개의 약속이 있다는 뜻이다. 이런 약속 외에도 그는 광범위한 부류의 사람들과 서신을 교환하는 데 상당한 시간을 들였다.

이 사업가는 회사의 제조 및 영업 분야가 돌아가는 세세한 모든 과정까지 손바닥 보듯 훤히 꿰고 있었다. 그의 회사는 매일 300만 달러를 벌고 연매출은 거의 10억 달러에 이르렀다.

——— 제임스 A. 패럴의 놀라운 기억력

언젠가 이 기업가가 법정의 증인으로 불려나갔는데, 와인의 재료가 몇 가지인가라는 질문을 받았다. 그는 "200에서 300가지 정도 됩니다. 재료를 다 말해드릴까요?"라고 대답했다. 또한 "당신 회사의 자회사 중 하나인 아메리칸 브리지 컴퍼니의 경쟁업체가 몇 곳입니까?"라는 질문을 받았을 때는 "368곳입니다"라고 끝자리까지 잘라 대답했다. 그리고 하루 아침나절 내내 그들

업체가 어디에 위치하고 역량이 어느 정도이며 각 업체 제품의 특징이 무엇인지까지 줄줄이 읊었다.

이 외에도 그는 무수한 질문 세례를 받았다. 남미의 특정 지역에 위치한 해운 시설의 경제성 여부를 묻는 질문도 그중 하나였는데, 그는 한 치의 머뭇거림도 없이 대답했다. "작년에 이곳에서 라플라타 강을 향해 158척의 선박이 출항했습니다. 이 정도면 수익성은 충분합니다."

이 사람의 이름은 제임스 A. 패럴James A. Farrell이다. 걸어 다니는 지명 사전, 인간 지도책, 살아 있는 국제 백과사전, 상업의 마법사, 경이로운 산업의 귀재 같은 수식어가 하나도 과하지 않았다. 그는 노동자 출신으로 오늘날 미국 최대 철강회사인 US 스틸United States Steel Company의 사장에 오른 입지전적인 인물이었다.

미국 정부가 US 스틸을 상대로 소송을 제기했을 때 패럴은 열흘간 증인으로 재판에 출석했고, 자신에게 쏟아진 모든 질문에 정확히 대답했다. 책, 서류, 데이터 등 아무것도 일절 참고하지 않은 채였으며, 단 한 번도 "모르겠습니다"라고 대답하지 않았다. 그는 뭐든 다 알고 뭐든 다 기억하고 있는 것 같았다.

한 번은 이런 질문도 받았다. "US 스틸의 자회사별로 1910년부터 1912년까지 해외 사업 비중이 얼마였는지 기억합니까?" 이번에도 그는 처음부터 끝까지 메모나 서류를 전혀 참고하지 않고 똑똑히 대답했다. "물론입니다. 카네기 철강회사는 1910년

21퍼센트, 1912년에는 24퍼센트였습니다. 그리고 내셔널 튜브 컴퍼니는 1910년 10퍼센트, 1912년 12퍼센트였고, 아메리칸 시트 앤드 틴 플레이트 컴퍼니는 1920년 11퍼센트 1912년 20퍼센트였습니다. 또한 아메리칸 스틸 앤드 와이어 컴퍼니는 1910년과 1912년 각각 해외 사업 비중이 17퍼센트와 20퍼센트였고, 로레인 스틸 컴퍼니는 두 해 모두 30퍼센트로 변동이 없었습니다. 한편 아메리칸 브리지 컴퍼니는 각각 6퍼센트와 8.5퍼센트, 일리노이 철강회사는 1.2퍼센트와 2.4퍼센트였습니다." 서류를 보고 읽는 것 같은 그의 대답에 판사를 비롯해 법정에 참석한 모두가 숨이 턱 막혔다. 오죽했으면 변호인 중 한 사람은 "저 사람의 머릿속은 자동 금전 등록기와 계산기가 합쳐졌다"라고 말했을까.

이처럼 철강 산업과 철강 판매에 관한 패럴의 지식은 믿기 힘들 만큼 대단했다. 그런 지식은 우연의 산물도, 그저 얻은 것도 아니었다. 그는 수년간 철강 산업의 다양한 부문에서 공장 노동자로 일했고, 또 수년간 영업 사원으로 전국을 누볐다. 해운업과 외국에 대한 그의 방대한 지식도 어린 시절부터 오랜 세월에 걸쳐 축적된 것이었다. 그의 부친이 메인주에서 건조된 배의 선장이었는데, 덕분에 그는 열두 살 때 부친과 함께 처음 배를 탔으며 그때의 첫 항해를 시작으로 많은 지역을 여행했다. 또한 외국의 관세와 전 세계의 교역 조건에 관한 그의 해박한 지식도 사람들이 혀를 내두를 정도였다. 그는 이 모든 지식을 자신에게 유리한 무기로 만들었다. 더욱이 그는 자신의 지식을 활용해 12년 전 300만 달러에도 못 미치던 US 스틸의 철강 제품 수출액을 1년 만에 1억 달러 이상으로 증가시켜 국익에도 지대한 공헌을 했다.

─────── 철강회사 사장이 기억력을 향상시킨 비법

패럴은 "기억력을 키우는 것은 노력 없이는 안 됩니다. 아니 노력이 첫 번째입니다"라고 단언했다. "그것도 엄청난 노력이 필요합니다. 기억하려고 의식적으로 노력하다보면 뭔가를 기억하는 것이 쉽고 자연스러워집니다. 그렇게 당신의 머릿속에 뭔가를 간직하는 것이 습관으로 굳어지죠."

《셜록 홈즈》의 저자 아서 코넌 도일 경은 저서에서 기억력을 키우는 데 효과적인 네 가지 아이디어를 제시했습니다. 첫째, 반드시 집중해야 하고, 둘째, 불필요한 정신적 짐을 내려놓으라고 말했습니다. 또한 관심이 있는 것들에만 집중하고 관심이 없는 모든 것을 기억에서 지우라고 조언했죠. 마지막으로, 유익한 정보를 새로 저장할 공간을 만들기 위해 기억의 방을 청소하라고 당부했습니다.

나는 그레이트 노던 철도회사의 CEO를 지낸 제임스 J. 힐이 미국 역사상 기억력이 가장 뛰어난 사람 중 하나였을 거라고 생각합니다. 힐은 관심이 있는 것일수록 기억하기가 쉽다고 입버

롯처럼 말했습니다. 자신의 일을 포함해 특정한 주제에 관한 광범위한 지식을 얻으려면 반드시 하나는 포기할 줄 알아야 합니다. 다른 모든 것에 관한 세부 사항 전부를 정신에 저장하려고 해서는 안 되는 것이지요. 나도 그랬습니다. 나는 채광, 제조, 판매, 운송 등 철강 산업을 구성하는 모든 분야에 대해 가능한 많이 배우고자 했습니다. 그래서 내 머리에 비즈니스 정보만 주입할 수 있도록 정치나 야구에 관한 상세한 데이터는 쳐다보지도 않았습니다.

당신에게 중요한 의미가 있는 것을 스펀지처럼 흡수하세요. 당신의 활동 분야와 관련 있는 모든 것을 빨아들이세요. 반대로 당신의 활동 분야와 관련이 없고 꼭 필요하지도 중요하지도 않은 주제는 하나도 남기지 말고 정신에서 말끔히 지워야 합니다. 비록 정도의 차이는 있겠지만 인간의 뇌가 저장할 수 있는 한계 용량이 있기 마련입니다. 어떤 사람의 뇌도 태양 아래 존재하는 모든 주제에 관한 모든 사실을 저장할 수 없습니다. 그러니 불필요한 정보로 뇌 세포를 혹사시켜서는 안 됩니다. 대신에 필수적인 것들로만, 즉 필요한 정보의 양과 질을 증가시키고 개선함으로써 당신의 활동 분야에서 당신의 가치를 드높여줄 것들로만 뇌 세포를 충전하십시오."

"내가 젊은 사람이 기억력을 키우려면 어떤 방법이 좋을까요?"라고 물었을 때 그는 이렇게 답했다.

———— 기억력 훈련은 일찍 시작할수록 좋다

"뛰어난 기억력을 갖고 싶다면 업무 능력을 키우는 것에서 시작해야 합니다. 그리고 좋은 습관도 기억력을 기르는 데에 도움이 되고요. 부주의한 나쁜 습관은 기억력을 분산시키고 저하시키는 경향이 있습니다. 잘 기억하려면 깔끔하게 청소되어 정돈된 머리가 반드시 필요합니다.

'먹는 대로 된다'는 말을 들어보셨을 겁니다. 그 말이 정신에도 정확히 적용됩니다. 청소년기는 정신과 기억력이 가장 민감하고 기량이 가장 뛰어나며 가장 유연한 시기입니다. 한마디로 정신과 기억력의 최전성기죠. 따라서 어릴 때부터 적절한 정신 훈련을 시작하는 것이 매우 중요합니다. 물론 더 좋은 지식 공급원을 새로 구축하는 것은 어렵습니다. 그러나 이미 정신에서 한 자리를 차지하고 있는 성가시고 부담되고 불필요한 것을 제거하는 일도 마찬가지로 힘듭니다. 길을 잘못 들었으면 돌아나가야 하듯, 잘못 만들어진 것은 되돌려야 합니다. 때로는 상당한 대가가 따를 겁니다. 이 세상에서 가치 있는 것 중에 공짜로 얻을 수 있는 것은 없습니다. 좋은 기억력도 그에 상응하는 대가를 요구하기 마련이죠. 젊든 아니든, 기억력을 단련하고 싶다면 응당 대가를 치를 각오를 해야 합니다. 심지어는 아무 해가 없는 쾌락도 수없이 포기할 마음의 준비를 해야 합니다. 또한 기억력이 형성되는 시기에는 사교적, 사회적 환경에서 지속적으로 사람들의 이목을 끌고 싶다는 꿈은 아예 머리에 담아서도 안 됩니다. 대신에 다른 사람들의 행동을 유심히 관찰해야 합니다. 책, 잡지, 논문 같은 읽을거리에도 각별히 신경을 써야 하죠. 자신이 완벽히 습득하려고 결심한 사업 분야나 주제를 확실히 이해하고 관련 사실을 수집하는 데에 도움이 될 수 있는 것들로만 엄격히 국한시켜야 합니다. 마지막으로 여가 시간을 최대한 활용해야지 그저 빈둥거리는 식으로 헛되이 낭비해서는 안 됩니다.

내가 전선 제조 공장에서 노동자로 사회생활을 시작했을 때 겨우 열다섯 살이었습니다. 그때 매일 공장에서 12시간씩 힘들게 일하고도 밤에는 책하고 씨름했습니다. 전선 제조와 관련해 가능한 한 모든 것을 깨치려 노력했습니다. 그렇게 주경야독의 시간이 1년 가까이 지난 뒤 작은 성과를 이뤘습니다. 기능공 자격증을 힘들게 획득한 것이죠. 나는 전선 제조 분야와 철강 제조업 전반만이 아니라 영업 분야에도 관심이 있었습니다. 그래서 영업 업무에 관해 많은 것을 배우려고 최선을 다했습니다. 그리고 영업 직원이 되고 보니 고객들을 상대할 때 가장 힘이 된 것은 전선 제조 공장에서의 경험과 그 산업의 제조 부문에 관한 지식이었습니다.

학창 시절에는 지리 과목이 제일 쉬웠습니다. 선친과 조부 모두가 뱃사람이셨는데, 아마 이런 집안 내력이 외국에 관심을 가지고 내 시야를 넓히는 데 도움이 되었지 싶습니다. 이는 다시, 철강 제품을 해외에 수출해보자는 목표로 자연스럽게 이어지더군요. 가능성이 있어 보였습니다. 그래서 해외 영업 업무에 관해 지독하게 공부했고 마침내 해외 영업 관리자가 되었습니다. 내가 읽고 배운 것을 기억할 수 있었던 것은 오직 관심이 있었기 때문입니다. 오늘날 나는 철강과 운송 시설 분야의 해외 시장에 관해서 나아가 그런 시장에 진출하는 방법에 관해서는 웬만한 전문가가 부럽지 않다고 자부합니다.

미국산 제품을 판매할 해외 시장을 개척하자니 당연한 말이지만 세부적으로 할 일이 정말 많았습니다. 그러나 평소 세부 사항들을 기억하는 습관이 있어서 오히려 그 일에 매력을 느꼈고 별다른 어려움 없이 헤쳐 나갈 수 있었습니다.”

철강 산업 전반에서 패럴을 모르면 간첩이다. 특히 세부 사항에 있어서는 그를 따를 자가 없다는 것이 업계 정설이다. 특히 법정에서는 그가 오직 기억력에 의존해 완벽한 대답을 내놓는 통에 정부 측 변호인들조차 넋이 나갔을 정도였다. 아무리 궁지로 몰려고 해도 소용이 없었다. 정부 측 변호인들의 공세에도 그는 눈썹 하나 까딱하지 않았다. 석유 왕 존 D. 록펠러는 평소 보좌진에게, 자신의 일을 아는 것이 첫째로 중요하고 주변 사람들이 무슨 일을 하는지 아는 것이 두 번째라고 누누이 강조했다. 패럴은 록펠러가 강조한 바로 그런 사람이었다. 이는 그 자신이 여실히 증명했다. 자신의 회사만이 아니라 미국의 다른 모든 기업이 무엇을 하는지도 알았으니 말이다. 아니, 패럴은 한 술 더 떴다. 전선 제조 과정에 관한 지식만큼이나 다른 국가들의 철강 산업에 관해서도 손바닥 보듯 훤했다.

─────── 자신의 일에서 전문가가 되어야 한다

비즈니스 세상에는 패럴과는 정반대인 경영자가 더러 있다. 그들은 세부 사항에 대해서는 일절 모르고 관여하지 않을 뿐 아니라 그런 일은 전적으로 부하 직원들에게 일임하노라고 선언한다. 모름지기 경영자는 그래야하는 것처럼 아주 당당하다. 그래서 나는 더더욱 패럴의 생각을 꼭 듣고 싶었다. 세부 사항까지 모조리 파악하고 그런 것에 적절히 관심을 기울이는 것이 얼마나 중요한지 그의 입으로 직접 들어야만 했다. 그는 마치 기다렸다는 듯 내 질문에 열렬히 호응했다.

"경영자로서 가장 수치스러운 일은 뭘까요? 나는 회사 운영에 관한 질문을 받고 답을 몰라 부하직원이 대신 대답하는 상황이라고 생각합니다"라고 그가 말했다.

"회사 안팎의 세세한 상황과 더불어 세부 사항 각각이 어떻게 작동하는지 속속들이 알지 못한다면 나는 경영자로서 자격 미달이라고 봅니다. 쉬운 예를 들어보죠. 우리 회사의 공장이나 광산에서 일하는 어떤 관리자에게 혼자 해결하기 힘든 문제가 생겼다고 칩시다. 그는 내게 조언을 구하러 전화를 하죠. 그런데 내가 그의 말을 이해할 수 없고 그가 현장에서 어떤 상황에 직면했는지 정확히 파악할 수 없다면 어떻게 되겠습니까? 바보 같은 기분이 들지 않겠습니까?

우리 회사는 생산 부서와 영업 부서에 책임자들이 많습니다. 나는 상당수 책임자들과 주기적으로 만나 이야기를 나눕니다. 내 사무실에서 만날 때도 있고 현장 시찰을 나갔을 때 만나기도 하죠. 나는 시찰을 자주 나가는 편이거든요. 또한 나는 그들이 무슨 말을 하건 적절한 관심을 기울이며 경청하려 노력합니다.

당신이 회사에서 핵심 부문을 맡고 있다고 해보죠. 당신이 중요한 무언가에 대해 사장에게 서면으로 보고한다면 당신은 어떤 기대를 하겠습니까? 그의 비서 누군가나 아무개로부터 형식적인 답변을 받고 싶지 않을 겁니다. 우리 자회사의 사장이나 책임자가 내가 특별히 신경 써주기를 바라며 뭔가를 언급할 때도 마찬가지입니다. 나는 그 문제를 아무개에게 떠넘김으로써 그 사람의 가치를 폄훼하고 그 사람의 열정을 꺾지 않을 겁니다."

위의 이야기를 천천히 음미하며 다시 읽어보기 바란다. 당신에게 도움이 될 만한 영감이 가득해서다. 패럴의 이야기는 그 어떤 유익한 기억 훈련 프로그램보다 훨씬 더 훌륭하다. 당신이 큰 뜻을 품도록, 가치 있는 무언가를 성취하고 싶도록 영감을 주기 때문이다.

이 책의 주요 목표 중 하나는 당신 안에 존재하는 "생명의 불꽃"에 불을 붙이는 것이다. 그런 다음 결의, 야망 등으로 불리는 그 불꽃이 열정의 불길로 활활 타오르게 만들고 싶다.

단언컨대 당신은 이 책의 어딘가에서 당신이 바라는 삶의 목표로 이어지는 실타래의 끝자락을 찾게 될 것이고, 그 끝자락을 붙잡고 끝까지 간다면 원하는 목표를 달성할 수 있을 것이다. 당신에게 성공과 행복을 가져다줄 위대한 아이디어를 최소한 하나 이상 생각해낼 거라는 사실도 틀림없다. 당신이 이 책의 어디에서 그런 아이디어를 발견할지, 당신이 그 아이디어를 한 군데에서 아니면 여러 군데에서 찾을지는 나도 당신도 모른다. 심지어는 단어 하나에서, 또는 문장 하나에서 훌륭한 아이디어를 만날수도 있다. 나도 당신이 그 아이디어를 어디에서 찾을 수 있을지콕 집어줘 수고를 덜어주고 싶은 마음은 굴뚝같지만 그것은 불가능하다. 사람마다 원하는 것이 다르므로 각기 다른 곳에서 위대한 아이디어를 찾을 것이기 때문이다. 그런 아이디어를 찾는 것은 어디까지나 당신의 몫이다.

당신은 그것을 발견하는 순간 쉽게 알아볼 테니 안심하라. 장담하건대 그런 아이디어가 이 책 어딘가에 반드시 존재한다. 인간 정신이 작동하는 모든 원리가 이 책에 들어있고 인간의 정신은 누군가가 성취했거나 미래에 성취할 모든 것의 근원인 까닭이다. 요컨대 인간의 정신은 동서고금을 막론하고 인류가 이루는 모든 성취의 요람이다.

거듭 말하지만 이제 당신은 인간의 모든 성취가 만들어지는 근원에 서 있다. 당신이 평생을 바치기로 선택한 일이 무엇이든, 당신이 추구하고 싶은 일이 무엇이든 상관없다. 이제부터 당신이 할 일은 이 책이 제시하는 원칙들을 적용하는 것이다. 그러므로 이 책을 통해 인간의 정신을 여행하는 이 시간은, 미래에 당신이 관여하는 모든 분야에서 성공하기 위해 스스로를 준비시키는 과정이다.

당신은 이런 관점을 정확히 이해해야 한다. 그래야 식지 않는 뜨거운 관심을 갖고 성실하게 "실타래의 끝자락"을 찾는 데 집중할 수 있어서다. 그 끝자락을 잡고 실타래를 다 풀고 나면 당신이 바라는 삶의 지위에 도달하게 될 것이다.

기억력에 관한 이야기의 마침표를 찍기에 딱 좋은 글이 있다. 총 12권으로 구성된《응용 심리학》의 저자이자 응용 심리 학회의 창설자인 워런 힐턴Warren Hilton 박사가 응용 심리학에 관해 발표한 논문이다.

─────── 비즈니스의 성공을 부르는 과학적인 기억 체계

우리는 연상을 통해 무언가를 떠올린다. 당신의 정신이 특정한 정보를 기억하기 바란다면, 분석적이고 의도적으로 의식적인 노력을 기울여야 한다. 어떻게 해야 할까? 이미 당신의 정신 속에 존재하는 하나 이상의 다른 사실과 그것을 연결시켜라.

어떤 사실이나 이름을 기억하기가 힘들 때 그것을 억지로 떠올리려 해봤자 애먼 에너지 낭비에 불과하다. 대신에 시간이나 장소처럼, 당신이 기억하고 싶은 것과 관련 있는 다른 사실이나 이름을 생각해내려 노력하라. 그리하면 당신이 전혀 기대하지 않을 때 그것이 당신의 의식 속으로 들어올 것이다.

대체로 기억력이 좋은 편인데 특정한 영역에서만 기억력이 나쁘다면, 당신이 그 분야에 관심이 없기 때문에 연결 고리가 없어서다. 정반대의 경우도 가능하다. 다른 모든 것은 잘 기억하지 못하면서 유독 특정한 영역에서만 놀라운 기억력을 발휘할 수 있다는 이야기다.

기억력을 향상시키려면 정신적 연상 작용의 빈도와 다양성을 증가시켜야 한다.

특정한 사실을 기억하는 데에 도움이 되는 많은 기법이 고안되었다. 그런 기법의 뿌리에는 오직 하나의 원칙이 있다. 인간의 정신은 가장 복잡하고 정교한 분류 체계를 통해 관련된 아이디어들을 한곳에 저장하고, 그렇게 같은 무리에 속한 동종 아이디

어를 떠올리기 가장 쉽다는 점이다.

효율적인 모든 교육의 근간에도 동일한 원칙이 작용한다. 유능한 교사는 학생들이 새로운 사실을 잘 기억하도록, 그들이 이미 획득한 사실과 새로운 사실을 연결시키기 위해 아이디어 연상 기법을 활용한다. 가령 교사는 새로운 내용을 가르칠 때 학생들 주변에 있는 익숙한 무언가에 비유하거나 학생들의 개인적인 경험과 연결시킨다. 예를 들어 유능한 교사라면 태양과 지구 사이의 거리를 설명할 때 학생들에게 이렇게 물을 수 있다. "태양에서 누군가가 너희를 향해 대포를 쏜다면 어떻게 할래?" 학생들이 "빨리 피할래요"라고 답하면, 교사는 "빨리 피하지 않아도 괜찮아. 그냥 평소처럼 너희 방으로 가서 잠을 자고 아침에 일어나렴. 그리고 열여섯 살 성인식도 하고 기술을 배우고 선생님만큼 나이를 먹을 때까지 기다리다가 한쪽으로 비켜서면 될 거야. 태양과 지구 사이의 거리가 그토록 멀어!"라고 답할 수 있다.

지금부터 기억력을 향상시키고 당신의 거대한 지식 창고를 더욱 완벽히 활용하기 위해 이 원칙을 어떻게 적용할 수 있는지 알아보자.

· 규칙 I: 감각 기관들을 체계적으로 사용하라

만약 당신이 사람의 이름을 잘 기억하지 못한다면 지금부터는 새로운 사람을 소개받을 때마다 주변을 둘러보라. 주변에 있는 사실과 상황 그리고 환경을 가능한 한 많이 그리고 가능한 한 다양하게 확인하라. 머릿속으로 그 사람의 이름을 생각하면서 눈으로는 그 사람의 얼굴과 옷차림과 체격을 살펴보라. 동시에 그 사람을 처음 만나는 장소를 정신에 단단히 각인시켜라. 당신에게 그 사람을 소개해준 친구의 이름과 성격과 그 사람을 연관시켜 생각하라.

기억력은 획득하기 힘든 능력이 아니다. 자발적 회상voluntary recall의 힘으로서 정신이 훈련을 통해 획득한 습관적인 활동에 지나지 않는다.

무언가가 잘 생각나지 않는다고 기억력을 탓하지 마라. 기억력 자체에는 아무런 문제가 없다. 당신이나 나나 그리고 다른 모든 사람이나, 기억이라는 정신적 능력에서는 차이가 없다. 문제는 당신이 "무관한 사실들"이라고 생각하는 것에 전혀 관심을 기울이지 않아서다. 따라서 세심히 관찰하는 습관부터 길러야한다. 관찰한 사실 중에서 기억하고 싶은 것을 다양한 외부 연상물로 강화하라. 절대로 무엇이든 어중간하게 아는 것에 만족하지 마라.

다시 말하지만 관찰의 습관을 기르면 외부 사실들을 기억하기가 쉬워진다. 다행히도 관찰의 습관을 기르는 데에 도움이 되는 쉽고 간단한 훈련법이 있어 소개한다.

a) 익숙하지 않은 낯선 방을 찬찬히 걸어보라. 그 방을 나온 뒤, 그 방에서 본 것 중 기억할 수 있는 모든 것을 적어보라. 일주일간 매일 이 훈련을 하되, 매번 다른 방을 선택하라. 절대 건성으로 하지 말고 최선을 다하라.

b) 거리를 걸을 때 한 블록 안에서 보고 듣는 모든 것을 유심히 관찰하라. 두 시간 후, 그 거리에서 보고 들은 것 중 기억할 수 있는 모든 것을 적어보라. 열흘간 하루에 두 번씩 이 훈련을 하고 결과를 비교해보라.

c) 매일 밤 그날 있었던 사건들을 상세히 되짚어보는 습관을 들여라. 이렇게 하면 주변에서 일어나는 일에 대해 무의식적으로 더욱 관심을 기울여 관찰하게 된다.

d) 미국의 아무 주나 골라 지도를 한번 훑어보라. 그런 다음 지도를 치우고, 가능한 한 그것과 비슷하게 지도를 그려보라. 마지막으로 당신이 그린 지도를 원본과 대조해보라. 가능한 한 자주 이 훈련을 하라.

e) 누군가에게 아무 책에서나 문장 하나를 골라 읽어달라고 부탁한 다음, 당신이 그 문장을 반복해보라. 이 훈련은 매일 하되, 처음에는 짧은 문장으로 시작해서 점점 문장의 길이를 늘이고 나중에는 문단 하나를 통째로 외워보라. 그리고 당신의 단기적 기억의 한계가 어디까지인지 알고 싶다면, 가족들과 함께 이 훈련을 한 뒤에 비교해보면 된다.

· 규칙 II: 생각을 다른 무언가와 연결시켜라

외부를 관찰해 얻는 사실 말고 다른 것도 기억해야 한다. 당신의 삶은 물리적인 세상으로만 이뤄지는 것이 아니다. 당연히 내면의 삶도 있다. 당신의 정신은 과거의 일들을 다루는 동시에 미래의 그림을 그리느라 한시도 쉬지 않는다. 당신은 계획을 세우고 고안하고 발명하고 만들고 예측해야 한다.

정신에서 이뤄지는 이 모든 작업이 쓸데없는 에너지 낭비가 되지 않으려면, 당신은 필요한 상황이 생길 때 정신 작용의 결과를 반드시 소환할 수 있어야 한다. 예를 들어, 당신은 갑자기 좋은 생각이 떠올랐지만 지금 당장은 써먹을 데가 없다. 그런데 다음 날 그것이 필요한 일이 생긴다면, 어제의 생각을 기억할 수 있을까? 확실한 방법은 하나뿐이다. 정신의 전체 연상 과정을 면밀히 분석해야 한다.

당신을 그 종착지로 데려다준 생각의 기차를 검토하라. 당신이 그런 결론에 도달할 때까지 꼬리를 물고 이어지던 생각들을 하나하나 뜯어보라는 이야기다. 적절한 결론에 도달할 때까지 머릿속으로 그 생각을 물고 늘어져라. 그 생각을 토대로 행동하는 자신을 상상하고, 그것이 다른 사람들과는 어떤 관계가 있을지 예상하라.

그 심상의 모든 세부 사항에 주목해야 한다. 다시 말해 생각을 기억하려면, 감각 기관을 통한 관찰력을 촉진해서 그 생각과 관련된 외부 세상의 사실들을 기억해야 한다. 생각을 기억하도록 스스로를 훈련시킬 때에 유익한 자기 수련법이 있다.

a) 매일 아침 8시 정각에 아무거나 아이디어 하나를 정하라. 그리고 그날 특정한 시간에 그것을 떠올리겠다고 스스로와 약속하고, 그 약속을 지킬 수 있게 의지력을 총동원하라. 그 시간이 되었을 때 당신이 무슨 일을 하고 있을지 상상해보고, 당신이 선택한 아이디어와 그 활동이 조화롭게 어울린다고 생각하라. 또한 그 시간이 되었을 때 당신 주변에 있을 물건과 그 아이디어를 머릿속으로 연결시켜라. 이런 식으로 그 아이디어를 정신에 확실히 새긴 다음에는 잊어버려라. 그것에 대해 아무것도 머리에 담지 마라. 연습이 거듭될수록 당신은 스스로와의 그 약속을 자동적으로 지킬 수 있게 될 것이다. 이 훈련을 최소 석 달간 계속해보라.

b) 매일 잠자리에 들 때 기상 시간을 구체적으로 정하라. 아침의 그 특정한 시간에 흔히 들을 수 있는 모든 소리에 대해 생각하라. 다른 모든 생각을 의식에서 말끔히 지우고, 내일 아침 정해진 시간에 반드시 일어나겠다는 결심을 새기며 잠에 들어라. 그리고 눈이 뜨이면 무슨 수를 쓰든 침대에서 바로 나와라. 이 훈련을 계속하면 얼마 지나지 않아 언제든 당신이 원하는 시간에 일어날 수 있게 될 것이다.

c) 매일 아침 그날의 대략적인 활동 계획을 정하되, 반드시 중요한 활동만 선택하라. 세부 사항에 대해서는 신경 쓰지 않아도 된다. 그날 업무를 처리할 논리적인 순서를 결정하라. 무슨 일을 할지 그런 일을 어떻게 할지도 많이 생각하지 마라. 오직 결과에만 정신을 집중시켜라. 그리고 계획을 세웠다면 그 계획을 철저히 지켜라. 당신이 스스로의 상사가 되어 매의 눈으로 감시하라. 당신이 정한 목표에만 관심을 쏟고 어떤 것에도 관심을 분산시키지 마라. 이처럼 일일 계획을 작성하는 것을 습관으로 만들고 평생 그 습관을 유지하라. 이 훈련은 당신이 무엇을 원하든 그 목표를 향해 당신을 크게 도약시켜줄 것이다.

· 규칙 Ⅲ : 체계적이고 끈기 있게 추구하라

기왕에 기억력을 키우기 위한 노력을 시작했으니 끈기를 가져보자. 날짜, 얼굴, 사건 등 당신이 기억하고 싶은 것은, 당신이 외부 세상에서 관찰한 것은 물론이고 정신적인 삶에서 벌어진 다양한 사실들과 밀접하게 관련되어 있다. 기억력이 좋냐 나쁘냐는 하나에서 갈린다. 기억의 방아쇠를 당길 무언가를 생각해내는 능력이다. 그것은 당신이 원하는 기억과 불가분하게 연결되어 있어서 다른 사실들도 줄줄이 사탕처럼 자동적으로 딸려오게 만드는 아이디어를 말한다. 따라서 당신이 할 일은 하나의 명확한 생각의 기차에 관심을 집중해서 그것의 모든 가능성을 철저히 규명할 때까지 중단하지 않는 것이다. 당신은 연상되는 것들을 하나하나 검열하면서 적절한 것이 생각날 때까지 다른 것은 억누르거나 무시해야 한다. 기차가 종착지에 도달할 때까지 중간의 정거장들을 지나치듯이 말이다. 이것은 지름길일 수도, 우회로일 수도 있다. 그러나 열에 아홉은 원하는 결과를 얻을 거라고 장담한다. 성공 확률이 무려 90퍼센트이니 해볼 만하지 않은가?

· 규칙 Ⅳ : 완결해야 하는 일이 생각나는 순간에 바로 시작하라

기억을 통해 의식에 들어오는 모든 아이디어는 빈손이 아니다. 그것을 기반으로 하는 어떤 행동을 하고 싶은 충동을 함께 데려온다. 당신이 그 충동을 따르지 않으면 그 아이디어는 당신에게 아무런 존재감을 발휘하지 못할지도 모른다. 또는 시간이 흐른 뒤에 당신이 그 아이디어를 다시 떠올리더라도 이미 때가 너무 지났을 수도 있다.

정신적 기제(mental mechanism(자아의 기능 중 하나로 지각, 기억, 방어 기제 등등 무의식적인 정신적 과정을 총칭한다. —역주)를 당신 편으로 만들 수 있는 방법은 딱 하나다. 그 기제가 제안하는 것을 행동으로 실천해야만 그것은 당신을 충실하게 '도울' 것이다.

이것은 신체적 습관은 물론이고 비즈니스에도 똑같이 적용된다. 지금 머리에 떠오르는 중요한 문제를 행동으로 실천해야 하는 때는 "나중"이나 "내일"이 아니라 바로 "이 순간"이다.

당신이 매순간 하는 일이 당신의 전체 경력의 스토리를 구성한다. 당신은 떠오르는 생각들을 서로 비교해서 상대적 중요성을 결정해야 하고 반드시 정직하게 비교해야 한다. 무심코 정신에 들어와서 집중력을 흩뜨려놓는 충동적인 생각에 휘둘리지 마라. 그리고 각 생각의 상대적 중요성을 결정한 것으로 그쳐서도 안 된다. 곧바로 그 생각이 원하는 대로 다 할 수 있는 전권을 주어라. 그래야 더 중요한 무언가에 밀릴 가능성을 차단할 수 있다.

어떤 이유에서건 당장 행동으로 실천할 여건이 안 된다면, 적절한 시간에 그것을 다시 떠올릴 수 있도록 정신에 단단히 각인시켜라. 그 하나의 생각에만 모든 관심을 집중시키고 다른 모든 생각을 의식에서 몰아내라. 그 생각을 다시 떠올리고 싶은 정확한 시간을 선택하고 정해진 그 시간에 반드시 떠올리겠다는 약속을 지키기 위해 온 힘을 쏟아 부어라.

· 규칙 V: 어떤 식으로든 꼬리표를 붙여라

기억의 꼬리표는 무엇이든 상관없다. 단, 조건이 있다. 다시 기억해야 하는 정확한 시간과 직접적으로 관련 있는 것이어야 한다.

당신이 지금까지 습관적으로 사용하는 기억의 꼬리표가 있다면, 그 꼬리표는 당신의 정신적 기계의 일부다. 그 꼬리표를 관찰하는 습관을 들이고, 당신이 기억하고 싶은 것들에 그 꼬리표를 부착하는 연습을 해보라.

당신이 반드시 해야 하는 시간에 그리고 순서에 맞춰 일을 완수하는 습관을 길러라. 이런 습관은 정신의 고속도로와 같다. 다시 말해 그것은 신속성, 에너지, 끈기, 정확성, 자제심 등의 성격적 특성에 대한 저항이 가장 적은 경로로서 성공 가능성을 끌어올린다.

직업적인 삶과 개인적인 삶 모두에서 성공할 수 있는 방법은 하나다. 적절하고 올바른 습관을 길러야 한다. 또한 올바른 습관을 의도적으로 기를 수 있는 방법도 하나뿐이다. 습관으로 만들고 싶은 적절한 행동을 의식적으로 실천함으로써 몸이 무의식적이고 자동적으로 움직이는 완벽한 습관으로 굳혀라.

사람들은 누구나 의식적으로든 무의식적으로든, 좋은 것이든 나쁜 것이든 자신만의 독특한 기억 습관을 개발한다. 이왕 기억에 대한 습관을 만든다면, 정신의 법칙에 따라서 의식적으로 기억 습관을 기르는 것이 좋지 않겠는가. 그리하면 머지않아 몸이 알아서 무의식적이고 시계처럼 정확히 그런 습관을 실천하게끔 되어 있다.

좋은 기억력을 기르기만 하면 그것은 온전히 당신의 소유다. 다만 기억력을 키우는 것은 다른 누구도 대신해줄 수 없다. 이 또한 온전히 당신의 몫이다. 어떻게 해야 하냐고? 지금까지 말한 것에 답이 있다. 행동하라.

연상과 기억의 법칙들이 합쳐져 기억의 보물 창고를 열 수 있는 열쇠가 된다. 그 법칙들을 실천하라. 그리하면 당신은 필요할 때마다 풍부한 경험을 할 수 있다.

• 기억력 완전정복

기억력에 대한 대장정을 마치며 당신이 지나온 여정을 돌아보자. 먼저 당신은 정확한 기억력을 구성하는 주된 요소 중 하나에 대해 배웠다. 기억해야 하는 주제에 집중하라.

기억력을 크게 향상시킬 수 있는 방법에 대해서도 알게 되었다. 기억하고 싶은 것을, 당신이 쉽게 생각해내는 익숙한 무언가와 연결시켜라. 또한 잠재의식 영역은 당신의 정신에 도달하는 감각 인상들을 분류해서 유사성이나 관련성을 토대로 한데 묶는다는 것도 확인했다. 그래야 특정한 감각 인상과 관련된 어떤 것이 의식 영역에 떠오를 때, 그것이 고구마 줄기처럼 관련된 감각 인상을 함께 불러낼 수 있기 때문이다.

당신은 기억하고 싶은 감각 인상에 대한 명확한 심상을 잠재의식 영역에 각인시키는 방법을 이해했다. 또한 기억하고 싶은 이름을 필요할 때면 언제든 아무 노력 없이 자연스럽게 떠올릴 수 있는 방법도 배웠다. 둘 다 방법은 동일하다. 계속 반복하는 것이다.

연결시키고 집중하고 반복하라!

이 세 가지는 기억력을 지원하는 최고의 동맹군들이다.

당신은 기억력을 저하시키는 주요 원인이 무엇인지도 알게 되었다. 특정한 감각 인상이 만들어지는 바로 그 순간에 대해 신경을 쓰지 않는 것이다. 기억력을 도와주는 최고의 3인방이 있다면, 기억력에 가장 위협적인 3대 적들도 있다. 그중 하나가 인상이 만들어지는 순간에 무관심한 것이다. 그리고 나머지 두 가지 적은, 감각 인상이 만들어지는 동안에 관심이 분산되는 것과 집중력이 부족한 것이다.

마지막으로 당신이 평생 바치고 싶은 일에서 성공할 수 있는 비법을 배웠다. 패럴의 이야기는 정확한 기억력이 그 같은 성공에서 얼마나 중요한지 보여준다.

방대한 기억력의 영역을 하나의 짧은 문장으로 정의해야 한다면 이렇게 말하고 싶다.

"기억하고 싶은 것에 온 관심을 집중시키고, 정신에 그것에 대한 심상을 그리며, 큰소리로 그것을 반복해서 말하고 당신이 언제라도 쉽게 떠올릴 수 있는 사람이나 장소와 연결시켜라."

9장

군중을 사로잡은 암시의 표본

마르쿠스
안토니우스의
연설

○ NAPOLEON
HILL'S
GOLDEN
RULES

몇 해 전 기자클럽의 회장이라는 사람에게서 전화를 받았다. 간밤에 투표가 있었는데 내가 기자클럽 회원으로 뽑혔다며, 오늘 오후에 직원을 보낼 테니 회원 신청서에 서명을 해주기만 하면 된다고 했다. 나는 고맙다고 인사한 다음, 입이 귀에 걸린 채로 수화기를 내려놓았다. 한 시간쯤 지나서 어떤 청년이 내 사무실을 찾아왔다. 그는 거침없이 내 책상 쪽으로 성큼성큼 걸어오더니 평범해 보이는 작은 서류를 책상 위에 내려놓았다. 기자클럽 신청서였다. 청년은 손에 모자를 쥔 채 내가 서명하기를 잠자코 기다렸다. 나는 황급히 신청서를 집어 들고 대강 훑어본 다음 서명하려고 했다.

그런데 그 순간 회원으로 나를 추천한 사람이 누군지 알고 싶어졌다. 무엇보다도 호기심이 가장 컸다. 그래서 그 청년에게 누가 나를 추천했는지 물었다. 그러자 그는 자신은 그 사람이 누군지는 모른다면서, 아마도 기자클럽의 기존 회원이면서 나와 가까운 누군가가 추천하지 않았겠느냐고 얼버무렸고, 기자클럽의 회원이 되는 것은 커다란 명예라고 서둘러 덧붙였다. 나는 다시 펜을 들고 점선으로 표시된 서명란에 내 이름을 적기 시작했다. 그러나 신청서 용지는 싸구려 티가 났고, 펜 끝이 용지에 "들러붙어" 글자가 잘 써지지 않았다. 그 바람에 나는 잠시 서명을 멈추고 다른 종이에 펜 끝을 문지르기 시작했다. 그렇게 잠시 짬이 생기자 내 머리는 나를 추천한 사람에 대한 생각으로 돌아갔다. 이왕 생각난 김에 그가 누군지 꼭 알고 싶었다. 그래서 손을 멈추고 펜을 내려놓은 다음, 회장에게 전화를 걸어 알아봐달라고 청년에게 부탁했다. 그런데 회장도 누가 나를 추천했는지 모른다고 했다.

처음으로 의심이 고개를 들었다. 나는 청년에게 지금은 서명하지 않는 것이 좋겠다고 말하면서 신청서를 다시 찬찬히 살펴보았다. 내 눈길이 어딘가에서 딱 멈췄다. 회비가 150달러라고 명시된 문구였다. 그 숫자가 1분 전쯤 통화하기 전보다 열배는 더 커보였다. 나는 갑자기 "덜컥 겁이" 나면서 여차하면 속아서 "바가지"를 쓸 뻔했다는 찜찜한 기분이 들었다. 그때까지만 해도 누군지는 모르지만 어떤 좋은 친구의 배려 덕분에 심사 기준이 까다로운 클럽의 회원이 된다며 우쭐했다. 이는 변명의 여지가 없는 일이었다. 허영심에 눈이 멀어 내 상황 판단력이 무뎌진 것이었다. 그러나 이제 정신이 들면서 뭔가 "수상한 냄새"를 맡기 시작했다. 그 청년도 내 심경의 변화를 눈치 챘는지 큰 소리로 말했다. "아니, 왜요? 외람되지만 선생님은 기자클럽에 들어가기가 얼마나 어려운지 모르시는 것 같습니다. 투표를 통해 선정되기 전에는 아무도 회원이 될 수 없습니다. 선생님께 영광스러운 기회가 찾아왔는데 스스로 차버리시다니요. 그러시면 안 됩니다."

그의 말이 묵직하게 와닿았고 곧장 의심의 먹구름이 걷히는 듯했다. 또한 내가 너무 성급하게 펜을 내려놓았나 싶은 생각도 들었다. 그래서 다시 펜을 집으러 손을 뻗었지만, 신청서에 적힌 150달러라는 숫자가 또 다시 내 눈을 사로잡았다. 그 숫자가 아까보다 더 커 보였고 결국 나는 신청서를 그 청년 쪽으로 밀면서 말했다. "아니, 며칠 생각을 좀 해봐야겠습니다." 그런 다음 나는 그를 문으로 안내했다.

이튿날 한 친구에게 내가 기자클럽의 회원으로 선정되었다는 이야기를 들려주었다. 약간 우쭐한 기분을 도저히 감출 수가 없었다. 그것이 내 얼굴 표정에 다 드러난 모양이었는데, 친구가 크게 웃었다. 이제까지 그 친구가 그렇게 크게 웃는 것을 본 적이 없었다. 친구가 말했다. "잘 들어 봐. 네가 기자클럽에 정말 들어가고 싶다면 50달러만 받고 내가 넣어줄게. 그렇지만 솔직히 네가 정말로 그 클럽의 회원이 되고 싶어 한다고는 생각하지 않아. 그래도 만에 하나 네가 정말 원한다면, 내가 네 돈을 100달러나 아껴주는 셈이야." 친구는 잠시 말을 끊었다가 이었다. "또 네가 흥미가 있을까 봐 하는 말인데, 그 클럽은 요즘 대대적으로 회원을 모집하고 있어. 그러니까 내 말은 회원으로 선정되었다고 그렇게 '우쭐해'할 필요가 없다고."

나는 쥐구멍에라도 들어가고 싶어졌다. 죽을 때까지 그때의 민망함을 잊지 못할 것이다. 모든 상황을 명확히 이해할 수 있었다. 나는 친구에게 내 주머니가 허락한 한도 내에서 최고급 쿠바산 엽궐련 한 상자를 사 주었다. 친구가 놀라서 물었다. "이 비싼 걸 왜 사 주는데?" "지금까지도 그랬고 앞으로도 다시없을 내 평생 최고의 판매 기법을 가르쳐준 보답이야."

나는 광고와 판매 기법 수업에 들어갈 때마다 항상 이 이야기를 한다. 비록 개인적으로 자존심에 생채기가 난 사건이지만, 응용 심리학을 공부하는 사람에게는 아주 귀중한 교훈이기 때문에 그 이야기를 꼭 하고 싶었다.

하마터면 나는 허영심 때문에 150달러를 잃을 뻔했다. 내 유일한 구세주는 싸구려 신청서 용지였다. 만약 펜과 종이에 아무 문제가 없었더라면 나는 그대로 서명을 했을 것이고, 150달러를 홀러덩 날렸을 것이다. 그것을 판매 상황에 적용시키면 "나를 파는" 대신에 "내가 사는" 것에 대해 보여주는 실질적인 사례였다. 나는 구매 과정의 완벽한 "먹잇감"을 자청한 꼴이었다. 아무도 그 클럽에 가입하라고 내 등을 떠밀지 않았다. 그런데도 나는 그 클럽에 가입하는 대신 현금 150달러를 선뜻 내주는 것은 물론이고 "내게 그 기회를 준" 사람에게 감사할 준비도 되어 있었다. 그들의 판매 전략에서 허점은 나를 추천한 사람이 누구인지 알려주지 못한 것이었고, 그것이 내 신뢰를 앗아갔다. 그 전략을 수립했던 사람은 "거의" 판매의 달인 급이었다. 그저 아주 사소한 세부 사항 하나를 놓쳤을 뿐이다. 그들은 누군가가 나를 추천했다는 것 말고 다른 전략을 짤 수도 있었다. 그동안 내 사업이 성장하는 것을 꾸준히 지켜봐왔고 이제는 내가 좋은 회원이 될 거라고 생각했다고만 말했어도 신청 과정은 일사천리로 진행되었을 것이다. 그러나 그들은 내게 '구매'에 대한 확신을 주지 못했고, 나는 믿음이 없어졌으며, 그들은 서명란이 공란으로 남은 신청서를 받게 되었다.

이 이야기의 교훈은 지극히 평범해서 깊이 분석할 필요도 없다. 초등학생도 충분히 이해할 만큼 그 이야기의 이면에 깔린 심리는 명백하다. 이 심리 원칙을 당신도 사용해보라. 이것을 어떻게 사용하는가는 누구에게 무엇을 판매하는가에 달려 있다. 다시 말해 구매자와 당신이 판매해야 하는 상품에 따라 달리 사용해야 한다.

이에 대한 아주 좋은 사례가 있다. 셰익스피어의《율리우스 카이사르》에 실린 마르쿠스 안토니우스가 카이사르의 장례식에서

했던 추도 연설이다. 결론부터 말하면 그는 그 연설에서 내가 거의 넘어갈 뻔했던 심리학 원칙을 똑같이 사용했다. 그의 연설 전문은 잠시 후 자세히 알아보자. 안토니우스의 연설을 보면, 그가 로마 군중의 허영심을 얼마나 교묘하고 능숙하게 요리하는지 혀를 내두를 정도다. 그는 연설을 시작하면서부터 카이사르의 죽음에 대한 자신의 관점을 "판매"하려고 시도하지 않았다.

앞으로 소개할 그의 연설을 천천히 곱씹으며 읽고, 그 연설 이면에 있는 커다란 생각을 포착하고 이해하라. 안토니우스가 자신이 원하는 방향으로 물길을 돌릴 수 있는 유리한 변곡점에 도달할 때까지 물의 흐름에 어떻게 편승했고 어떻게 거슬렀는지 확인하라.

자연 상태의 라듐 1밀리그램을 얻으려면 1000톤에 달하는 흙투성이 광물과 씨름해야 한다. 그런 식으로 순수한 라듐을 분리하는 과정은 길고 지루하며 비용도 많이 들지만, 천연 라듐을 얻으려면 그 방법밖에 없다. 그리고 그것이 라듐이 매우 고가에 팔리는 이유 중 하나다. 단순해 보이는 진실에 도달하는 과정도 때로는 라듐을 얻는 과정과 비슷하다. 더러는 수많은 증거들을 조사하고 사용 가능한 증거와 사용 불가한 증거를 구분해야 한다. "라듐"을 얻고 싶다면 그 과정을 피할 수 없다.

성공적인 모든 판매 기법의 근본 요소인 응용 심리학과 관련해 단순한 원칙이 하나 있다. 당신은 혹시 내가 그 위대한 원칙에 도달하라며 일종의 라듐 정제 과정을 억지로 강요한다는 압박을 느낄지도 모르겠다. 그러나 정제 과정이 끝나면 당신도 인정할 거라고 확신한다. 그 과정에 들인 시간이 매우 가치 있었다고 말이다.

나는 위대한 그 원칙을 은유적으로 설명하기 위해 마르쿠스 안토니우스의 연설을 사용할 계획이다. 안토니우스는 카이사르의 장례식에 참석했다가 브루투스의 초대로 연단에 올라 군중 앞에 섰다. 그리고 우회적인 연설로 군중을 교묘히 선동해 브루투스의 연설에 직격탄을 날렸다. 엄밀히 말하면 그 연설은 안토니우스의 입을 빌린 셰익스피어의 연설이었지만, 내 평생 읽어본 어떤 글도 셰익스피어가 쓴 안토니우스의 연설만큼 응용 심리학의 근본 원칙 중 하나를 정확히 묘사하는 것은 없었다.

이제 그 연설 전문을 읽어볼 시간이다. 한 가지 미리 양해를 구하고 싶다. 나는 좀 더 명확히 비교하기 위해 연설 중간 중간에 내 의견을 삽입할 것이다.

• 안토니우스, 아슬아슬한 곡예를 시작하다

카이사르가 정적들의 손에 암살당했다. 그리고 암살을 주도한 브루투스가 카이사르의 장례식에서 연설을 막 끝낸 참이었다. 그는 군중에게 카이사르를 제거할 수밖에 없었던 이유를 설명하며 암살을 정당화했다. 군중은 브루투스가 제시한 이유를 받아들였고 그를 믿었다. 아마 브루투스는 당시 로마에서 가장 존경받고 가장 사랑받는 사람이었을 것이다. 군중은 카이사르를 암살한 이유에 대한 그의 간결한 주장을 한 치의 의심 없이 받아들였다.

셰익스피어는 동전의 양면 같은 문제의 두 얼굴을 드러내기 위해 기발한 장치를 사용한다. 브루투스와 안토니우스를 차례로 등장시켜 각자가 얼굴 하나씩을 대변하게 만든 것이다.

먼저 브루투스가 연단에 올라 자기 입장을 피력했고, 그는 군중을 제 편으로 만들었다고 생각해 득의양양해했다. 그러나 실상은 달랐다. 모든 의심의 그림자를 없앨 만큼 군중을 완벽히 납득시키지는 못했다. 다시 말해 군중은 그의 주장에 완전히 설복당하지 않았다. 그런데도 브루투스는 자만심에 도취되어 안토니우스에게 연단을 너무 빨리 넘겨주고 말았다. 다만 이때에도 군중은 여전히 브루투스의 편이었고, 행여 누군가가 그의 명예를 훼손하려고 한다면 그 사람이 누구든지 적대시했을 것이다.

안토니우스가 연단에 모습을 드러냈다. 군중은 안토니우스와 카이사르의 관계를 잘 알고 있었다. 안토니우스는 가장 먼저, 군중을 달래고 그들의 정신을 수용적인 상태로 만드는 것에 집중했다. 만약 군중의 정신이 무력화되지 않으면 그는 한 발짝도 앞으로 나아갈 수 없을 터였다. 또한 그는 털끝만큼이라도 반대편을 "공격하는" 것 같은 인상을 줘서는 안 됐다. 이 두 가지 원칙은 상대가 다수든 한 명이든 사람들을 설득할 때의 기본 중 기본이다. 다시 말해 청자의 정신은 화자의 주장에 "넘어올" 준비가 되어야 하고 화자는 경쟁자를 "공격"해서는 안 된다.

안토니우스: (연단에 오른다.) 브루투스의 넓은 아량과 배려 덕분에 제가 오늘 여러분 앞에 설 수 있었습니다.
시민 4: 안토니우스가 브루투스가 어쩌고저쩌고 하는데 정확히 뭐라고 했나요?
시민 3: 브루투스의 아량과 배려 덕분에 자신이 오늘 우리 앞에 나설 수 있었다는 군요.
시민 4: 부디 오늘은 브루투스에 대해 나쁜 말을 하지 않아야 그의 신상에 좋을 텐데요.
시민 1: 저기 주검이 된 카이사르는 독재자였소.
시민 3: 암, 그렇고 말고. 카이사르가 죽은 건 우리 로마에는 더 없는 축복이지.
시민 2: 다들, 조용히 하고 안토니우스가 무슨 말을 하는지 들어나 봅시다.

이 순간 평범한 아마추어 연설가라면 어떻게 할지 눈에 선하다. 거만한 걸음걸이로 연단 앞으로 나가 가슴을 쫙 펴고 몸집에 비해 두 배나 큰 목소리로 "친애하는 로마 시민, 동포 여러분!"이라고 소리치리라. 이는 연설을 실패로 이끄는 지름길이다. 그러나 영민한 안토니우스는 먼저 시민들의 흥분부터 진정시켜야 한다는 것을 정확히 간파했고, 이렇게 연설을 시작했다.

안토니우스: 친애하는 로마 시민, 동포 여러분, 제 말에 귀를 기울여 주십시오. 저는 카이사르를 칭송하기 위해서가 아니라 그분께 작별 인사를 하러 이곳에 왔습니다. (회유의 토대를 세우다.) 사람들이 생전에 저지르는 악행은 당사자가 죽어도 두고두고 욕을 먹지만 선행은 흔히 유골과 함께 땅에 묻혀 잊힙니다. 카이사르도 그렇게 보내드려야겠지요. 고결하신 브루투스는 방금 카이사르가 야심을 품었다고 말했습니다. 정말로 그랬다면 그것은 슬프고도 씻을 수 없는 큰 잘못이었습니다. 그러나 그는 이미 죽어 변명이든 뭐든 아무 말도 할 수 없으니 안타까움을 금하지 못하겠습니다.

브루투스는 명예를 목숨처럼 생각하는 존경스러운 분입니다. 그리고 브루투스를 도와 이번 거사를 치르신 분들 모두도 명예를 아는 존경스러운 분들입니다. 그런 분들이기에 제가 오늘 카이사르에게 마지막 인사를 할 수 있게 흔쾌히 허락해주셨습니다. 카이사르는 제 친구였습니다. 제게는 아주 충직하고 정의로운 친구였습니다. (그가 당신에게 어떤 존재였든 내게는 그저 정의로운 친구였고, 그래서 나는 그를 존경한다는 의미이다.)

그런데 브루투스의 말씀으로는 카이사르가 야심이 컸다고 합니다. 물론 브루투스는 명예로운 분으로 존경받을 자격이 충분합니다. 하지만 여러분, 생각해보십시오. 카이사르는 전쟁에 나가 많은 포로를 로마로 데려왔고 그들의 몸값을 받아 한 푼도 사사로이 쓰지 않고 이 나라의 국고를 든든히 채웠습니다. 그런데도 그가 야심으로 가득했던 사람이라고 생각하십니까? 가난한 시민들이 배고픔에 울부짖으면 카이사르도 함께 눈물을 흘렸습니다. 이런 사람에게 야심이 있었을까요? 야심이라는 것은 카이사르의 측은지심보다 더 강철 같은 심장에서 나옵니다. 그런데도 명예를 지키는 존경스러운 브루투스는 그가 야심이 컸다고 하는군요. 로마 시민 모두가 루퍼칼 축일 Lupercal(로마의 팔라티노 언덕에 있는 동굴로서 로마의 건국 설화에 등장하는 로물루스와 레무스 형제가 그 동굴에서 암컷 늑대의 젖을 먹고 자랐다는 이야기가 전해진다. 그로 인해 늑대가 로마의 상징 동물이 되었고 로마에서는 이를 기리는 명절을 지냈다. ―역주)에 직접 목격했을 겁니다. 제가 카이사르에게 황제의 왕관을 바쳤지요. 그것도 세 번씩이나 그랬습니다. 그런데 그분은 한사코 거절했습니다. 그것이 야심을 품은 사람의 행동이었을까요? 브루투스는 분명 그가 야심이 컸다고 생각합니다. 그리고 저는 명예로운 브루투스의 말씀을 반박하고 싶은 마음이 눈곱만큼도 없습니다. 단지 제가 아는 것을 여러분에게 알려드리고 싶어 여기에 섰습니다.

로마 시민 모두가 한때는 카이사르를 사랑했습니다. 그를 사랑한 데는 타당한 까닭이 있었겠지요. 그런데 지금은 어째서, 무슨 연유로 그를 위해 눈물 한 방울도 아까워하시는 겁니까? 오, 판단력은 오직 정의로운 심판을 해야 하거늘! 너는 어찌 잔인한 야수의 품으로 도망쳐서 사람들이 이성을 잃게 만들었을꼬. 외람되지만 감히 말씀 청합니다. 제 심장은 카이사르와 함께 저기 관 속에 들어갔습니다. 제 심장이 다시 돌아올 때까지 저는 말을 잇지 못하겠습니다. (사람들의 감정을 자유자재로 요리한다.)

안토니우스는 판매 기법의 첫 단계, 군중의 관심을 이끌어내는 데 성공했다. 이제 군중은 더 이상 완벽히 침묵할 수 없다. 그는 이것을 잘 알기에 그들에게 소리 내어 말하거나 생각할 기회를 준다. 판매원도 안토니우스처럼 해야 한다. 대화를 시작하는 초기에 잠재 고객에게 말할 수 있는 기회를 준다면 그가 은연중에 약점을 드러낼 수도 있고, 판매원은 그 약점을 토대로 다음 단계로 넘어갈 수 있다.

안토니우스: 어제까지만 해도 사람들은 카이사르라는 이름 넉 자만 들어도 세상과 맞서 싸웠을 겁니다. 그런데 지금은 차가운 주검이 되어 저기 딱딱한 관에 누워있는데 누구 하나 그에게 예를 갖추지 않으니 제 가슴이 미어집니다. 로마의 주인이신 여러분, (아첨하다) 저는 여러분의 마음에, 머리에 분노를 심어 폭동을 일으키도록 선동하고 싶은 생각이 죽어도 없습니다. 제가 만약 그런 역심을 품었다면 브루투스에게도 카시우스에게도 커다란 죄를 짓는 것입니다. 두 분 모두 얼마나 명예를 소중하게 생각하는 존경스러운 분들인지 여러분도 알고 저도 압니다. (**분노**와 **폭동**이라는 단어에 주목하라. 이는 반복의 효과를 노린 것이다.)

안토니우스는 브루투스와 암살 가담자들이 명예를 지키는 존경스러운 사람들이라고 총 네 번 반복한다. 그가 그 말을 할 때마다 어조에 어떤 변화가 있는지, 각 변화가 어떤 변화를 불러오는지에 주목해야 한다. 첫 번째에서는 평이한 말투로 사실을 담담하게 설명하고, 두 번째에서는 그들의 정직성에 희미한 의심을 심는다. 마지막 세 번째와 네 번째가 결정타다. 사실 앞의 두 번은 효과를 극대화하기 위한 밑밥이다. 그는 아주 용의주도하게 브루투스 일당이 명예를 지키는 **존경스러운** 분들이라는 말을 교묘하게 비꼬며 들먹인다. 이는 군중에게 그들 모두 명예를 모르는 자들이라는 생각을 심어주기 위함이다.

안토니우스: 저는 두 분에게 죄를 지을 수 없습니다. 그토록 존경하고 명예로운 분들을 욕보이느니 차라리 죽은 카이사르를 비난하고, 제 자신과 여러분에게 죄인이 되는 길을 택하겠습니다.

여기서 그는 속된 말로 일타삼피를 노렸다. 첫째, 그는 '차라리 죽은 카이사르를 비난하겠다'는 그 말이 어떤 반향을 불러올지 잘 알고 있다. 사람들에게서 연민의 감정을 이끌어내기 위해 일부러 그렇게 말한 것이다. 그리고 자신에게 죄를 짓겠다고 말함으로써 자신에 대한 군중의 존경심을 이끌어냈다. 마지막으로 죄인이 되는 길을 선택하겠다고 말했을 때 그는 카이사르 암살범에 대한 군중의 적의와 분개를 야기했다. (이제 그는 군중의 호기심을 각성시켰다.)

안토니우스: 여기 카이사르가 직접 서명한 문서가 하나 있습니다. 제가 그분의 집에서 발견한 친필 유언장입니다. 당연히 공개해야겠지요. 로마 시민 모두가 그분의 유언을 들을 권리가 있으니까요. 하지만 먼저 용서를 구합니다. 저는 그분의 유언장을 읽지 않을 생각입니다. 그분의 유언을 들으면 모두가

그분의 시신이 안치된 곳으로 달려가 그분의 몸에 난 상처에 입 맞출 것입니다. 그리고 그분을 기억하기 위해, 후손들에게 자랑스러운 유산으로 남겨주기 위해 손수건에 그분의 신성한 피를 묻히고 머리칼 한 올이라도 달라고 애원하게 될 겁니다. 그리고 여러분이 저 세상으로 갈 때 그 손수건과 머리칼을 유언으로 남겨 자자손손 그분을 기억하게 만들 것입니다.

시민 4: 마르쿠스 안토니우스, 우리는 그분의 유언을 들을 자격이 있소. 당장 읽으시오. (자신에게 허락되지 않은 것을 더 갖고 싶은 것이 인간의 본성이다.)

안토니우스는 이제 판매의 법칙에서 두 번째 단계도 성공적으로 마쳤다. 그는 군중의 관심을 깨우기 위해 그들의 호기심을 집중적으로 공략했다. 당연히 안토니우스는 처음부터 카이사르의 유언장을 공개할 생각이었지만 자신이 읽기 전에 군중이 그것을 요구하도록 유도한 것이다.

시민 일동: 유언장! 유언장! 카이사르의 유언장을 공개하시오. 꼭 들어야겠소.

안토니우스: 친애하는 로마 시민 여러분, 진정하십시오. 여러분이 원하셔도 저는 유언장을 읽어드릴 수 없습니다. 이제 와 그분이 여러분을 얼마나 사랑했는지 알아봐야 뭐가 달라지겠

습니까. 게다가 여러분은 목석이 아닙니다. 뜨거운 피가 흐르는 인간입니다. 인간인 까닭에 그분의 유언을 들으면 여러분은 분노를 주체하지 못할 겁니다. 미칠 것 같은 분노로 활활 타오르겠지요. (이것이 바로 그가 원하는 것이다.) 여러분이 카이사르의 상속자라는 사실을 차라리 모르는 편이 좋습니다. 그분이 로마 시민에게 무엇을 남겼는지 알게 되면 저는 어떤 사태가 벌어질지 정말 염려됩니다!

시민 4: 안토니우스, 당장 유언장을 읽으시오. 우리는 그분의 마지막 말씀을 듣고 싶소. 우리는 그의, 카이사르의 유언장을 꼭 들어야 합니다.

안토니우스: 여러분, 마음을 가라앉히십시오. 잠깐만 참아주십시오. 제가 공연히 유언장 이야기를 꺼내 분란을 만든 것 같아 후회됩니다. 행여 제 말이 단도로 카이사르를 찌른 분들을 욕보일까 봐 걱정됩니다. 그분들은 분명히 명예를 아는 존경스러운 분들인데 말입니다. 저는 그렇게 될까 봐 못내 마음에 걸립니다. ('단도'와 '찌르다'라는 두 단어는 살인을 암시한다. 군중이 그 암시를 얼마나 신속하게 알아차리는지 눈여겨보라.)

시민 4: 퍽이나 존경스럽네. 명예는 개나 줘버리시오. 그들은 반역자일 뿐이오. 어디가 존경스럽고 명예롭다는 말이오!

시민 일동: 유언장! 유언장을 들려주시오!

안토니우스: 그렇게까지 원하신다면 저도 더는 어쩔 도리가

없군요. 좋습니다. 유언장을 공개하겠습니다. 먼저 카이사르의 시신 주변에 빙 둘러 모이십시오. 그 유언장의 주인을 직접 보여드리겠습니다. 제가 잠시 거기로 내려가려는데 괜찮겠습니까? 허락해주시겠습니까?

시민 일동: 얼른 내려오시오.

시민 2: 다들 물러나 길을 여시오. 가장 고결하신 안토니우스에게 자리를 내주시오.

군중이 안토니우스에게 넘어오기 시작한 것이 분명했다. 그도 그들에게 미치는 자신의 힘을 확인했고 다음 단계로 나아갔다. 그들에게 더욱 가까이 다가가는 것이다. 그는 군중이 자신을 좀더 친밀한 존재로 생각하도록 자신이 서 있던 연단과 군중이 모여 있는 광장 사이를 가로막던 장애물을 제거했다. 아래의 첫 문장에 주목하라. 비록 말투는 친절하지만 그가 군중들에게 뒤로 물러서라고 명령하는 말에서 권위가 묻어난다.

안토니우스: 이렇게 너무 밀지 마시고 좀 떨어지시오.

시민 일동: 다들 물러서요. 안토니우스의 자리를 만들어요.

안토니우스: 슬픔을 참을 수 없다면 이제 맘껏 우셔도 좋습니다. 여러분 모두는 이 망토를 알아보실 겁니다. 저는 카이사르가 이 망토를 처음 입었을 때를 생생히 기억합니다. 어느 여름

밤이었고 그의 막사에서였습니다. 그날은 그가 악명 높은 네르비 부족(기원전 1세기경 갈리아 북쪽에 살던 벨가이 족으로 당시 강력한 부족 중 하나였고, 벨가이는 현재 벨기에, 네덜란드, 프랑스 일부 지역의 켈트족 원주민을 지칭한다. —역주)을 무찌른 영광스러운 날이었습니다. (감동과 사랑과 애국심이 들끓는다.)

이때부터 그는 군중의 연민에 호소한다. "연민은 사랑에 가깝기" 때문이다. 그는 그들의 마음속에 잠들어 있던 카이사르에 대한 사랑이 불꽃으로 활활 타오를 때까지 그들을 흔들고 자극한다.

안토니우스: 자, 똑똑히 보십시오. 바로 여기가 카시우스의 비수가 남긴 상처입니다. 무자비하게 찢긴 이 자상은 질투에 사로잡힌 카스카가 만든 것이고요. 카이사르가 사랑하던 브루투스는 바로 이곳에 비수를 꽂았습니다. 그가 저주받은 그 쇳덩이를 뺐을 때 카이사르의 몸에서 붉은 피가 얼마나 솟구쳤는지 그 흔적이 고스란히 남아 있습니다. 카이사르의 선혈이 문밖까지 튀었습니다. 도망치는 브루투스를 쫓아가 정말로 그가 자신을 잔인하게 찔렀는지 기어코 확인하겠다는 것 같았습니다. 여러분도 아시겠지만 브루투스가 카이사르에게 어떤 존재였습니까? 애지중지하던 그의 천사였지요. 오, 여러분이 신을

대신해 심판해주십시오. 카이사르가 브루투스에게 얼마나 자애롭고 그를 얼마나 사랑했는지 판단해주십시오! 카이사르는 친자식처럼 아끼던 브루투스의 칼에 처참히 당했습니다. 그랬기에 브루투스의 배신이 카이사르에게 가장 잔인한 일이었습니다. 고결하신 카이사르는 브루투스가 자신을 찌르는 것을 보았을 때 몸의 아픔보다 배신감이 더 컸습니다. 그는 바로 그 배신감에 무너진 겁니다. 그런 배은망덕함은 반역자들의 칼날보다도 더 잔인했습니다. 강철 같던 그의 심장도 터지고 말았습니다. 카이사르는 이 망토를 얼굴까지 끌어올려 감싼 채 피를 흘리며 폼페이우스 동상까지 왔습니다. 그리고는 동상의 발치 아래에서 태산같이 위대했던 카이사르가 쓰러졌습니다. 아, 로마 시민 여러분, 그분만 쓰러진 것이 아닙니다. 저와 여러분, 아니 우리 모두가 그와 함께 무너졌습니다. 피비린내 나는 반역이 쓰러진 우리를 짓밟고 유린했습니다. 이제 마음껏 눈물을 흘리십시오. 여러분이 얼마나 가슴 아픈지 잘 압니다. 그런 눈물이야말로 자애로운 눈물입니다. 관대한 영혼들이여, 여러분은 피로 물든 카이사르의 찢어진 옷가지만 보고도 슬픔을 억누르지 못하는군요. 자, 두 눈을 똑바로 뜨고 여기를 보십시오. 여기 카이사르를 보십시오. 반역자들에게 얼마나 잔인하게 난도질당했는지 똑똑히 보십시오. (이제 그들은 **반역자**라는 단어를 받아들이고 그 단어를 자연스럽게 암살 공모자들에게 적용한다.)

그의 말이 끝나자 시민들은 '고결한 카이사르'의 죽음을 원통해하며 그를 죽인 자들을 '반역자'로 치부하고 복수를 하자고 들고 일어선다. 자, 이제 안토니우스는 세 번째 단계도 완성했다. 군중은 '그가 바라는 대로 행동하고 싶은 욕구'로 충만해졌다. 그러나 현실의 판매원은 바로 이 단계에서 각별히 조심해야 한다. 자칫 이때에 잠재 고객을 놓치기 십상이다. 잠재 고객의 욕구를 구매에 대한 확실한 의지로 오해하고, 너무 서둘러서 자신의 의중을 드러내기 때문이다. 아직 잠재 고객은 네 번째 단계까지 이르지 못했다. 이는 판매원을 두 팔 벌려 환영할 준비까지는 되지 않았다는 뜻이다. 그런데도 판매원이 자신의 패를 다 드러내면 잠재 고객은 겁을 먹고 달아나버린다.

아주 노련한 판매원이었던 안토니우스는 역시 신중했다. 군중이 자신과 완벽히 '한편이 되도록' 확실한 쐐기를 박기로 다짐했다. 군중이 또 다시 반대자들의 영향에 휘둘려 자신에게 등을 돌릴 가능성을 철저히 차단해야 했다. 그래서 군중에게 절대적인 확신을 심어줄 가장 강력한 주장을 마지막까지 아껴두었다. 그가 연설의 막바지를 향해 가면서 내놓은 비장의 카드를 눈여겨보라.

안토니우스: 로마 시민 여러분, 흥분을 가라앉히고 진정하십시오. 착한 동지들이여, 자애로운 동지들이여, 폭동은 안 됩니

다. 제 말 때문에 경솔하고 성급하게 행동하시면 안 됩니다. (그들의 욕구를 더욱 강화한다.) 비록 이런 잔인한 만행을 저질렀지만 명예를 아는 그분들은 존경받아 마땅합니다. 아, 도대체 어떤 개인적인 원한이 있어서 그런 짓을 저질렀는지 알면 속이라도 후련하련만 애석하게도 저는 모르겠습니다. 지혜롭고 존경스럽고 명예로운 분들이니 분명 여러분을 납득시킬 이유가 있을 것입니다.

그가 특정 단어들을 말할 때 그의 어조에 얼마나 깊은 이중적인 의미가 내포되어 있는지 주목하라. 아울러 그런 단어가 암살 가담자들의 인격에 관한 안토니우스 자신의 의견을 군중에게 얼마나 정확하게 전달하는지도 주의 깊게 보라.

안토니우스: 친애하는 로마 시민 여러분, 오늘 저는 여러분의 마음을 어지럽히고 아프게 하려고 여기에 참석한 것이 아닙니다. 저는 브루투스 같은 대단한 웅변가가 못 됩니다. 여러분도 알다시피 저는 그저 친구를 사랑하는 무뚝뚝하고 평범한 사내일 뿐입니다. 그분들도 그걸 잘 알기에 제가 카이사르를 공개적으로 추모하고 마지막 인사를 할 기회를 허락한 것이지요. 저는 사람들의 피를 용솟음치게 만드는 재주도 없고, 그런 말도 모르며, 그럴 만한 위인도 못 됩니다. 또한 그렇게 행동할

줄도 모르고, 그런 말주변도 없고, 연설을 잘하지도 못합니다. 제가 할 줄 아는 것은 그저 솔직하게 말하는 것이 전부입니다. 저는 말을 꾸며낼 줄 모르니 이미 여러분도 아는 것을 그대로 말할 뿐입니다. 그리고 사랑하는 제 친구 카이사르의 몸에 난 끔찍한 상처들이, 딱하고도 가여운 말 못 하는 상처들이, 나를 대신해서 말해주기를 간절히 바랍니다. 저도 브루투스처럼 말을 잘하는 재주가 있으면 좋겠습니다. 그래서 여러분의 영혼에 분노의 불을 붙이고 카이사르의 상처 하나하나에 입을 달아 로마의 무심한 돌멩이도 감동시켜 분연히 일어나도록 만들고 싶습니다.

안토니우스: 친애하는 로마 시민 여러분, 여러분은 무엇 때문에 이토록 분노합니까? 앙갚음은 이유를 알고 해도 늦지 않습니다. 여러분은 카이사르가 어째서 여러분의 사랑을 받을 자격이 있는지 모르지 않습니까. 애석하게도 아직 여러분은 모릅니다. 제가 알려드리겠습니다. 여러분은 아까 제가 말씀드렸던 카이사르의 유언장을 잊은 것 같습니다.

처음부터 그는 카이사르의 유언장을 공표할 생각이었지만, 군중이 그것을 애타게 원해서 때가 무르익기를 기다렸다. 쇠가 빨갛게 달아오르기를 기다리는 대장장이처럼, 유언장을 읽어 자신의 목적을 온전히 달성하려면 군중의 정신 상태가 달아올라야 했다. 이것이 바로 그의 비장의 카드였다. 그리고 그는 가장 극적인 효과를 거둘 수 있는 마지막 순간에 사용하기 위해 그 카드를 아껴두었다.

자신이 판매하는 상품의 장점을 자랑하고 싶은 의욕이 너무 앞서서 잠재 고객이 미처 받아들일 준비가 되기 전에 비장의 카드를 먼저 '드러내는' 판매원들이 많다. 그런데 그런 비장의 한방으로도 잠재 고객의 마음을 얻지 못하면 어찌 되겠는가. 물론 이런저런 소소한 장점을 주절주절 나열할 수도 있겠지만 이미 김은 빠졌고 산통은 깨졌다. 기초 공사가 부실하면 으리으리한 대궐도 사상누각에 불과하다. 판매도 똑같다. 판매 기법에 관한 한 앞의 세 단계를 철저히 따르며 기반을 확실히 다져야 한다. 그러기도 전에 네 번째 단계로 직행한다면 대개의 경우 실패는 피할 수 없다.

이제 안토니우스는 전략의 방향을 급선회해서 군중의 물욕과 탐욕, 즉 인간 본성의 보편적인 약점을 집중적으로 공략한다.

안토니우스: 이것이 카이사르의 친필 유언장입니다. 그의 도장도 찍혀 있습니다. 그는 모든 로마 시민에게, 시민 한 사람당 75드라크마씩 남긴다고 유언했습니다. 1인당 75드라크마 외에 카이사르는 여러분 모두에게 테베르 강가에 새로 조성한 별장, 정원까지 전부 남기셨소. 그가 여러분 모두와 여러분 후

손에게 영원히 증여하신 것입니다. 왜 그랬겠습니까? 여러분과 후손들이 자자손손 한가로이 거닐며 휴양하고 즐기기를 바란 것입니다. 카이사르는 이토록 자애로운 분이셨습니다! 그런 위대한 분을 또 언제 어디서 만날 수 있겠습니까?

시민 1: 절대로, 영원히 못 만나겠죠. 자, 뭣들 하시오! 꾸물거리지 말고 다들 일어나시오! 그분의 시신을 성스러운 장소로 옮겨 화장해드려야죠. 화장에 사용된 불붙은 나뭇가지를 가져와 반역자들의 집에 불을 지릅시다. 어서 카이사르의 시신을 운구합시다!

시민 2: 가서 횃불을 가져오자!

시민 3: 의자를 뜯어내자!

(시민들이 시신을 들고 퇴장한다.)

마침내 안토니우스는 네 번째 단계까지 성공적으로 마무리했다. 이제 군중은 그가 조종하는 꼭두각시 인형이 된 셈이다. 그가 그들의 의지를 제 것마냥 조종했고, 안토니우스는 마침내 최종 승자가 되었다.

이제 당신이 어떻게 해야 하는지 알 것으로 믿는다. 먼저 안토니우스의 연설이 따랐던 원칙들을 토대로 판매 전략을 수립해서 끈기를 갖고 신중을 기해 끝까지 추진하라. 그리고 상황이 전개되는 방향을 매의 눈으로 예의주시하라. 또한 논리적인 단계대로 주장을 펼치되, 매번 앞의 단계보다 더욱 강력하게 호소해야 한다. 뿐만 아니라 모든 반대를 철저히 뿌리 뽑아서 행여 또 다시 반대의 싹이 돋을 여지를 남기지 마라. 마지막으로 처음부터 끝까지 극도의 자제력을 유지하라. 이렇게 하면 당신의 성공은 따 놓은 당상이다.

10장

정신 통제를 위한 긍정적인 힘

이성적 사고
vs.
군중 심리

NAPOLEON
HILL'S
GOLDEN
RULES

인간의 몸은 물리적인 힘으로 가두거나 통제할 수 있지만 정신은 그렇게 할 수 없다. 인간은 자신의 정신을 통제할 수 있는 권리를 신으로부터 부여받았다. 신체와 정신이 건강한 사람이 그 권리를 행사하기로 한다면 지구상의 누구도 그의 정신을 지배할 수 없다. 그러나 대다수의 사람들이 이 권리를 제대로 행사하지 못하고, 자기 정신에 잠들어 있는 힘을 발견하지 못한 채 살아간다.

인간의 정신은 일상에서 어떤 계기를 만나지 않는 한, 어떤 지점에서 성장하고 탐구하기를 멈춰버린다. 그러나 예기치 못한 사건이 발생하고, 그 일이 우리의 정신으로 하여금 그 정체 지점을 뛰어넘게 만든다. 정신이 멈춰 서게 되는 그 지점을 일종의 정신적 장애물이라고 본다면, 누군가의 정신적 장애물의 높이는 매우 낮고, 또 누군가의 정신적 장애물은 그 높이가 매우 높다. 그러나 대부분의 경우에는 그 높이가 높고 낮음 사이를 오간다. 누군가가 자신의 정신을 인위적으로 자극함으로써 이 장애물을 넘어설 수 있는 방법을 발견했다면, 그 노력이 진정 건설적인 것이었다면, 그는 그에 대한 보상으로 명성과 부를 거머쥐게 될 것이 확실하다.

누군가가 사람들의 정신을 자극하고 그들 각자가 자신의 정신이 성장과 탐구를 중단하는 지점을 넘어서게 만드는 동시에 어떤 부작용도 없는 방법을 찾는다면, 이는 인류 역사상 최고의 축복일 것이다. 당연한 말이지만 이 방법은 물리적인 각성제나 마약을 의미하는 것이 아니다. 각성제나 마약은 분명 일시적으로 정신을 각성시키는 효과가 있지만 종국에는 정신을 완전히 무너뜨리고 만다. 내가 말하고자 하는 방법은 열렬한 관심, 강렬한 욕구, 뜨거운 열정, 깊은 사랑 등을 통해 만들어지는 정신적인 각성이다.

이런 각성제는 범죄 문제를 해결하는 데도 크게 공헌할 것이다. 타인의 정신에 영향을 미치는 법을 배운다면 당신은 그 사람과 관련해 거의 무엇이든 할 수 있다. 인간의 정신은 풍요로운 대지와 같다고 했다. 아주 비옥해서 일단 씨앗이 그 땅에 뿌려지면 어김없이 그 씨앗의 형질에 맞는 작물을 키워낸다. 따라서 문제는 두 가지로 귀결된다. 먼저 적절한 종류의 씨앗을 선택해야 한다는 것이고, 그런 다음 씨앗이 신속하게 뿌리를 내리고 성장할 수 있는 방식으로 파종해야 한다는 것이다. 이 두 가지만 배우면 풍년의 즐거움을 맛볼 수 있다.

우리는 우리도 모르는 사이에 매일, 매 시, 매 분, 매 초 자신의 정신에 씨앗을 심는다. 계획도 없이 무작위적으로, 어느 정도는 무의식적으로 아무 씨앗이나 뿌린다. 이제는 그러지 말자. 철저하게 준비된 계획을 따르고 세세하게 작성된 설계도를 기준으로 정신에 씨앗을 뿌리는 법을 배우자. 정신이라는 땅에 무계획적으로 아무 씨앗이나 뿌리고는 제대로 된 작물을 기대한다면, 우물에서 숭늉 찾는 것과 뭐가 다르겠는가. 뿌린 대로 거두는 법칙을 피할 수 있는 사람은 없다.

법을 준수하고 평화를 사랑하는 건실한 사람도 악행을 일삼는 떠돌이 범죄자로 추락할 수 있다. 반대로 저속하고 사악한, 일명 범죄형 인간도 법을 준수하는 착실하고 선량한 시민으로 다시 태어날 수 있다. 인류 역사에는 이런 두 종류에 대한 사례가 가득하고 널리 알려진 이야기도 많다. 이런 각각의 사례에서 변화의 출발점은 한 곳이었다. 그 사람의 정신이다. 어떤 이유에서건 그들은 자신이 바라는 것에 대한 심상을 정신 속에 그려넣었고, 그 그림을 현실로 만들었다. 솔직히 말해 인간의 정신이 환경, 조건, 사물 등 무언가에 관해 그림을 그린다면 그 심상이 물리적이거나 정신적인 형태로 현실화되는 것은 오직 시간의 문제다. 더욱이 정신이 그 그림에 아주 오랫동안 매우 고집스럽게 초점을 맞추거나 집중할 뿐 아니라 그 심상으로 표현된 대상을 아주 열렬히 원한다면, 그것이 실현되는 날은 분명히 앞당겨질 것이다. 이 원칙은 앞서 자기 암시에 관한 부분에서 충분히 설명했다.

당신이 삶에서 원하는 바를 성취하려면 당신의 정신이 그 일에 두 팔을 걷어붙이고 나서도록 해야 한다. 그리고 그렇게 하려면 당신의 정신을 이해하고 통제할 수 있는 방법과 수단을 찾아야 한다. 이때 한 가지를 꼭 명심하자. 불쾌감은 물론이고 분노, 증오, 혐오, 냉소 등의 부정적인 감정을 유발시키는 모든 것은 파괴적일뿐더러 당신에게 백해무익하다는 점이다. 여기에는 예외가 없다.

당신의 정신이 최대한 건설적으로 움직이도록 유도하려면, 정신을 통제하고 정신이 분노나 공포심에 영향을 받지 않게 만들 방법을 배워야 한다. 분노와 두려움은 정신을 파괴하는 원흉이다. 정신이 그런 부정적인 감정을 담고 있는 한, 자신의 역량에 훨씬 못 미치는 불만스러운 결과를 얻게 되는 것은 당연지사다.

앞서 환경과 습관에 관해 공부하면서 배웠던 두 가지를 떠올려보자. 개인의 정신은 환경이 주는 암시를 쉽게 받아들인다. 그리고 군중을 이루는 개개인의 정신은 지도자와 같은 강력한 인물의 지배적인 영향력에서 비롯하는 암시에 순응하여 서로 뒤섞인다. 이 지점에서 정신을 통제하고 정신이 부정적 감정에 휘둘리지 않기 위한 방법으로 외부에서 비롯되는 암시를 적극적으로 받아들이는 선택은 유의해야 한다. 특히 특정 인물의 지배적인 영향력에서 비롯되는 암시나, 집단 구성원이 됨으로써 얻는 안정감과 공통된 아이디어에 휘둘리는 일은 궁극적으로 볼 때 긍정적이라 하기 어렵다. 이를 테면 교회의 부흥 집회와 같은 것인데, J. A. 피스크Fisk는 교회의 부흥 집회에서 이루어지는 정신적 암시가 집회 참가자들에게 막대한 영향력을 발휘한다고 주장한다. 그의 흥미로운 이론은 그와 같은 집회에서는 군중의 정신이 뒤섞여 하나로 합쳐진다는 내 주장과 일맥상통한다. 지금부터 그의 주장을 자세히 알아보자.

• 부흥 집회에서의 정신적 암시

현대 심리학은 종교적 "부흥"이라는 현상에 대해 확고한 입장을 견지한다. 부흥 현상의 상당한 부분은 본질상 영적이라기보다는 물리적인 성격이 짙다는 것이다. 권위 있는 심리학자들도 "부흥 목사"가 군중의 감정에 호소함으로써 촉발되는 정신적 흥분이 진정한 종교적 경험이라기보다 최면 암시의 현상으로 분류되어야 한다고 인정한다. 또한 그런 현상을 면밀하게 연구한 사람들은 그런 흥분의 본질에 대해 단호하게 한 목소리를 낸다. 그들은 부흥 집회의 흥분이 개인의 정신과 영혼을 고양시키지 못한다고 주장한다. 오히려 정신을 나약하게 만들어 타락시킬 뿐만 아니라, 비정상적인 정신적 광란과 과도한 감정 상태로 끌어들임으로써 영혼을 더럽히는 효과가 있다고 믿는다. 더욱이 그런 현상을 자주 목격하고 신중하게 관찰한 일부 사람들은 교회의 부흥 집회를 더 가혹하게 비판한다. 종교적 "부흥" 집회는 공개적인 최면 "쇼"에 불과하다고 일축하며, 그저 심령술에 중독되고 과도하게 도취한 히스테리 상태에 대한 보편적인 사례라고 깎아내린다.

릴런드 스탠퍼드 대학교Leland Stanford University(오늘날 스탠퍼드 대학교로 알려져 있다. —역주)의 데이비드 스타 조던 총장은 "술과 마약은 일시적인 정신 이상 상태를 불러오는데, 종교 부흥회도 마찬가지다"라고 말했다. 저명한 심리학자이자 하버드 대학교에서 교수로 재직 중인 윌리엄 제임스도 "종교적 부흥주의는 알코올 중독보다 사회에 더 위험하다"라고 경고했다.

한 가지 확실히 짚고 넘어가자. **"부흥"**은 협의와 광의의 개념으로 나눌 수 있다. 여기에서 말하는 "부흥"은 신앙과 관련하여 감정적으로 흥분된 전형적인 상태를 일컫는 협의적 개념으로 국한된다. 똑같이 부흥이라고 불리지만 오랜 역사가 있고 존경받는 종교적 경험과는 하등의 관련이 없다는 뜻이다. 후자의 신앙 경험은 청교도 신자, 루터 교도 등 과거 여러 신앙인들 사이에서는 커다란 숭배의 대상이었다. 여기에서 말하는 부흥의 표준적인 준거점은 "부흥"이라는 보편적인 주제이다.

──── "부흥 현상은 로마 교황 시대에서 종교 개혁 때까지 간간이 발생했고, 당시에는 부흥이라고 불리지 않았다. 부흥주의자들은 크게 두 부류로 갈렸다. 일부는 매정하게 냉대받았고, 이 '미운 오리 새끼들'은 교회를 떠나 자기들만의 종파를 세웠다. 반면에 교회라는 커다란 테두리 안에 머물며 교리를 토대로 행동한 부류도 있었다. 수도회 설립자들의 경우가 대표적이다. 종교 개혁을 촉발시킨 영성적 충동과, 예수회를 출현시키거나 예수회 탄생에 도움을 주었던 적대적 충동 모두가 부흥주의였다.

하지만 부흥이라는 단어는 주로 개신교 교회 내에서 급격하게 증가한 영성적 활동을 지칭하는 것으로 국한되었다. 초기 감리교의 두 주축이었던 존 웨슬리와 조지 화이트필드가 1738년부터 미국과 영국에서 펼쳤던 종교 사업은 철저히 부흥 운동의 일환이었다. 그때부터 다양한 부흥 집회가 이따금씩 열렸고, 거의 모든 개신교 교파의 목표는 각자 부흥회를 개최하는 것이었다. 성령을 위한 기도회, 매일 밤마다 늦은 시간까지 이어지던 신자 모임, 대부분 부흥주의를 신봉하는 평신도들이 주도했던 선동적인 연설, 집회에서 감명받은 사람들을 대상으로 하는 '뒤풀이' 모임 등 여러 가지 이름으로 부흥 집회가 열렸다. 궁극적으로 볼 때, 부흥 집회에서 회심한 신자 중 일부는 부흥 모임에 계속 참석한 반면 다른 신자들은 집회에 발을 끊었다. 그러나 비록 집회에는 참석하지 않아도 예전의 집회에서 맛본 흥분에 부합하는 무감각 상태가 일시적으로 지속되었다. 가끔은 외부 자극에 극히 민감한 사람들이 부흥 집회에서 큰소리로 울부짖거나 넙죽 엎드리기도 했다. 요즘에는 그런 광적인 행위가 지양되고 그런 행위는 점점 드물어지고 있다."

부흥 집회에서 정신적 암시가 어떤 원리로 작용하는지 이해하려면 군중 심리학crowd psychology 개념부터 이해해야 한다. 심리학자들은, 사실상 군중이 단일 개체로 여겨지지만 구성하는 각 개인의 심리학과 전체로서의 군중 심리학은 본질상 다른 개념이라는 것을 잘 안다. 그리고 군중도 엄밀히 보면 두 종류로 나뉜다. 개개인이 각자의 개성을 유지한 채 단순히 한 자리에 모이는 군중이 있고, 각 개인의 감정적인 특성이 서로 섞여 하나로 합쳐지는 것처럼 보이는 통합된 군중이 있다. 전자의 군중도 열렬한 관심, 깊은 감정적 호소, 공통의 관심사 등 그것이 무엇이든 간에 개개인을 단결시키는 구심점이 있을 때 후자의 군중으로 변하고, 이로써 군중은 단일 개체가 된다. 또한 군중 전체의 지적 능력과 감정적 통제의 수준은, 그 두 가지가 가장 약한 구성원의 수준과 거의 비슷하다. 보통 사람들은 이런 현상이 놀라울 수도 있지만 이것은 오늘날 권위 있는 심리학자들도 인정하는 널리 알려진 사실이다. 뿐만 아니라 그 현상을 다루는 중요한 논문과 간행물도 많다. "정신 집합체composite-mindedness"로서 이런 군중의 두드러진 특징으로는 극단적 피암시성, 감정적 호소에 대한 열렬한 반응, 왕성한 상상력, 모방에서 비롯하는 행동 등이 있다.

눈치챘겠지만 이 모든 것은 원시적인 인간의 보편적인 정신적 특성들이다. 요컨대 정신 집합체로서의 군중은 격세 유전atavism(유전자의 재결합 기회나 태아의 환경 상태 등에 의해 직접 조상인 부모보다는 상당히 먼 조상에게서 명백히 유전된 특징을 일컫는데, 쉽게 말해 조상을 닮는 것으로 복귀 돌연변이라고도 한다. ―역주), 다른 말로 인류의 초창기 특성으로 회귀한다.

한편 기드온 H. 다이얼Gideon H.Diall은 저서 《청중의 집합적 정신 심리학Psychology of the Aggregate Mind of an Audience》에서, 군중이 강력한 연사의 말에 귀를 기울일 때 군중의 정신은 "융합fusion"이라는 신기한 과정을 거친다고 주장한다. 그에 따르면, 군중의 정신이 융합되는 순간에 구성원 각자는 자신의 독특한 개인적 특성을 잃고, 군중은 명실상부 하나의 독립적 개체로 변한다. 그리고 융합을 통해 탄생한 이 단일 개체는 정도의 차이는 있겠지만, 이상은 높되 이성적인 추리력과 의지가 부족한 충동적인 스무살 청년과 유사한 성격적 특성을 보인다. 프랑스 출신의 심리학자 장 가브리엘 타르드Jean Gabriel Tarde도 다이얼과 비슷한 관점을 펼쳤다.

　미국의 심리학자이자 교수인 조지프 제스트로Joseph Jastrow는 저서《심리학에서의 사실과 우화Fact and Fable in Psychology》에서 이렇게 말한다.

　　―――――"이런 집단적 정신 상태가 만들어지는 데는 어떤 요소가 주도적인 역할을 하는데, 이름하여 정신적 전염력이다. 군중 안에서는 진실도 실수도 똑같이 쉽게 확산된다. 군중 속의 각 개인은 서로에 대한 공감에서 위안을 얻기 때문이다. 보통 일반적인 전염은 크게 네 가지 특징을 갖는다. 특정한 형태가 없고, 처음에는 아주 서서히 전파되며, 미리 포착하기가 상당히 힘들다. 게다가 언제라도 치명적인 이빨을 드러낼 수 있도록 병균을 필히 남긴다. 정신적 전염도 이런 식으로 진행된다. 두려움, 공황, 광신, 무법적 방종, 미신, 실수 등이 몸을 감염시키는 병원균처럼 정신을 감염시킨다. 간단히 말해 누군가의 정신을 감염시키려면 비판적 사고력을 확연히 떨어뜨려 쉽게 속을 수 있는 상태로 만드는 많은 요소를 반드시 주입해야 한다. 희한한 점은 합리적이고 분별력 있는 사람도 군중의 일원이 되면 '바보'가 되고 만다는 사실이다. 마술사가 대규모 청중 앞에서 자유자재로 마술을 펼칠 수 있는 여러 가지 이유 가운데 핵심적인 비결이 바로 여기에 있다. 사람들이 대규모 청중 속에 있을 때 그들을 감탄하고 공

감하게 만드는 것도, 자신의 의지를 잊고 동화 속 주인공처럼 무비판적인 정신 상태로 만드는 것도 한결 수월하기 때문이다. 어떤 점에서는 군중 전체의 비판적 능력은, 그 능력이 가장 약한 구성원의 수준에 따라 결정되는 것처럼 보일 수도 있다. 이는 사슬고리 하나가 약하면 전체 사슬이 약한 것과 다르지 않다."

프랑스의 사회 심리학자 귀스타브 르 봉Gustave Le Bon 교수는 저서《군중 심리》에서 이렇게 말했다.

─────"군중을 이루는 모든 사람의 감정과 생각이 하나로 합쳐져 한 방향으로 향하고, 각자의 의식에서 개성이 자취를 감춘다. 그런 상태에서 구체적인 성격적 특성들을 명확한 방식으로 제공할 때 집단적 정신이 형성된다. 물론 그 상태가 영원한 것이 아니라 일시적인 것은 맞다. 그 집단은 단일 개체를 형성하고 군중의 정신이 하나로 통일된다는 정신적 일체성의 법칙을 따른다.

심리적 군중이 보여주는 가장 놀라운 특징은 다음과 같다. 그 집단을 구성하는 개개인이 어떤 사람이든, 각자의 삶의 방식, 직업, 성격, 지적 능력이 비슷하건 말건, 그들이 모여 군중을 형성했다는 사실은 그들을 일종의 집단적 정신 상태로 몰아넣는다. 사람들은 군중을 이루면 혼자 있을 때와는 확연히 다른 방식으로 느끼고 생각하며 행동하게 된다. 게다가 오직 군중 속에 있을 때만 나타나거나 행동으로 발전하는 생각과 느낌도 있다. 군중 속에서는 타고난 지혜는 무의미하고 어리석음만 쌓여간다. 집단 적 정신에서는 개개인의 지적 능력이 약화되고, 그리하여 그들 각자의 개성도 희미해진다.

가장 면밀하게 관찰한 결과들에 따르면, 군중 속에 들어가 어 느 정도 함께 활동하고 나면 개개인은 얼마 지나지 않아 아주 특 수한 상태에 이르는 것이 확실해 보인다. 그것은 최면에 걸린 사 람들이 경험하는 미혹의 상태와 거의 차이가 없다. 이런 경우에 는 의식에서 개성이 완전히 소멸되고, 의지와 분별력도 함께 사 라진다. 대신에 모든 감정과 생각이 최면술사가 결정한 방향으 로 흐른다. 피최면자는 암시의 영향을 받아 뿌리칠 수 없는 강렬 한 충동에 휩싸이고, 그 충동이 시키는 특정한 행위를 하게 될 것 이다. 이런 충동은 개인이 최면에 걸렸을 때보다 군중 속에 있을 때 훨씬 더 위력적이다. 군중을 이루는 모든 사람이 똑같은 암시 를 받고, 그래서 그런 충동이 상호성의 원칙에 입각해 시너지 효 과를 내며 강력해지는 까닭이다. 더욱이 조직화된 군중에 포함 되었다는 단순한 사실만으로 개개인은 문명의 사다리에서 몇 칸 이나 아래로 내려간다. 혼자 있을 때는 교양과 양식을 지닌 문명 인인 사람도 군중 속에서는 본능에 따라 행동하는 야만인에 불 과하다. 그는 원초적이고 미성숙한 사람들의 전매특허인 자발성, 폭력성, 잔인성 등을 지니는 것은 물론이고 그런 사람처럼 쉽게 열광하고 영웅적으로 행동하기도 한다. 더욱이 그는 자신에게 가장 확실한 이득이 되는 것과 가장 익숙한 습관에 어긋나는 행동을 하도록 유도되고, 이로써 원시적인 인간에 더욱 가까워지는 경향이 있다. 군중 속의 개인은 바람 부는 대로 이리저리 흩날리는 백사장의 무수한 모래알 중 알갱이 하나 같은 존재일 뿐이다."

정치학 교수인 프레더릭 모건 대븐포트Frederick Morgan Davenport는 저서《신앙 부흥 집회에서의 원초적 특징Primitive Traits in Religious Revivals》에서 이렇게 말한다.

———— "군중의 정신은 이상한 특징이 있다. 원초적인 사람의 정신을 닮아가는 것이다. 군중을 이룬 사람들을 따로 떼어놓고 보면, 대부분은 감정과 생각과 개성이 원시적인 사람과는 크게 다를 수 있다. 하지만 군중에 섞이면 언제나 똑같은 결과가 만들어지는 경향이 있다. 자극을 받으면 곧장 행동으로 반응하고, 이성이 감쪽같이 사라진다. 냉철하고 이성적인 연설가가 감정을 교묘히 자극하는 웅변가를 이길 가능성은 거의 없다. 군중은 이미지의 형태로 생각하고, 따라서 군중의 마음을 얻으려면 연설가는 반드시 이미지에 빗대 연설해야 한다. 그런 이미지를 자연

스럽게 연결하고 결합시키는 수단은 없다. 그것은 슬라이드처럼 하나씩 투사된다. 당연한 말이지만 상상력에 호소하는 것이 엄청난 영향력을 갖는 것은 바로 이것 때문이다.

군중은 하나로 통일되고 이성보다는 감정의 지배를 받는다. 감정은 사람들을 한데 묶는 자연적인 접착제다. 사람들은 지적 능력보다 감정적인 측면에서 차이가 훨씬 적은 탓이다. 감정에 관한 또 다른 진실도 있다. 가령 1000명으로 이뤄진 군중이 있다고 하자. 집단적으로 생성되고 존재하는 감정의 양은, 구성원 각자의 감정을 전부 합친 것보다 훨씬 더 크다. 왜일까? 군중은 상황의 여건이나 연설가가 이끄는 대로 특정한 공통의 아이디어에 관심을 쏟기 때문이다. 이는 예외가 없다. 종교 집회에서의 "구원"이라는 주제가 좋은 예다. 구원 집회에 참석한 모든 사람은 감정에 자극을 받는다. 구원이라는 아이디어나 시볼레트 shibboleth(특정한 집단이 다른 집단이나 외부인을 구별하기 위해 사용하는 단어나 문구로 쉽게 말해 관습이나 언어처럼 사람들의 집단을 구별해주는 특정한 요소를 말한다. —역주)가 개개인을 자극할 뿐 아니라 다른 모든 참석자도 그 아이디어나 시볼레트를 믿고, 그것에 자극을 받는다는 사실을 인식하는 까닭이다. 이런 식으로 참석자 각자의 감정이 강렬해지고, 당연히 군중 전체도 감정으로 들끓는다. 요컨대 개인과 전체의 감정이 폭발한다. 미성숙하고 원초적인 사람의 정신이 그렇듯 상상력이 감정의 수문을 활짝 열고, 가끔은 광적인 열정이나 흉포한 광란으로 발전할지도 모른다."

암시 원칙을 이해하면 부흥 집회에서 무슨 일이 벌어지는지 훤히 그려진다. 감정에 쉽게 휘둘리는 참석자들은 "군중 심리"에 뿌리를 둔 "집단적 정신"의 효과에 노예가 되고, 그로 말미암아 저항력이 약화된다. 뿐만 아니라 그들은 아주 강력한 두 가지 형태의 정신적 암시에 영향을 받는다. 하나는 목사가 지닌 강력한 권위에서 비롯하는 암시로서, 전문적인 최면술사의 암시와 매우 유사한 방식으로 최고조에 도달한다. 다른 하나는 모방의 암시인데, 군중이 균형에 도달하면 통합된 힘이 발산하고 그 힘이 구성원 각자에게 전달되는 방식으로 이뤄진다.

보통 사람은 군중 속에 있거나 군중을 마주할 때 "다수의 위협"을 받는다. 이런 독특한 심리적 영향력은 자신은 혼자이지만 군중의 숫자가 월등히 많다는 사실에 근원한다. 사회학의 거장 다비드 에밀 뒤르켐David Émile Durkheim도 심리학 연구에서 이런 현상을 목격했다. 암시에 잘 걸리는, 즉 피암시성이 높은 사람은 설교자의 권위에서 나오는 암시는 물론이고 그의 조력자들이 하는 말에도 더 쉽게 반응한다. 또한 각자 감정적 활동을 경험하고 그런 경험을 외부로 표출하는 주변 사람들로부터 비롯하는 모방적 암시에도 직접적인 영향을 받는다.

양치기와 양떼를 생각해보라. 양떼는 양치기의 명령에 따를 뿐 아니라 우두머리 양의 목에 걸린 종소리에도 즉각 반응한다. 또한 앞의 양이 하는 행동을 그대로 따라하도록 만드는 (그리고 마지막 양이 동참할 때까지 그런 양식이 반복되는) 무리의 모방적 성향을 촉발시켜 무리 전체가 똑같이 행동하게 만들려면 우두머리 양이 본보기가 되면 된다. 이것은 결코 과장이 아니다. 소와 말도 무리를 모방하여 "우르르 내달리는" 성향이 있다. 인간도 별반 다르지 않다. 공황 상태이거나 충격과 공포에 휩싸였을 때, 또는 어떤 식으로든 감정이 격해진 상태일 때 인간도 그런 동물 무리와 똑같이 행동한다.

심리학적 실험을 경험한 사람들은, 부흥 집회와 최면적 암시라는 두 현상이 아주 유사하다는 것을 안다. 첫째, 부흥 집회와 최면 암시는 독특한 절차에 관심과 주의를 기울인다. 둘째, 부흥 집회와 최면 암시에는 신비와 경외심을 촉발시킬 필요가 있고, 철저히 계산된 말과 행동으로 그런 요소를 만들어낸다. 또한 인상적이고 권위 있는 어조로 단조롭게 말할 때 사람들의 감각은 쉽게 무뎌진다. 마지막으로, 부흥 집회에서 암시는 지시적이고 연상적인 방식으로 이뤄지는데, 최면 암시를 경험한 사람들은 이런 방식에 아주 익숙하다. 부흥 집회와 최면 행위에서는 마지막 암시와 명령을 제시하기 전에 소소한 작은 암시로 사람들을 미리 준비시킨다. 가령 최면술에서는 "일어나라" "이쪽을 보라"는 식이고 부흥 집회의 경우는 "이렇게 생각하는 사람은 모두 일어나라"거나 "더 나은 사람이 되고 싶은 사람은 전부 일어서라" 등이다. 감수성이 예민해서 외부의 영향에 쉽게 휘둘리는 사람들은 이런 소소한 암시를 통해 암시에 복종하는 데에 서서히 익숙해진다. 그리고 마침내 때가 무르익으면 최면술사나 부흥 집회 설교자가 명령조로 마지막 제안을 한다. "이리 올라오세요. 어서요. 이쪽으로. 올라오세요. 빨리요. 내 말은 빨리, 당장, '오라'는 것입니다." 이미 감정의 포로가 된 사람들은 마지막 명령을 받으면 반사적으로 당장 자리에서 일어나 맨 앞으로 달려 나간다. 최면 실험이든 실제 최면 시술이든 아니면 자극적인 부흥 집회든 사실상 거의 똑같은 일이 벌어진다. 유능한 부흥 집회 설교자는 유능한 최면술사가 되고, 유능한 최면술사가 신앙에 귀의한다면 좋은 부흥 집회 설교자가 될 것이다.

부흥 집회의 설교자는 사전 암시를 통해 청중의 감성과 감정을 한껏 각성시켜놓았기 때문에 청중의 저항감도 쉽게 무너뜨릴 수 있다. 사람들에게서 감정적인 반응을 유발하는 데 특히 효과적인 도구들이 있다. 어머니와 가정과 천국의 영향력을 설명하는 감성적인 이야기, "네, 어머니. 제가 거기 있을 게요"라는 감상적인 노래 가사, 누군가의 가슴속에 고이 간직된 과거의 사건이나 경험을 언급하는 것 등이 대표적이다. 뿐만 아니라 이런 도구는 사람들이 반복되는 강력한 암시에 가장 적극적으로 반응하도록 만든다. 부흥 목사를 돕는 전도사의 설교와 개인적인 호소 그리고 찬송가로 말미암아 사람들의 감정은 격해지고 개인적인 의지는 약화된다.

바로 그 순간, 가슴 깊숙이 묻어둔 가장 감상적이고 소중한 기억이 되살아난다. 그리고 정신은 그런 기억이 만들어졌던 당시의 상태로 돌아간다. 예컨대, 가출한 아들을 위해 기도하는 부모의 심정을 노래한 찬송가 〈방황하는 내 아들아, 이 밤에 어디를 헤매는가?〉라는 노래 한 곡으로도, 돌아가신 어머니와의 애틋한 기억이 있는 사람들이 눈물을 쏟게 만들기에 충분하다. 그런 다음 설교자가 회심의 일격을 날린다. 어머니는 구원을 받아 천국에서 더없는 기쁨과 축복의 삶을 누리시지만, 회심하지 않은 자녀가 신앙을 고백하지 않으면 그는 어머니가 계시는 곳에 갈 수 없다고 강변한다. 이쯤 되면 많은 사람들의 의지는 이미 제 것이 아니게 되고 설교자의 말에 감복한 그들은 곧장 신앙을 고백하기에 이른다.

한편 부흥 집회는 감성을 자극하는 것 외에, 두려움이라는 요소도 불러일으킨다. 비록 예전만큼은 아니지만 그리고 좀 더 미묘해졌지만 지금도 부흥 집회가 청중의 두려움을 자극하는 것은 틀림없다. 신앙을 고백하지 않은 상태에서 갑작스러운 죽음을 맞이하는 것에 대한 공포가 청중을 압도한다. 이때를 노려 설교자가 "왜 지금이 아닙니까? 왜 오늘은 안 됩니까?"라고 묻는다.

그리고 〈형제여, 지체 말라〉라는 찬송가가 이어진다. 대븐포트의 이야기를 직접 들어보자.

———— "상징적인 이미지를 환기시키면 청중의 감정을 크게 고양시킬 수 있다는 것은 널리 알려진 사실이다. 부흥 집회에서는 그런 상징적인 언어가 특히 많이 사용된다. 십자가, 왕관, 천사들의 악단, 지옥, 천국 등 그런 단어가 인간의 왕성한 상상력을 깨우고, 그런 상상력이 강렬한 느낌과 깊은 믿음과 결합되면 이제 남은 것은 하나뿐이다. 청중의 정신이 설교자의 암시를 적극적으로 받아들고 충동적으로 행동하기에 적합한 상태가 된다. 부흥 집회의 또 다른 명백한 특징도 있다. 암시로 주어진 아이디어들에 대체로 동조하는 군중이 하나의 힘으로 뭉쳐서, 회심하지 않은 죄인에게 강압적이거나 위협적인 커다란 영향력을 미친다는 사실이다. 이것은 사실상 일종의 사회적 압력이다. 그리고 더 깊은 신앙심으로 발전할지는 미지수이지만, 당장은 이런 압력에 굴복해서 회심을 선언하는 사람이 아주 많다. 마지막으로, 부흥 집회에서는 기도와 설교를 통해 그 안에서 주입되는 생각과 아이디어로부터 이질적인 모든 것을 무시하라고 촉구한다. 이는 피암시성을 최대한 끌어올리기 위함이다. 이처럼 청중의 의식이 부정적으로 조건화된 상태에서, 존 웨슬리나 미국 장로교 목사이자 현대 부흥 운동의 아버지로 불렸던 찰스 그랜디슨

피니같이 최면 능력이 뛰어난 사람이 집회의 지도자라면 어떻게 되겠는가? 또는 조지 화이트 필드같이 설득력이 뛰어나고 인격도 좋아 사람들을 끌어당기는 누군가가 집회를 주도한다면? 청중 가운데서 이미 정신 상태가 거의 비정상적인 수준에 이르렀거나 완벽한 최면 상태에 근접한 사람들은 쉽게 영향받을지도 모른다. 행여 그런 광적인 단계는 아닐지라도, 암시에 대해 정상적이지만 매우 급진적이고 강렬한 반응을 보일 것이 확실하다.”

부흥 집회 설교자나 전도사들은 영향받았다는 징후를 보이는 사람들을 포착해 그들을 상대로 “집중적인 설득 작업”에 나선다. 그들은 그런 사람들에게 자신의 개인적인 의지를 포기하고 “주님께 모든 것을 맡기라”고 촉구한다. 또한 “지금 당장, 이 순간 하나님께 당신 자신을 드려라.” “지금 믿으면 구원받을 것이다.” “주 예수께 당신 자신을 맡기지 않겠는가?” 등의 말로 설득한다. 뿐만 아니라 회개를 권유하고 함께 기도하자고 요구한다. 그들의 어깨를 감싸 안는 등 그 죄인을 “포기”시키기 위해 감정적이고 설득적인 온갖 암시의 행위가 동원된다.

종교 심리학의 거장 에드윈 딜러 스타벅Edwin Diller Starbuck은 저서《종교 심리학The Psychology of Religion》에서 부흥 집회에서 회심한 사람들의 경험에 관한 많은 사례를 소개한다. 다음은 그중 하나다.

─────"내 의지는 이미 내 것이 아니었다. 온전히 다른 사람들의 손아귀에 넘어갔다. 특히 부흥 목사가 내 의지를 마음대로 조종했고 나는 그가 부리는 대로 움직이는 인형이 되었다. 거기에 지적인 요소는 전혀 없었다. 모든 것이 순전히 느낌이었다. 그리고 한동안 극도의 황홀경이 뒤따라왔다. 나는 신앙적으로 올바른 일을 한다는 확신이 있었고 유창한 말솜씨로 사람들에게 호소했다. 그러나 도덕적으로 고양된 상태는 오래 지속되지 않았다. 도덕적인 희열이 사라진 뒤 예전으로 돌아가는 것은 불가능했다. 이제는 정통적인 종교와는 철저히 다른 길을 가게 되었다."

일각에서는 부흥 집회가 회심자들에게 영향을 미치기 위해 사용하던 예전 방법들이 과거의 조잡한 신학과 함께 사라졌다고 주장했다. 대븐포트는 이런 주장에 대해 이렇게 답했다.

─────"오늘날에는 사람들의 비이성적인 두려움을 자극하는 부흥 집회가 거의 없다. 그러나 최면적인 방법을 사용하는 부흥 집회는 여전하다. 아니, 최면적인 방법이 화려하게 부활했고 그 방법을 의식적으로 강화한다. 경쟁자가 없어진 까닭이다. 즉 예전처럼 공포심을 조장할 수 없어서 최면에 대한 의존도가 커졌다. 이성적이고 냉철하게 생각해보면 그것은 절대로 "영성"적

인 힘이 아니다. 단언컨대 심령에 의존하고 불가사의하며 모호한 힘에 지나지 않는다. 게다가 최면적인 방법이 어떻게든 영성에 도움이 되려면 훨씬 정교하게 다듬을 필요가 있다. 지금 상태로는 지극히 원초적일 뿐 아니라, 사람들을 미혹시키는 동물적이고 본능적인 수단일 뿐이다. 고양이처럼 교활한 사람이 날개 꺾인 새처럼 나약한 사람들에게 조악한 최면 기법을 노골적으로 사용한다. 이는 북미 원주민의 치료 주술사가 유령 춤(19세기 말 북미 원주민들 사이에 나타난 신흥 종교로 죽은 사람의 영혼과 통하기 위해 추는 종교적 춤을 말한다. ─역주) 숭배자에게 최면술을 사용하는 것과 다르지 않다. 더욱이 선천적으로 피암시성이 높은 아이들에게 최면적인 방법을 사용하는 것은 어떤 이유로도 정당화될 수 없을뿐더러 정신적으로나 도덕적으로 심히 해롭다. 그러나 이런 경우가 심심찮게 발생한다. 이것은 명백히 끔찍한 감정적 폭력이다. 그런데도 이 같은 행위와 암시를 조잡한 방식으로 사용하는 것을 어떻게 실용적이고 유익한 수단으로 둔갑시킬 수 있는지 나로서는 도무지 모르겠다. 심지어 흉악한 상습범을 상대로도 그렇게 하는 것은 옳지 않다. 하물며 대규모의 사람들에게 그런 수단을 쓰는 것은 단연코 심리학적인 의료 과실이다. 우리는 지성의 파수꾼으로서 심리학적인 돌팔이 산파를 주의하고 경계해야 한다. 영적 산파는 말 그대로 새로운 영적 생명이 탄생하는 훨씬 미묘한 과정을 이끄는 역할을 한다. 따라서 돌팔이 산파의 의료 과실을 예방하려면 더욱 엄격한 훈련을 실시하고 그들의 심리적 의료 행위를 금지시키는 것이 정답이다."

부흥의 수단을 좋아할뿐더러 정신적 암시가 부흥이라는 현상에서 가장 중요한 역할을 수행한다고 생각하는 사람들이 있다. 그들은 이 글에서 소개하는 의견과 비슷한 반론들이 부흥의 수단을 부인하는 근거가 될 수 없다고 일축한다. 정신적 암시가 나쁜 의도로 사용되는 것도 맞지만 좋은 목적을 위해서도 충분히 사용될 수 있다는 이유에서다. 실제로도 정신적 암시가 사람들에게 도움과 행복과 희망을 주기 위해서도, 그와는 정반대의 목적으로도 사용될 수 있다는 것은 널리 알려져 있다. 물론 그들에게 나쁜 의도가 있다는 말은 아니다. 그들은 암시가 사악한 목적으로 악용될 위험이 있음을 인정하지만, 부흥 집회에서 정신적 암시는 합법적인 수단이라거나 "악마의 본거지에 대한 공격 무기"라고 주장한다. 하지만 정신적 암시의 효과와 결과를 면밀히 따져보면 그 주장에서 심각한 결함을 찾을 수 있다.

첫째, 부흥의 수단을 통해 야기된 감정적이고 신경증적이며 히스테릭한 정신 상태를, 진정한 종교적 경험에 수반되는 영성의 고양과 도덕적 부활과 동일시하는 것처럼 보이는데, 그것은 가짜를 진짜와 똑같다고 우기는 것에 다름없다.

둘째, 최면의 단계를 인간의 "영적 사고방식"의 단계로 추켜 세우려 한다. 그렇지만 손바닥으로 하늘을 가릴 수 없다. 이런 두 종류의 현상 모두에 익숙한 사람들은 그 둘의 사이가 남극과 북극만큼 확연히 다르다는 것을 안다.

부흥 집회에서 감정적인 흥분을 경험한 사람들은 크게 보면 세 갈래의 길을 간다. 첫 번째 부류는 참된 신앙인의 길을 걷는 사람들이다. 이들은 고차원적인 영적 본성에 부합하는 가치를 추구하며, 실제로 이런 사람들은 아주 많다. 반면 부흥 집회에서 흥분에 도취되었지만 그 유익한 영향력은 오래 가지 못하므로 일시적인 흥분이 사라진 후 부흥에 무관심해질뿐더러, 심하면 참된 신앙심마저 혐오하게 되는 사람들도 많다. 게다가 산이 높으면 골이 깊은 것처럼, 그런 무관심과 혐오가 부흥에 대한 애초의 깊은 열정에 견줄 만큼 강력해지는 경우도 허다하다. 모든 교회는 정신적으로 충만한 부흥 후에 찾아오는 그런 부정적인 결과를, 다른 말로 "배교 행위"를 아주 잘 안다. 마지막으로 "회심"과 "배교"를 반복하는 사람들이 있다. 그들은 그저 감정적 흥분에 민감하게 반응했을 뿐이다. 그리하여 부흥 집회에서 "회심"했다가 그 부흥의 영향력이 사라지고 난 뒤에는 "배교"하는 과정을 반복한다.

한편, 전형적인 부흥 집회의 감정적 흥분과 과도한 감정에 굴복한 사람들의 공통점도 있다. 이는 심리학자라면 누구나 아는 사실이다. 그들은 "각종 주의主義", 유행, 사이비 종교 등에 훨씬 민감하게 반응하고 더 쉽게 받아들인다. 사이비 종교의 다양한 모사꾼과 사기꾼의 현란한 세 치 혀에 의존하는 사람들은 대체로 예전에 부흥 집회에서 가장 열성적이고 가장 흥분했던 회심자들이다. 지난 50년간 미국과 영국에서 수없이 등장했던 "메시아" "엘리야" "새벽의 예언자" 등을 추종했던 사람들만 봐도 이는 확실하다. 거의 대부분이 예전에 정통적인 교회에서 부흥 집회의 열기를 "경험"했던 사람들이다. 이것은 사람들을 최면 상태에 빠지게 만들 때 흔히 사용되는 고전적인 수법이며, 특히 나이가 어릴 수록, 남성보다 여성에게 이런 형태의 감정적 중독은 매우 해롭다.

청소년기는 정신적 본성이 커다란 변화를 경험하는 과도기라는 점을 명심하라. 특히 이 시기는 감정적, 성적, 종교적 본성 등이 형성되는 때로 알려져 있다. 이런 시기에 정신적 조건들이 어떠한가에 따라 정신을 타락시키는 부흥 집회나 교령회 또는 최면이 특히 위험할 수 있다. 생애의 이 단계에서 경험하는 과도한 감정적 흥분은 신비, 두려움, 경외심 등과 결합하여 종종 성인이 된 후에 병적이고 비정상적인 정신 상태로 나타나는 경우도 있다.

그렇다면 이 분야의 권위자들은 미래의 새로운 부흥 집회가 참된 부흥의 길을 갈 거라는 주장에 어떤 말을 할까? 대븐포트가 비판가들을 대변해서 말한다.

─────"내 개인적으로, 개인의 의지를 유린하고 이성을 압도하기 위한 매우 강제적인 도구로 부흥 집회가 사용되는 빈도가 훨씬 줄어들 거라고 본다. 오히려 대중적인 종교 집회의 영향력은 간접적인 측면이 강해지는 반면 직접 개입하는 측면이 약화될 것이다. 또한 선택을 강제하는 것과 최면이 영혼을 나약하게 만든다는 공감대가 형성될 걸로 조심스레 추측한다. 뿐만 아니라 암시의 영향을 받고 흥분했으며, '정신적으로 감염'된 상태에서 매우 중요한 문제에 대한 결정을 강요하는 시도도 없어질 거라고 본다. 한편 회심자들은 거의 없을 수도 있고 반대로 많을지도 모르겠다. 다만 사람들이 회심을 선택하는 기준이 달라질 거라고 예상한다. 설교자의 최면술사 같은 역량이 아니라 모든 기독교 신앙인의 이타적인 우정을 얼마나 수용할 수 있는가를 기준으로 회심을 결정할 것이다.

어찌되었건 누구도 부인하지 못하는 한 가지 진실이 있다. 종교적 흥분과 격정적인 방종의 시대가 저물고 있다는 사실이다. 대신에 지성적이고 겸손하며 자기희생적인 신앙의 시대가 밝아오고 있다. 아무리 시대가 달라져도 인간의 신성神性을 시험하는 가장 중대한 자질은 변하지 않을 것이다. 이는 미가서 6장 8절에 나와 있다. 하나님이 우리에게 바라는 것은 정의를 행하고 인자를 사랑하며 겸손히 하나님과 함께하는 것이다.

종교적 경험은 진화의 과정이다. 우리는 가장 기본적이고 원시적인 단계에서 이성적이고 영성적인 단계로 진화한다. 갈리디아서 5장 22~23절 바울 사도의 말씀을 믿어라. 잘 익은 성령의 열매는 잠재의식적인 흥분과 무절제한 방종이 아니라 이성적인 사랑, 희락, 화평, 오래 참음, 자비, 양선, 충성, 온유 그리고 절제이다."

11장

뿌린 대로 거두는 인과응보의 진리

보상의
법칙

NAPOLEON
HILL'S
GOLDEN
RULES

이 책의 목적은 크게 두 가지다. 먼저, 사람들이 각자의 경험, 곤경, 실패, 어려움 등 조악한 날실과 씨실을 엮어 진실과 이해력이라는 아름다운 천을 짜고, 마침내는 그 천으로 부와 성공이라는 옷을 만들어 각자의 노력에 입히도록 도움을 주는 것이다. 그리고 사람들이 삶의 실패 경험이라는, 이미 버린 패를 승리의 패로 바꾸도록 도와주는 것이 두 번째 목표다.

"친구, 아내, 형제, 애인처럼 사랑하는 이가 죽으면 처음에는 그 존재를 빼앗긴 것처럼 여겨졌다. 그런데 어느 정도 시간이 흐르고 나니 그런 상실이 인생을 안내하는 특별한 경험처럼 보인다. 대개의 경우 사랑하는 이의 죽음은 우리 삶에서 혁명적인 전환기가 되는데다 언젠가는 끝나게 되어 있던 유아기나 청소년기에 마침표를 찍어주기 때문이다. 또한 타성에 젖은 직업이나 가정생활 또는 삶의 방식을 무너뜨리는 대신, 인격이 성장하는 데에 더욱 유익한 직업을 찾거나 가정생활을 꾸릴, 새로운 생활 방식을 만들 기회를 주기 때문이다."

―랄프 왈도 에머슨

보상의 법칙은 사람을 가리지 않는다. 보상의 법칙은 부자와 가난한 사람 모두에게 똑같이 유익할 수도 불리할 수도 있다. 보상의 법칙은 중력의 법칙만큼이나 불변의 진리다. 그렇지 않다면 지구는 무구한 시간 동안, 끝이 없는 우주 공간에서 공전과 자전을 이어가지 못했을 것이다. 보상의 법칙은 평형 상태를 만드는 힘으로서, "조물주의 저울"의 균형 맞추고 우주의 행성들이 제자리를 지키게 만든다. 또한 우주 어디에도 텅 빈 공간을 허용하지 않는다. 하나의 공간에서 빼앗긴 것은 반드시 다른 무언가로 대체된다.

보상에 관한 에머슨의 에세이를 읽어보라. 비즈니스나 산업적으로, 또는 직업적으로 높은 곳에 도달하는 사람들의 공통점 중 하나는 "균형 감각"이라고 부르는 자질이다. 누구나 그렇듯 당신도 당연히 그런 정신적 자질을 갖고 싶을 텐데, 바로 에머슨의 그 에세이가 당신이 그 특성을 키울 수 있는 토대를 놓아줄 것이다.

보상의 법칙은 시간의 제약도 받지 않는 듯하다. 때로는 아주 오랜 시간이 흐른 후에 처벌과 보상이 이뤄지기도 하기 때문이다. 가령 한 세대가 처벌의 형태로 빼앗긴 무언가가 다음 세대에 보상으로 주어지는 경우도 있다. 또는 누군가가 빼앗긴 것을 그의 후손이나 인류 전체가 되돌려 받기도 한다. 이런 일들을 가능하게 해주는 것이 바로 보상의 법칙이다. 이 법칙은 속임수가 아니며, 부정행위도 절대 용납하지 않는다. 모든 행위와 생각에 대해 10원 한 장까지 계산을 확실하게 한다. 빚이 있으면 독촉하고 보상할 것은 답례한다. 언제나 정확히 셈을 치른다.

사랑, 아름다움, 기쁨, 숭배 등은 각자의 영혼에서 무언가를 만들고 무너뜨리며 다시 만드는 일을 영원히 계속한다.

범죄와 처벌은 하나의 줄기에서 뻗어 나온다.

지난 세계대전은 인류에게는 엄청난 충격을, 세상에는 막대한 손실을 야기했다. 하지만 당연히 여기에도 보상의 법칙은 작동했다. 그런 충격과 손실을 보상해주는 그 전쟁의 이점들이 이미 나타나기 시작한 것이다.

일례로 우리는 피통치자들의 동의를 구하지 않은 상태에서 자칭 "신권주의자"들이 앞장서서 위로부터 일방적으로 통치를 "부과"하는 것이 얼마나 어리석은지 배웠다. 우리는 "국민의, 국민에 의한, 국민을 위한 정부"와 관련된 링컨의 유명한 연설 문구를 떠올렸고, 우리는 그의 생각이 타당하다는 것을 안다. 또한 우리는 종교와 인종에서 비롯하는 편협함과 무관용이 얼마나 어리석은지도 확인했다. 뿐만 아니라 신앙이나 인종과는 상관없이 모든 사람이 하나의 공통된 대의를 위해 힘을 합쳐 싸울 수 있다는 사실도 알게 되었다. 이는 가톨릭 신자, 개신교 신자, 유대인, 비유대인 등이 서로의 인종이나 신앙을 따지지 않고 전장의 참호 속에서 함께 전우로 싸우는 것을 목격했기 때문이다. 이와 똑같은 관용과 인내의 정신이 일상적인 관계에서 발현되고 꽃피우지 못할 이유가 없다. 그들은 세계대전 중에 이것이 가능할 뿐만 아니라 사실상 모두를 위해 현명하고 분별 있는 일이라는 사실을 몸소 배운 까닭이다.

세계대전이 보상의 법칙과 관련해 인류에게 가르쳐준 또 다른 진실도 있다. 전쟁이 막바지에 이르렀을 즈음 우리는 삶의 목적 중 하나를 확실히 깨달았다. 먼저 서로를 예의 바르게 대할 때, 그 보상은 먼 미래까지 기다려야 하는 것이 아니라 지금 당장 그 보상의 일부를 받는다는 사실 말이다. 바로 이런 생각에서 이제까지 인류가 경험하지 못한 관용과 인내의 정신이 나오기 마련이다.

인류가 이보다 더 훌륭한 생각을 할 수 있을까? 보상의 법칙을 인정하고, 그에 따라서 자신의 자아를 통제함으로써 미덕에 대한 보상의 일부를 지금 당장 받을 수도 있다고 믿는 것, 이보다 더

건전한 철학이 있을까?

　보상의 법칙은 보상과 처벌 모두에 적용된다. 또한 보상과 마찬가지로 처벌도 가능한 모든 형태를 취한다. 때로는 스스로에게 부과하는 '내인성' 처벌처럼 보이고, 또 때로는 외부의 이유에서 비롯하는 '외인성' 징벌일 수도 있다. 그러나 확실한 것은 어떤 모습으로든 어김없이 찾아온다는 사실이다. 게다가 처벌의 경로 중에 누구도 빠져나갈 수 없는 접근로가 하나 있는데, 바로 양심을 공략하는 것이다. 처벌은 다른 모든 방법이 불가능할 때 종종 자신의 양심(또는 상상력)을 거쳐 찾아온다. 이것에 대한 확실한 사례를 보여주겠다.

　한 은행 직원이 돈을 훔쳐 도주했다가 18년간 도망자 신세로 살았던 사연이 있다. 그는 도주 기간 내내 "법"—가혹한 보상의 법칙—의 집요한 추적을 받았다. 그의 사연을 읽어보면 보상의 법칙이 어떻게 작동하는지 이해할 수 있다.

　도피 생활을 시작하고 18년이 꽉 채워질 즈음 그 은행원은 미국으로 돌아왔다. 이제 그에게서 젊음의 흔적은 찾아볼 수 없었고, 기력도 하루가 다르게 쇠했다. 늙은 그는 계속 도망자 생활을 할 수 없었으므로 고향으로 돌아가는 것 외에 다른 방법이 없었다.

　어느 아침 그는 고향 동네의 보안관을 찾아가 단도직입적으로 말했다. "내가 빌 존스요."

보안관은 무덤덤하게 답했다. "존스 씨, 만나서 반갑습니다."

보안관의 일상적인 대답에 놀란 그는 말문이 막혔다.

"뭘 도와드릴까요?" 보안관이 다시 물었다.

그러자 존스가 대답했다. "이해를 못 한 것 같구려. 내가 바로 당신들이 그토록 오랫동안 뒤쫓았던 범인이오."

"어르신, 저희는 그런 적이 없습니다만." 이제 보안관은 그를 실성한 사람인 양 취급했다.

"아니, 아주 오래전 일이라 기억나지 않나 보군요. 잘 생각해보시오." 귀향자는 눈을 부비며 생각을 가다듬었다. "내가 머천트 론 은행에서 3000달러를 훔친 범인이외다."

"그게 뭐 어떻다는 겁니까?" 보안관은 영문을 모르겠다는 듯 말했다. "지난 10년간 그런 은행은 본 적도 없습니다."

방랑자는 순간 쓰러질 것 같았고 잠시 앉아도 되는지 물었다. 그는 한참 동안 자기만의 생각에 빠졌다. 그 사이 보안관은 내내 걱정스러운 눈길로 존스를 쳐다보았다. 보안관의 눈에는 그가 마치 절박한 문제로 씨름하는 사람처럼, 깊고 끔찍한 미스터리를 파헤치려는 사람처럼 보였다.

• 스스로에게 주는 벌

"혹시 지명 수배자 파일을 갖고 계시오?" 존스가 보안관에게 물었다.

"당연하죠."

"부탁 하나 해도 되겠소?"

"물론입니다."

"18년 전 7월의 파일을 살펴봐주시겠소? 머천트론 은행에서 돈을 훔쳐 수배자가 된 빌 존스라는 이름이 있는지 확인해주면 고맙겠구려."

보안관이 수배자 파일을 뒤져 보았지만 그런 사건에 대한 기록은 없었다. 몇 가지 질문을 거친 끝에 상황이 명확해졌다. 은행은 직원 횡령 사건이 외부에 알려지지 않도록 단단히 입막음을 했다. 은행 관리들은 횡령 소식이 외부로 알려져 고객들의 인출 요구가 쇄도하는 위험을 감수하느니 차라리 그 일을 묻기로 선택했던 것이다. 그런데도 빌 존스는 그런 사정을 모른 채 18년간 도망자 신세로 전 세계를 떠돌았다. 경찰에 쫓기거나 체포될 걱정 없이 근방에서 안전하게 살 수도 있었는데 말이다. 이제 노인이 된 존스가 비통하게 중얼거렸다.

"18년 동안이나 내가 나 자신을 벌주었어. 그럴 이유가 없는데도 인간이 아는 온갖 방법으로 나 스스로를 고문했어. 강산이 두 번이나 바뀌는 동안 스스로를 벌준 거야!"

바로 여기에 당신이 냉정하고 진지하게 생각해볼 가치가 있는 깨달음이 있다. "내가 스스로를 벌주었다"라는 사실이다.

모든 사람의 마음속에는 스스로에게 기쁨이나 슬픔을 부여하는 내면의 힘이 있다. 이것은 스스로 보상의 법칙을 따르기 위해, 반대로 그 법칙을 거스르기 위해 얼마나 노력하는가에 달려 있다.

진실만이 영원히 승리할 수 있다. 다른 모든 것은 덧없이 지나가기 마련이다.

지금까지 보상의 법칙을 거슬러 인위적으로 만든 법이 법령집에 오르는 일이 없었고, 앞으로도 없을 것이다. 이는 절대 깨뜨릴 수 없는 철칙이다. 더러는 약삭빠르고 교활한 사람들이 법망을 피할 수는 있었다. 하지만 이제까지 보상의 법칙을 빠져나갈 만큼 영리한 사람은 없었다.

역사를 돌아보면 거대한 발자취를 남긴 대부분의 사람들에게서—사후에도 역사에 이름을 길이길이 남긴 위인들에게서—공통점 하나를 찾을 수 있다. 그들은 커다란 고통을 받았고 희생했으며 실패와 패배에 직면했지만, 그럼에도 마음만큼은 편안히 생을 마감하는 순간까지 웃음을 잃지 않았다는 점이다.

소크라테스와 예수 그리스도에서부터 오늘날까지, 인류의 역사는 그런 사람들로 가득하다. 하지만 지금 이 순간 가장 주목해야 하는 사람은 노르웨이 출신의 소설가 크누트 함순Knut Hamsun

이다. 그는 역사 속 인물이 아니라 지금 우리와 같은 공기를 마시고 있는 동시대 사람이기 때문이다. 다음은 언론에 소개된 그의 이야기다.

• 부랑자가 노벨 문학상을 받다

1920년 노벨 문학상 수상자는 크누트 함순으로 선정되었다. 이로써 그는 약 5만 달러의 상금도 받게 되었다. 그러나 그의 이름을 들어본 미국인은 100명 중 한 사람도 안 될 것이다.

함순은 수년간 시카고에서 시내 전차 차장으로 근무하다가 뉴욕으로 건너가 부두 노동자로 일했다. 또한 식당 종업원, 부정기 화물선 화부, 페인트 칠장이, 과학 에세이 작가, 호텔 짐꾼, 갑판원 등 안 해본 일이 없을 정도로 수많은 일자리를 전전했다.

《마지막 잎새》로 유명한 작가 오 헨리처럼, 함순도 의탁할 곳 없는 비참한 노숙자이자 부랑자로 몇 년을 떠돌았다. 또한 집도 친구도 없었고 돈도 없어 굶은 적이 많았으며, 공원 의자에서 밤이슬을 맞으며 잠을 청했다. 그랬던 그가 전 세계 문학 천재에게 수여되는, 세상에서 가장 빛나는 상을 받았다.

함순이 시내 전차 차장 자리에서 쫓겨났을 때 해고 사유는 "도로의 이름을 외우지 못해서"였다. 전차 회사의 관리자는 함순이 너무 멍청해서 차장 일을 제대로 못 하는 것 같았다고 말했다. 실업자 신세가 된 그는 일자리를 찾아 뉴욕으로 건너갔고, 몇 달간 부두에서 일하다가 캐나다 뉴펀들랜드로 가는 소형 어선의 선원이 되었다. 그런 함순이 어디를 가든 빼먹지 않고 하는 일이 있었는데, 바로 글을 쓰는 것이었다.

마침내 그는 서사성이 가미된 서정 소설《목신판》을 출간했다. 그 책은 17개국 언어로 번역되었고, 영어로는 거의 꼴찌로 번역되었다. 그의 소설 중에서는《얕은 토양 Shallow Soil》과《굶주림》이 가장 유명했다. 특히《굶주림》은 줄거리도 시작도 끝도 없는 이야기로, 주인공의 이름도 나이도 알려주지 않는다. 주인공은 그저 대도시에 사는 가난한 무명의 청년 작가로만 소개된다. 소설은 청년이 일용직 일자리도 구하지 못하고 얼마 안 되는 옷가지조차 거의 모두 전당포에 저당 잡힌 후에 굶주림으로 내몰리는 일련의 이야기를 1인칭 화법으로 풀어나간다.《굶주림》속 주인공의 상황은 처음 이야기가 시작되었을 때나 이야기가 끝났을 때나 달라지지 않는다. 여전히 굶주리는 가난한 작가라는 이야기다.《굶주림》을 읽고 나면 누구도 그 소설을 영원히 잊지 못할 것이다. 그 작품은 크누트 함순의 자전적 소설이었다.

예순 살이 된 그는 노벨 문학상의 수상자로 세계적인 명사가 되었고, 5만 달러 상금의 주인공이 되었으며, 노르웨이의 어느 시골에 상당한 사유지도 소유하게 되었다. 그리고 이제부터 출판업자들이 그의 집 문턱이 닳도록 드나들 것이었다. 마크 트웨인의 말마따나 진실과 소설의 유일한 차이는 소설은 있을 법한 일을 그려야 하는 반면, 진실은 그럴 필요가 없다는 점이다.

이제 사람들은 행복해지기 위해, 죽음이라고 불리는 음침한 그림자 너머의 자신이 모르는 세상을 기다리지 않아도 된다는 것을 서서히 깨닫는다.

진심으로 한 번 더 강조하고 싶다. 곤경과 실패에서 강인한 힘이 나온다. 물론 "곤경과 실패"의 한가운데에 있을 때는 이 말이 황당한 개똥철학처럼 들리지만 정화淨化 효과가 있는 곤경과 실패를 겪고 그것을 이겨낸 사람이라면 누구나 그 말이 옳다는 것을 안다.

내 것은 언젠가는 내게 오게끔 되어 있다. 인과응보에 따라서 보상의 법칙이 언제나 작동 중이라는 사실을 항상 유념해야 한다. 그렇게 한다면 내 몫이 찾아올 때 그것을 알아볼 수 있을 것이다. 언제 어디에서나 보상의 법칙이 작동한다는 사실을 마음속에 새긴다면, "내 것"은 내 삶을 구성하는 주변 사람들에 대한 내 행동과 조화를 이루고, 그것과 일치할 거라는 사실을 알 것이다.

나는 지난 10년간 주변을 면밀히 관찰했고 덕분에 보상의 법칙이 작동하는 원리와 관련해 많은 것을 알게 되었다. 특히 보상의 법칙이 사람들을 이른바 "성공"이라는 가장 높은 곳에 올려놓는 것도 보았고, 반대로 사람들을 무너뜨리고 각자가 출발했던 낮은 곳으로 되돌려놓는 것도 목격했다.

개인적으로도 보상의 법칙과 관련해 잊을 수 없는 경험이 있다. 12년 전, 나는 워싱턴 D.C.에서 한 은행가와 친분을 쌓았다. 그는 치과의사였는데 부업으로 고리대금 사업을 시작했다. 소액 고리 대출로 커다란 성공을 거두었고, 그 성공을 발판삼아 급기야 은행을 세웠으며, 행장으로 선출되었다. 행장이 되자 더 대단한 명성과 더 많은 재력이 그를 따라왔다. 곧 부동산으로 눈을 돌렸다. 닥치는 대로 부동산을 매입하기 시작했으며, 부동산을 거래할 때마다 막대한 이득을 챙겼다. 그러자 그가 부과하는 터무니없는 고금리와 거머리보다 더 악착같은 그의 사업 방식에 대해 불평하는 사람들이 늘어나기 시작했다. 하지만 겉으로만 보면 그는 여전히 '미다스의 손'이요 계속해서 힘과 명성을 쌓아가는 것 같았다.

나는 그 사람이 운영하던 은행의 고객으로 그와 인연을 맺었다. 그는 내가 돈이 필요할 때마다 그는 돈을 빌려주었고, 내게는 언제나 다른 은행들의 금리와 엇비슷한 수준에서 적정한 금리를 요구했다. 가끔 나는, 지독한 수전노 스크루지 같은 그가 다른 대출자들에게는 그토록 인정머리 없이 부당한 금리를 요구하면서도 왜 내게는 그토록 공정하고 관대한지 궁금했다. 머지않아 내 궁금증이 풀렸다. 당시 나는 워싱턴 자동차 대학을 소유하고 있었는데 그가 그 학교에 눈독을 들이고 있었던 것이다. 그는 끝내 그 학교를 수중에 넣었다. 수법은 간단했다. 그는 먼저 내게 긴급한 상황이 생길 때를 대비해 나의 변제 능력을 초과할 만큼의 많은 돈을 빌려주었다. 그리고 실제로 그런 일이 생기자 숨은 진짜 얼굴을 드러냈다. 얄짤없이 나와의 거래를 중단한 것이다.

당연히 나는 그 일로 경제적으로도 정신적으로도 커다란 타격을 입었다. 그러나 1년 후에 오뚝이처럼 다시 일어섰다. 어찌 보면 그 은행가와의 악연은 내게 전화위복이었다. 어쩌면 내 평생 가장 큰 축복 중 하나였을 수도 있다. 그 일로 나는 높은 도덕심을 키우거나 인류에 봉사하기 위한 토대를 닦는 데에 도움이 되지 않는 사업에서는 손을 뗐기 때문이다.

일시적인 그 실패가 나로 하여금 더욱 건설적인 분야에 노력을 집중하도록 만들었다. 물론 그 일이 위대한 계획의 일부였는지는 증명할 수 없지만, 실제로 어떤 힘에 의해 그런 계획이 가동되고 있었더라면, 그 실패는 신의 한 수였다. 더욱이 10년 전에 내가 뺏긴 것은 지난 3~4년 동안 훨씬 더 큰 보답으로 돌아왔다.

그러나 그 은행가에 대해 이야기하는 것은 내가 경험한 보상의 법칙 때문만은 아니다. 보상의 법칙이 가진 또 다른 얼굴을 보여주고 싶어서다.

2년 전 워싱턴 D.C.를 잠시 방문한 적이 있었다. 지난날 커다란 기쁨이나 깊은 슬픔을 경험했던 장소를 찾아가보고 싶은 마음에 그 은행이 있던 14번가를 천천히 배회했다. 그리고 먼발치에서나마 그 은행가를 다시 보기를 기대했다. 당연한 말이지만 10년 전에 그렇게 잘나갔으니 그동안 그의 은행이 더욱 번창했을 거라고 생각했고, 그의 은행에 관해 새로운 이야기를 들을 수 있겠거니 싶었다.

그의 은행 건물에 이르렀을 때 내 예상은 보기 좋게 빗나갔다. 은행의 흔적은 찾아볼 수 없었다. 은행은 이미 파산한 데다 휘황찬란하던 은행 건물은 식당으로 사용되고 있었다. 나는 내친김에 그의 저택도 찾아가봤다. 당시 가격으로 7만 5000달러에 달했던 그 고급 저택 역시도 그의 은행과 운명이 다르지 않았다. 지금은 다른 사람이 거주하고 있었고 더 이상 그 은행가의 소유가 아니었다.

여기저기 수소문을 해보니, 왕년에 성공가도를 달리던 그 은행가는 거의 하룻밤 새에 쪽박을 찼다고 했다. 요컨대 그는 완전히 알거지가 되었고 모든 커리어의 출발 지점이었던 곳으로 추락한 것이었다. 그 이유는 아무도 모르는 것 같았다.

조용하고 강인한 어떤 손이 그의 머리를 내리눌렀고, 막대한 모든 자원에도 불구하고 그는 그 손아귀에서 벗어나지 못했다. 그 강인한 손의 배후에는 사람들의 눈물로 강력해진 힘이 있지 않았을까? 은행 고객들의 한숨과 불만이 쌓일 때마다, 저당물 압류에 숨은 "그의 검은 손"을 느꼈던 미망인이 늘어날 때마다, 부동산을 빼앗기 위해 그의 은행이 "쥐어짰던" 부동산 소유자가 생길 때마다 그 힘이 날로 강력해졌을 것이다. 이에 대해서도 에머슨의 이야기를 새겨 들음직하다.

———— "지나침은 모자람을 부르고, 모자란 것은 지나침으로 이어진다. 단맛에는 특유의 신맛이 함께 있고, 어떤 악행에도 선행이 깃들어 있다. 모든 능력은 기쁨을 가져다주지만 그 능력을 남용하면 기쁨에 버금가는 대가를 치른다. 지혜 한 톨과 어리석음 한 알은 늘 짝을 이룬다. 잃으면 얻는 것이 있고 얻으면 잃는 것도 있다. 재물이 쌓이면 그 재물을 사용하는 일도 많아진다. 인간이 지나치게 거둬들여 곳간을 채우면 그에게 주었던 것을 빼앗아간다. 자연은 지나친 부를 쌓은 사람에게 자연은 그의 목숨을 대가로 요구한다. 자연은 독점과 예외를 싫어하기 때문이다. 파도는 가장 높이 치솟았다가 곧바로 수평으로 돌아간다. 세상의 모든 일도 그런 파도만큼 신속하게 균형을 찾는다. 요컨대 강한 자, 부유한 자, 운이 좋은 자도 다른 모든 사람들과 거의 똑같은 자리에 세워 균형을 맞추는 힘이 언제나 작용한다."

세상에 가장 훌륭한 일이 무엇일까? 사람들이 실패와 실수와 고통의 조악한 실들을 엮어 아름다운 옷감을 짜서 그 옷감으로 최종적인 승리의 옷을 만들어 그들의 노력에 입히도록 도와주라.

내가《힐의 골든룰 매거진》을 발행하는 이유는 인도주의적인 목적과 목표에 헌신하기 위해서였다. 그런데 예전에 동업자가 그런 숭고한 이상을 잃고 말았다. 그는 원칙보다 돈을 우선했고, 섬김의 정신보다 이득을 따져 행동했다. 그가 이렇게 변한 이상 그와 더는 함께할 수 없었으므로 그와의 관계를 청산해야만 했다. 이는 사실상 2년 동안 흘린 피와 땀이 수포로 돌아간다는 뜻이었다. 새로운 인맥을 구축하고 새로운 구독자들을 확보하며 내 일의 전부를 처음부터 다시 해야 한다는 뜻이기도 했다. 그러나 내게는 돈보다는 원칙이, 개인보다는 인류 전체가 더 중요했으므로 밑바닥부터 새로 시작하기로 선택했다. 그리고 불과 석 달도 지나기 전에 나는 그 선택으로 더 많은 보상을 받게 되었다. 무슨 일이 있었을까? 내막을 알게 된 사람들이 예전 발행인에게 맹렬히 항의했고, 동시에 내가 발행하는《힐의 골든룰 매거진》을 구독함으로써 내게 굳건한 지지를 보여준 것이다.

내 개인적인 모든 경험과 내가 사람들을 관찰하며 얻은 결과들을 전부 종합해보면 내가 무슨 일을 해야 하는지 명확해진다. 나는 용기를 내어 솔직하게 말해야 한다. 원칙이 금전상의 이득에 방해가 될 때 해야 하는 일은 딱 하나다. 원칙을 선택하는 것. 개인의 대의가 인류 전체의 대의와 부딪힐 때 인류의 대의를 지지하는 것. 물론 용감하게 자신의 의견을 말할 때는 일시적이라도 희생을 치르는 것은 불가피하다. 그러나 해가 동쪽에서 떠올라 서쪽으로 지는 것과 마찬가지로, 언젠가는 보상의 법칙이 작동하기 마련이다. 그렇게 되면 결국 희생에 대해 온당한 보상을 받을 것이다.

백문이 불여일견이라고 한다. 경험도 그렇다. 가령 어린아이에게 뜨거운 커피 주전자를 만지면 안 된다는 사실을 가르치는 가장 좋은 방법 중 하나는 바로 경험이다. 뜨거운 물건을 만지면 화상을 입는다는 사실을 세세히 설명한 다음 아이에게서 등을 돌려라. 그리고 아이가 직접 자신의 손가락으로 작은 실험을 하게 내버려두어라. 한 번의 교훈이면 충분하다. "덩치만 큰 아이"인 성인 중에도 이와 똑같은 방식으로 배우는 사람들이 있다.

12장

부와 성공의 문을 여는 만능열쇠

황금률

NAPOLEON
HILL'S
GOLDEN
RULES

어제였다. 나는 실용주의를 추구하는 어떤 열성적인 과학자의 이야기에 열심히 귀를 기울였다. 그러던 중 문득 황금률이라는 개념이 떠올랐고, 곧바로 그 개념이 내 머릿속에서 구체화되기 시작했다. 그때부터 황금률에 온전히 사로잡혔다. 그리고 사명감이랄지 압박감이랄지 그것을 세상에 알려야 한다는 일념뿐이었다. 그러기 전까지 일분일초도 마음이 편치 않았다. 그리고 이제 이 황금률을 세상에 내놓는다. 이것을 가지고 무엇을 할지는 전적으로 당신의 몫이다. 단언컨대 그 황금률은 당신이 삶에서 추구하는 모든 성취와 이해의 문을 여는 만능열쇠가 되어줄 것이다.

어제 점심에 만난 그 과학자는 정면으로 충돌하는 두 가지 상반된 주장을 이야기했다. 먼저 현재 세상에 알려진 모든 질병에 대한 만병통치약은 없다고 말했다. 그런 다음 신체 구조에 대해, 하나의 작은 세포가 신체로 발달하는 매혹적인 성장 과정에 대해 설명했다. 또한 신체를 구성하는 세포의 역사도 자세히 알려주었을 뿐만 아니라 무수한 작은 세포가 불변의 법칙에 순응하면서 상호 협력을 통해 신체의 생명력과 건강을 유지하는 과정도 쉽게 설명해주었다.

학식이 높은 그가 들려준 이야기는 정말 흥미로웠다. 게다가 적절한 도표와 비유를 섞어 설명해준 덕분에 그의 이야기를 쉽게 이해할 수 있었다. 그리고 그는 어떤 주장으로 자신의 이야기에 방점을 찍었다. 신체를 구성하는 일부 세포가 다른 세포와 협력하는 본분을 망각하지 않는다면, 인간의 신체는 영원히 죽지 않을 거라는 이야기였다. 아울러 인간의 신체가 완전한 건강 상태를 유지할 수 있는 방법이 있다고도 했다. 신체를 구성하는 다양한 세포 집단이 완벽한 조화를 이루고, 각 세포 집단이 본래의 기능을 계속하는 것이었다.

그의 이야기를 들으면서 내 머리는 상충되는 두 주장을 소화하느라 바빠졌다. 현재 세상에 알려진 모든 질병에 대한 만병통치약이 없다는 앞의 주장과, 신체를 구성하는 작은 세포 모두가 계속 조화롭게 협력해나간다면 신체가 불멸의 생명을 누릴 거라는 뒤의 주장을 어떻게든 연결시켜야 했기 때문이다.

정신의 눈으로 보면, 신체를 구성하는 다양한 세포 집단만이 아니라 인류 전체에 영향을 미치는 근본적인 원칙이 확연히 보였다. 그런데 그 과학자는 내 정신이 그 원칙과는 전혀 다른 방향으로 향하도록 만들었다. 물론 그가 의도한 것은 아니었고 순전히 무의식적으로 일어난 일이었다. 나는 미처 그와 헤어지기도 전에 내 나름의 결론을 도출했다. 그리고 그 결론을 단순한 비유로 이야기해보려고 한다. 사실 그가 말한 원칙은 중력의 법칙만큼이나 만고의 진리에 가깝다.

내 결론은 두 가지였다. 첫째, 세상의 모든 질병을 치유하는 만병통치약이 있다. 둘째는 앞의 결론의 전제 조건으로, 그 만병통치약이란 신체를 구성하는 세포들이 조화롭게 기능하는 동안에는 신체의 완벽한 건강을 보장한다는 것이다. 그러나 세포의 일부가 정상적으로 기능하고 협력하기를 멈추면 신체는 죽음을 맞이할 것이다.

자칫 내 표현이 너무 추상적이어서 혼란을 야기할까 봐 간단한 비유를 들어본다. 그것은 내가 그 과학자의 이야기를 더 정확히 이해하기 위해 사용했던 방법이었다.

나는 머릿속으로 전 세계인이 한 자리에 모여 완벽한 인간 형상을 이루며 서 있는 모습을 그렸다. 빽빽이 모인 사람들의 전체 덩어리는 멀리서 보면 거대한 인간의 모습을 닮았다. 그러니까 개개인은 신체를 구성하는 각각의 세포이고, 전체 무리는 신체인 셈이다. 인간의 형상을 구성하는 개개인들 사이에 불화나 오해가 없다면 인류 전체는 지속적으로 건강하고 성공하며 번영할 것이다. 그리고 동일한 기능을 수행하는 세포 집단처럼 그들 사이에는 분업화가 확실하다. 그들 중 일부는 땅을 갈고 또 일부는 씨앗을 뿌려 식량을 생산할 준비를 한다. 뿐만 아니라 옷과 관련된 일을 하는 사람도 있고, 음악으로 사람들에게 행복과 만족감을 안겨주는 이들도 있다.

상상 속의 이 그림에서는 모든 것이 완벽한 조화를 이룬다.

모두에게 입을 것과 먹을거리가 풍부하고, 모두가 행복하고 만족한다. 슬픔과 비통함은 어디에서도 찾을 수 없다.

이쯤에서 방향을 급격하게 틀어보자. 나는 그 그림을 다른 각도에서 보았다. 다시 말해 그 과학자가 내게 들려주었던 세포 이야기와 비슷하게 생각해보았다. 상상 속 거인의 발 한쪽에 해당하는 지점에서 깨알만 한 두 사람이 싸움을 시작한다. 둘 사이에 주먹다짐이 벌어지고, 다른 사람들이 구름처럼 몰려들어 그 싸움에 가담한다. 이윽고 상상 속 거인의 한쪽 발 전체가 정상적인 기능을 멈추고, 그 발을 구성하는 "인간 세포들"이 한데 뒤엉켜 난투극이 벌어진다. 더는 협력이란 걸 찾아볼 수 없고 더 이상 정상적인 기능을 수행하는 것이 불가능해진다.

얼마 지나지 않아 신체 전체도 발 한쪽이 기능을 상실했다는 사실을 느끼게 된다. 이미 한쪽 발은 '불구'가 되었고 상상 속 거인이 걸음을 떼려 하지만 움직일 수 없다. 그러자 신체의 다른 부분들로 고통이 확산된다. 급기야는 온몸이 굶주림에 시달리기 시작하는데, 한쪽 발이 기능을 상실하는 바람에 먹을거리를 생산할 수 없게 되었기 때문이다.

상상 속 거인의 몸은 서서히 기력이 쇠하고 건강이 나빠진다. 이것은 신체의 특정 세포 집단이 정상적인 기능을 중단할 때 활력을 잃고 쇠약해져서 결국에는 죽음에 이르는 우리의 몸과 똑같다고 생각하지 않는가?

신체의 각 세포가 "농땡이 칠" 때는 어떻게 대처해야 할까? 많은 경우 매우 효과적인 치유법이 있다. 세포들이 다시 정상적으로 기능할 수 있도록 세포들 간의 조화와 협력을 재구축하는 것이다.

이는 비단 신체에만 적용되는 것이 아니다. 인류를 구원하고, 예전처럼 정상적이고 건강하며 건설적인 삶으로 되돌려줄 치유법이기도 하다. 아니, 어쩌면 유일한 치유법일지도 모른다.

우리 각자가 건강하고 행복한 신체로 삶을 영위하는 동안 작은 세포들이 평화롭고 조화를 이루며 기능하고 협력하도록 만드는 바로 그 원칙이 인류 전체에도 정확히 적용된다.

지혜로운 어떤 철학자가 하나의 인종 전체에 죄를 묻는 것은 불가능하다고 말했다.

그러나 한 사람이 뛰어난 철학자인 동시에 성공적인 자동차 제조

자가 되기를 기대하는 것은 너무 지나친 바람일지도 모르겠다.

한 사람에게 영향을 미치는 것은 어느 정도까지는 그의 이웃에게도 영향을 미친다. 그리고 이웃 전체에 영향을 미치는 것은 어느 정도까지는 인류 전체에 영향을 미친다. 어떤 가족에게 슬픔과 고통을 안기고 그들이 굶주리게 만드는 원인을 다른 가족에서는 직접적으로 감지되지 않을지 몰라도, 어떤 변화가 시작되었음은 확실하다.

지난 세계대전이 인류에게 똑똑히 가르쳐준 교훈이 하나 있다. 인류 전체에는 아무런 영향을 미치지 않으면서 하나의 국가나 하나의 집단에만 고통을 줄 수 있다는 생각은 아주 어리석다는 가르침이었다. 세상을 둘러보라. 승전국이든 패전국이든 할 것 없이 인류 전체가 그 전쟁에 대한 대가를 치르고 있지 않은가.

비단 현 세대만 고통받는 것이 아니다. 우리가 만든 부채가 미래 세대에도 부담이 될 것이다. 인류 전체에 부조화가 팽배할 때 누구도 고통을 피할 수 없다. 이는 하나의 작은 세포 집단이 조화롭게 협업하기를 중단할 때 몸 전체가 고통받는 것과 같은 이치다.

지금부터는 치료법 이야기로 돌아가자. 인류라는 한 가족을 구성하는 다양한 "인간 세포" 집단에게 평화와 조화와 성공을 가져다주려면 어떻게 해야 할까?

결론적으로 말하면 그 치료법은 이미 발견되었다. 그것은 황금률 철학 그 이상도 이하도 아니다.

약학, 법학, 공학 등 분야를 막론하고 대학들은 아직도 황금률 원칙에 따라서 직업적 소명을 다해야 하는 필요성을 가르치지 않는다. 그러나 황금률은 현실에서 실천할 수 있을 뿐만 아니라, 그것을 이해해서 비즈니스, 금융, 산업, 경제 등에 적용한다면 누구라도 확실한 열매를 거둘 수 있는 실질적인 원칙이다. 그런데도 학교에서는 황금률을 단순한 하나의 이론으로서만 가르친다.

의사, 물리치료사, 접골사 등 인간의 신체적 질병을 치료하는 모든 전문가는 환자들에게 의학적 치료법과 더불어 반드시 정신적 치료법, 즉 황금률을 적극적으로 사용하도록 권해야 한다는 사실을 배웠어야 했다.

대학들은 미래의 변호사들에게도 황금률 원칙에 의거해 모든 사건들을 해결하는 법을 가르쳤어야 했다. 법조계는 의뢰인에게 황금률 원칙에 입각해 분쟁을 해결할 때의 장점을 최대한 이해시키려고 노력하지 않는 변호사는 "법률 장사꾼"으로 분류시킨다는 명백한 기본 원칙을 세웠어야 했다.

경영학을 가르치는 모든 교육자도 마찬가지였다. 학생들에게 황금률을 가르치기만 할 것이 아니라 모든 비즈니스 관계에서 황금률을 적용하라고 가르치는 법을 그들부터 배웠어야 했다. 또한 황금률을 무시했다가는 비즈니스 업계에서 실패하고 결국

'팽' 당할 거라고 가르치는 훈련을 받았어야 했다.

모든 비즈니스 거래의 토대로서 황금률이 어떤 활약을 할 수 있을지 그 가능성은 무한하다. 그런데도 인류가 여전히 그 가능성에 무지하니 안타깝기 그지없다. 세상은 예나 지금이나 오직 하나의 이론으로서만 황금률을 받아들인다. 이는 눈앞에 보물을 두고도 몰라보는 장님이나 다름없다. 확실히 보장한다. 황금률은 가장 사소한 문제부터 가장 커다란 재앙에 이르기까지 오늘날 세상의 모든 병폐에 대한 만병통치약이다.

이 글을 시작하기 전에 나는 한 일간지를 훑어보다가 아래의 기사에 주목했다.

——— "기소당한" 강아지가 피해자의 손을 핥아 무죄 석방되었다

일리노이주 에반스턴의 대니얼 미키 판사는 스푸그 재판에서 무죄 판결을 내렸다. 피고는 검은색 잡종견인 스푸그였고, 12세 아놀드 마틴을 공격한 범죄 혐의로 기소되었다. 쉽게 말해 스푸그가 마틴을 물었다.

에반스턴 10번가 921번지에 사는 존 C. 마틴의 아들인 아놀드는 신문 배달을 하던 중에 그레고리 애비뉴 1335번지 C. F. 헤스의 집 현관문 투입구를 통해 신문을 넣었다. 신문을 넣고 손을 빼는데 아놀드의 손에 무언가가 딸려 나왔다. 스푸그였다.

아놀드는 아버지 존에게 말하기도 전에 헤스의 집 앞에서 언론과 먼저 인터뷰했다. 그리고 경찰이 스푸그를 체포해 유치장에 가두었고 보호자인 헤스에 대한 영장을 청구했다.

법정에서 마틴은 화가 풀리지 않아 씩씩거렸고, 헤스도 억울함을 호소하며 분노했다. 그러나 정작 사건의 당사자들은 '화해'했다. 스푸그가 우습게 생긴 꼬리를 살랑살랑 흔드는 모습에 아놀드의 마음이 눈 녹듯 풀린 것이다.

아놀드 마틴이 자신도 모르게 스푸그를 쓰다듬었다. 그러자 강아지는 소년의 무릎 위로 폴짝 올라가 그의 얼굴과 손바닥을 정신없이 핥았다. 소년은 웃음을 터뜨렸고 마틴은 어이가 없어 쓴웃음을 흘렸으며 헤스는 안도감에 말없이 눈물을 흘렸다. 그리고 소송은 끝났다. 판사는 스푸그를 "석방하라"고 선고했다.

위의 뉴스 기사에서 당신은 무엇이 보이는가? 부디 내가 그 기사를 읽었을 때 보았던 것을 당신도 보았기를 바란다. 위의 사건은 황금률 원칙의 결정판이다. 또한 적절히 사용될 때 그 원칙이 어떻게 작동하는지를 정확히 보여준다.

우리가 강아지라고 부르는 말 못 하는 그 작은 동물이 의식적으로든 무의식적으로든 우주 만물을 관장하는 강력한 힘을 사용했다. 그 힘은 우주를 지배하고 별들이 제자리를 지키게 만들며, 모든 인간의 운명을 결정하고 온 우주에서 물질을 구성하는 모든 원자를 통제한다.

당연히 그럴 테지만 어쨌든 사실이라고 가정하고 위의 기사를 다시 읽어보라. 당신이 좁게는 자신의 문제를 해결하고 넓게는 인류 전체의 이익을 위해 봉사하는 데에 유익한 단서가 될 만한 포괄적인 주장이 담겨 있기 때문이다.

스푸그라는 이름의 작은 강아지는 자신의 목숨을 구했다. 그 것도 황금률의 근본 원리를 적용함으로써 스스로의 목숨을 살렸다. 그 작은 개가 만물의 영장이라는 인간보다 낫다. 덩치만 크게 자란 아이인 우리는 언제쯤이면 스푸그처럼 황금률을 지능적으로 사용하는 법을 배울까? 도대체 언제까지 인간은 서로에게 계속 고통을 주고 파괴하며 시기, 증오, 질투, 탐욕 등으로 인류를 괴롭히는 일에 동조해야 할까? 도대체 얼마나 더 고통을 받고 후 손들에게까지 그 고통의 원인을 물려줘야 황금률 속에 담긴 단순한 명제가 인류에게 평화와 행복을 가져다줄 거라는 사실을 깨달을 수 있을까?

유대인과 비유대인, 가톨릭 신자와 기독교 신자 모두는 형제다. 인 종이나 종교가 다르다는 이유로 그들이 서로 반목하고 갈등하도록 조장해서는 안 된다.

인류 역사를 통틀어 두 사람이, 또는 두 집단이 황금률에 담긴 철학을 적절히 이해하고 적용했더라면 어떤 전쟁도 노동 분쟁도 오해도 없었을 것이 분명하다.

우리 대부분은 우리가 원하는 행동을 상대가 하도록 만들고 싶어 한다. 그렇게 만들 수 있는 방법을 궁리하느라 밤늦도록 잠을 이루지 못한다. 우리는 부를 축적하는 것이든 생활비를 줄이는 것이든, 위대한 기업을 건설하는 것이든 인류에 공헌하는 것이든, '만약 어떻게 하면' 자신이 원하는 것을 쟁취할 수 있는지 알고 있다. 여기에서 마법의 단어는 "만약"이다.

"만약" 사람들로 하여금 우리가 원하는 대로 행동하게 만들 수 있다면 우리는 원하는 것이 무엇이든지 이룰 수 있다!

사람들이 우리가 희망하는 방식으로 우리를 대하도록 만들 아주 단순한 방법이 있다. 우리가 먼저 그들에게 그런 방식으로 행동하고, 그들이 반응할 때까지 같은 태도를 계속 유지하면 된다. 즉 주는 대로 받고 뿌린 대로 거둔다.

정말 단순하고 명백하지 않은가?

당신이 이것을 정확히 이해했다면 이제부터 당신이 원하는 대로 행동하지 않는 사람이 있어도 절대로 불평하지 않을 것이다. 이제 당신은 당신이 원하는 것을 얻어내는 방법을 안다. 당신이 먼저 상대가 원하는 것을 내어주라.

한 가지 더, 이제 당신은 어떤 이유에서도 누군가에게 고통, 슬픔, 굶주림, 박탈 등을 안겨줄 잘못된 행동을 하지 않을 것이다.

당신으로 인해 다른 사람이 겪는 것과 똑같은 결과가 부메랑이 되어 당신에게 저주로 돌아올 것임을 잘 알 테니 제 손으로 무덤을 파지 않을 것이다.

이 말의 참뜻을 진실로 이해한다면, 이제 당신은 절대 당신과 상대방의 입장이 바뀌면 기뻐할 수 없는 상황에 누군가를 몰아넣지 않을 것이기 때문이다.

지금까지 설명한 원칙을, 즉 실생활에 적용되는 황금률을 이해하고 믿는다면 아이의 양육법도 달라질 것이다. 사랑하는 아이들이 황금률의 이점을 완벽히 이해하고 배우도록 가르칠 테니 말이다.

나는 이 글이 인류 전체에 도움이 될 거라고는 감히 생각하지 않는다. 이 책을 비상의 도약대로 사용하려면 선행 조건이 있어야 하기 때문이다. 즉 이 책에 담긴 내용의 진위를 자신의 경험에 견주어 비교하고 확인해서, 그것이 옳다는 것을 입증해줄 연결고리를 찾을 수 있을 만큼의 이해력이 있어야 한다. 물론 많지는 않겠지만 그런 사람이 있을 거라고 확신한다. 누구보다도, 한 번의 시도와 실패에 좌절하지 않고 시도와 실패를 반복적으로 경험해서, 이제는 자신의 실패 원인에 대해 심각하게 자문할 준비가 된 사람들에게야말로 이 책은 비상의 날개가 되어줄 것이다.

이제 황금률 세상으로의 여행이 막바지에 이르렀다. 이 책이 당신을 얼마나 성장시키고 발전시켜주었는지는 당신만이 알 수 있다. 궁금하면 스스로에게 물어보라. 패배를 용납하지 않겠다는 단호한 결의를 가지고 황금률을 당신 삶의 철학 중 하나로 만들겠다는 결심이 섰는가? 그렇지 않은데도 이 여행을 마친다면 당신의 삶은 이전과 크게 달라지지 않을 것이다. 지금까지처럼 앞으로도 고통과 실패는 물론이고, 더 많은 슬픔과 좌절을 경험할 것이 자명하다. 모든 결과에는 반드시 원인이 있다는 사실을 아직 이해하지 못한 탓이다.

이것과 관련해 당신이 가슴 깊이 새기기를 바라는 메시지가 하나 더 있다.

우리는 누군가에게 어떤 원칙을 가르칠 때 그것에 대해 더 많이 배운다. 그러니 당신 혼자 황금률을 이해하는 것으로 만족하지 마라. 그 대신에, 개인적인 삶과 직업적 삶 곳곳에서 만나는 사람들에게 황금률을 설명하라. 이것은 결국 윈윈 효과를 불러와 황금률을 실천하는 사람도 늘어나고, 당신 스스로도 그것에 대해 더 많이 알게 될 것이다. 또 아는가? 당신이 황금률 원칙과 관련하여 극소수에게만 허락된 달인의 경지에 오를지 말이다. 이는 또 다른 깨달음으로 이어지게 되어 있다. 인류가 그 황금률을 지탱해주는 힘을 배우고 인류를 보존하기 위해 그 힘을 사용한다면 인류를 궁극적인 파괴에서 구원할 수 있음도 이해하게 된다.

황금률을 보편적으로 적용하면 누가 가장 큰 이득을 얻을까?

모든 대인 관계에서 황금률을 적용해 이득을 얻으려면 어떻게 해야 할까?

이 두 가지는 아주 유효적절한 질문으로서 우리 모두가 반드시 자문해야 한다. 또한 그 대답을 찾을 때까지 절대 질문을 멈춰서는 안 된다. 하루 벌어 하루 먹고 사는 사람에게는 황금률이 그림의 떡처럼 보일지도 모른다. 또한 입에 풀칠하기조차 힘든 사람은 황금률 철학이 배부른 소리처럼 생각될 수도 있다. 그런 곤궁한 처지에 있으면 모든 곳에서 자신을 방해하는 음모와 부당하다고 생각되는 것만, 온 사방에서 자신보다 잘난 사람들만 눈에 들어온다. 또한 자신의 노력에 비해 보상이 너무 적다며 억울해하기도 한다. 요컨대 운명이 유독 자신에게 더욱 가혹하고 부당한 것처럼 생각된다.

지금부터 정신을 바짝 차리고 귀를 활짝 열고 들어주길 바란다. 바로 이 지점이 분수령이기 때문이다. 수많은 사람들이 바로 이 지점에서 행복과 성공의 '상속인 명단'에서 스스로의 이름을 지우는 치명적인 실수를 저지른다. 단순하고 근본적인 어떤 원칙을 이해하고 적용하면 누구라도 그 유산을 차지할 수 있다. 그 원칙이 바로 황금률이다.

삶이 너무 불공평해서 힘들게 일해도 가난하고 불행하며 갈등과 슬픔 속에 산다고 생각하는 사람에게는 그 불공평함이 살에 깊숙이 박힌 가시와 같다. 실제로 불공평하든, 아니면 그저 불공평하다고 믿을 뿐이든, 그 사람은 그런 피해의식을 매 순간 느낀다. 더욱이 그런 감정은 자신의 얼굴에, 자신의 모든 신체 움직임에, 주변 사람들에 대한 모든 행위에 그대로 드러나게 되어 있다. 물론 무의식적으로 그렇게 처신하는 것이겠지만 그것은 악순환의 연쇄 반응을 일으킨다. 먼저 사람들에게 "내향적" 성향의 소유자라는 인상을 주게 되는데, 이는 자의식이 아주 강해서 자기 주위에 높은 담을 쌓아 사람들의 접근을 원치 않는다는 깃발을 휘두르는 것과 다르지 않다. 이런 인상을 준다면 진정으로 친밀한 친구나 지인이 있을 리 만무하다. 아무도 그런 사람에게 굳이 기회를 주려고 수고하지 않는다. 오히려 사람들은 가능한 한 그에게서 멀리 떨어지려고 한다. 그가 고용주나 주변 사람들을 속으로 비난하는 동안, 고용주나 주변 사람들은 그의 불쾌한 삶의 태도 때문에 그와 관계를 끊을 방법과 수단을 열심히 찾는다.

우리 우주에는 딱 두 가지 힘만 존재한다는 사실을 명심하라. 하나는 끌어당기는 인력이고 하나는 밀어내는 척력이다. 당신도 하나의 힘이며 둘 중 하나에 속한다. 말인즉 당신은 사람들을 끌어당기거나 밀쳐낸다.

명심해야 하는 또 다른 진실도 있다. 당신이 끌어당기는 모든 사람은 삶에 대한 당신의 태도와 조화를 이룬다는 사실이다. 당신이 그들을 끌어당기는 힘이 바로 여기에서 나온다. 유유상종이라고 했다. 선하고 유쾌한 사람들은 그런 성향의 사람들끼리 서로 끌린다. 정반대도 마찬가지다. 불평불만이 많은 사람은 그들끼리 서로에게 끌린다. 이 원칙은 비단 인간관계만이 아니라 우주 전반에서 모든 원자와 분자와 전자에도 해당된다.

반나절만 일하고 하루치 일당을 받고 싶은 것은 황금률에 위배된다. 자신과 자신의 안위만 생각하고 이웃, 동료, 주변 사람들에 대한 의무를 망각하는 것도 황금률에 어긋난다. 남이 주는 것을 취하고 그것에 대해 적절히 보상하지 않는 것은 황금률 원칙을 무시하는 행위다.

스스로 점검해보고 당신이 이런 근본적인 실수 중 하나라도 저지르고 있는 것은 아닌지 확인하라. 만약 그렇다면, 당신의 삶이 어째서 불행하고 가난에 찌들어 있는지 더는 궁금하지 않을 것이다. 더러는 자신의 진정한 본모습을 보여주는 삶의 조건을 무슨 수를 쓰든 철저히 외면하려는 사람이 있다. 만약 당신이 그런 사람이 아니라면, 당신의 삶이 어째서 그토록 "박복한" 운명인지 그 이유를 마주하게 될 것이다.

당신에 대한 사람들의 태도를 바꾸고 싶다면, 그들에 대한 당신의 태도를 먼저 바꿔야 한다.

위의 문장을 다시 읽어보길 바란다. 그럴 만한 가치가 있다.

이 책을 마무리하기 전에 꼭 하고 싶은 말이 있다. 아니, 꼭 해야 하는 이야기다. 황금률은 책상머리에서 나온 이론이 아니다. 내가 그 원칙을 실제로 시도해 효과를 직접 경험했기에 단언할 수 있다. 그러나 당신이 직접 해보지 않으면 그것이 효과적인지 아닌지 절대 알 수 없다. 당신이 현실에서 황금률을 직접 사용해 보지 않는다면, 적어도 당신의 입장에서는 이 책의 모든 이야기가 공허한 울림에 지나지 않을 것이고, 차라리 듣지 않은 것만도 못할 것이다. 또한 주변 사람들과의 관계에서 그 원칙을 적용하지 않는다면, 적어도 당신의 처지에서는 황금률이 말하는 법칙이 아예 존재하지 않는 편이 나을 것이다.

사람들이 어떻게 행동하는지, 그들이 황금률을 적용하는지 아닌지 상관하지 마라. 세상의 부당함과 잘못에 관심의 스위치를 내려라. 당신과의 관계에서 황금률을 실천하지 않는 사람들에게 신경을 쓰지 마라. 당신은 당신이 할 일만 하면 된다. 당신 삶의 운전대를 다른 사람에게 넘겨주지 마라. 당신 스스로가 당신의 주인이 되어 당신이 원하는 곳에 노력을 집중시켜라. 황금률을 거스르기로 선택하는 사람은 스스로 불행을 자초하는 것이다. 그러나 이 사실이 당신이 그들과 똑같이 해도 된다는 변명이 될 수는 없다.

자신이 비난하는 누군가와 똑같이 행동하는 것은 황금률을 실천하는 것이 아니다.

개인이든 집단이든, 견실한 토대 위에 성공이라는 집을 올리지 않는다면 그 성공은 영원하지 않다. 모래 위에 성을 올리는 것과 같을 뿐이다. 물론 황금률을 준수하지 않고 부정한 수단을 써서 일시적으로 우위를 차지할 수 있을지는 모르겠다. 그러나 그것은 영원한 성공을 위한 견고한 토대가 될 수 없다. 그런 식으로 일시적인 우위를 얻은 사람의 발밑에 놓인 기반은 언제가 되었든 그것을 무너뜨리는 상황과 과정이 발생하기 마련이다. 앞서 내게 사기를 쳤던 은행가를 떠올려보라. 그를 출발 지점으로 되돌려놓은 것이 바로 원점으로 되돌리려는 힘이요, 그 힘이 평형추를 맞춘다.

황금률 세상으로의 여행에 마침표를 찍기 전에 이 이야기를 꼭 하고 싶다. 종교든 철학이든 그저 수동적으로만 접근한다면 그것은 정신적 유희일 뿐 누구도 이득을 얻지 못한다. 이는 황금률도 마찬가지다. 황금률에 담긴 철학으로 이득을 얻으려면 그것을 이해하는 것은 당연한 일이고, 그것을 반드시 삶에 적용해야 한다. 또한 사람들에게 황금률을 설파하고 그것을 적용할 때 어떤 이득이 있는지 알려야 한다. 황금률로 최대한의 이득을 얻으려면 '소문을 내라.' 이웃과 직장 동료를 포함한 주변 사람들이, 당신이 황금률을 믿을 뿐만 아니라 모든 인간관계에 황금률을 적용한다는 사실을 반드시 인지하게 만들어라.

황금률 철학을 뒷받침하는 힘을 이해한다면 당신은 그 힘을 충분히 활용할 수 있다. 그리하면 1년 안에 당신이 원하는 모든 행복을 손에 넣을 거라고 장담한다. 또한 황금률을 적용한다면, 부와 물질적인 성공이라는 두 마리 토끼를 잡을 수도, 적을 친구로 변화시킬 수도 있다. 뿐만 아니라 법률, 의학, 공학, 상업 등 당신이 무슨 일을 하건 그 원칙을 발판으로 삼아 직업적으로 더 크게 성공할 수도 있다. 심지어 육체노동으로 생계를 이어가는 사람도 그 원칙을 유익하게 사용하면 곡괭이와 삽으로도 더 많은 돈을 벌 수 있다.

눈치챘겠지만 위의 모든 일에는 단서가 붙는다. 그 원칙과 조화를 이루는 삶을 살아야 한다는 것이다. 그렇지 않으면 위의 모든 것은 헛된 꿈이요 뜬구름에 지나지 않는다. 어떤 것도 온전히 이룰 수 없다. 단순히 황금률을 믿는 것만으로는 충분하지 않다. 하늘에서 감이 저절로 떨어지길 바라지 마라. 황금률 원칙으로 달콤한 열매를 수확하고 싶다면 땀을 흘려야 한다. 그 원칙을 적극적으로 사용해야 한다. 거듭 말하지만 황금률을 적용할 때 따라오는 축복을 얻을 수 있는 방법은 하나뿐이다. 실천하는 것 외에 다른 방법은 없다. 황금률을 믿고 그것을 사람들에게 열심히 전파해도, 만약 당신이 삶에서, 모든 대인 관계에서 그 원칙을 몸소 실천하지 않는다면, 설사 얻는 것이 있어도 그것은 아주 보잘것없을 것이다.

내가 황금률 철학의 이면에 놓인 무한한 가능성을 처음 알게 된 것은, 그것이 삶의 목표를 달성하는 편리한 수단이라는 사실을 깨달았을 때였다. 경제성의 엄격한 잣대로 황금률을 측정해 보라. 황금률을 사용하는 것이 언제나 가성비가 좋다는 사실을 알게 될 것이다. 금전적으로도 황금률은 상당한 이득을 돌려준다. 어떻게 그럴 수가 있을까? 어째서일까?

누구에게나 이른바 "평판"이라는 것이 있다. 물론 좋은 평판일 수도, 나쁜 평판일 수도, 그 중간 어딘가에 해당하는 평판일 수도 있다. 하지만 어떤 평판이든, 당신의 평판은 당신이 그동안 대인 관계에서 어떻게 해왔는지가 축적된 결과물이다. 가령 정직하지 못하거나 수상쩍은 거래가 하나 있었지만 그 이후 장기간에 걸쳐 일련의 정직한 거래를 지속했다면, 그 수상한 거래 하나가 당신의 삶에 미치는 영향은 아주 미미할지도 모른다. 사람들은 정직성과 부정직성에 대한 당신의 지배적인 성향을 토대로 당신을 평가하기 때문이다.

모든 대인 관계에서 어떻게 처신할지 그 기준을 의도적으로 구축하고, 그 기준이 황금률일 때 당신이 접촉하는 모든 사람에게서 신뢰, 선의, 적극적인 협력을 이끌어내는 평판을 축적할 수 있다.

이것은 철저히 끌어당김의 법칙을 따른다. 다른 말로, 황금률을 토대로 사람들을 대할 때 당신은 끌어당김의 법칙을 의도적으로 유리하게 사용하는 셈이다.

그렇다면 나쁜 평판에 대해서도 생각해보자. 당신이 저지르는 "불순한" 거래들이 쌓일 때, 사람들은 당신에게 부정적인 평가를 내린다. 물론 하나의 거래가 광범위하고 치명적인 영향을 미치지는 않는다. 하지만 머잖아서 당신의 부정직한 행위에 대한 주변 사람들의 "경험이 축적"되면 당신에 대한 신뢰가 무너지고 결국 당신은 실패할 수밖에 없다.

이 법칙에서 빠져나올 길은 없다.

이제 정말 마지막으로 한 가지만 당부하자. 아마도 이제까지 소개한 모든 원칙 중에서 가장 중요할 수도 있다. 자기 암시의 원칙을 이해한다면 당신은 모든 거래가 당신의 정신에 어떤 효과를 미치는지 알 것이다. 그러니 당신이 모든 대인 관계에서 언제나 황금률을 토대로 행동한다는 암시로 정신의 잠재의식 영역을 충전시켜라. 그래서 잠재의식이 그 암시를 부인할 수 없는 명백한 사실로 받아들이게 만들라. 얼마 지나지 않아 그것은 분명히 당신 자신에 대한 건강한 자존감과 강력한 자신감이라는 보상으로 돌아온다. 그뿐만 아니라 결국에는 지구상의 무엇도 당신이 삶에서 바라는 모든 것을 얻지 못하게 방해할 수 없을 것이다.

당신 정신의 의식 영역에 황금률 원칙이 깊이 각인된다면, 당신이 선택하는 평생의 일이 무엇이건 그 분야에서 커다란 성취를 달성할 힘을 가져다줄 것이다. 그리고 감히 아무도 당신을 성공의 문턱에서 주저앉히려는 시도를 하지 않게 될 것이다.

부자의 사고법

초판 1쇄 인쇄 2021년 06월 18일
초판 1쇄 발행 2021년 06월 28일

지은이 나폴레온 힐
옮긴이 김정혜
펴낸이 유정연

책임편집 김수진 **기획편집** 장보금 신성식 조현주 김경애 백지선 **디자인** 안수진 김소진
마케팅 임우열 박중혁 정문희 김예은 **제작** 임정호 **경영지원** 박소영

펴낸곳 흐름출판(주) **출판등록** 제313-2003-199호(2003년 5월 28일)
주소 서울시 마포구 월드컵북로5길 48-9
전화 (02)325-4944 **팩스** (02)325-4945 **이메일** book@hbooks.co.kr
홈페이지 http://www.hbooks.co.kr **블로그** blog.naver.com/nextwave7
출력 · 인쇄 · 제본 (주)상지사 **용지** 월드페이퍼(주) **후가공** (주)이지앤비(특허 제10-1081185호)

ISBN 978-89-6596-451-3 03190